—— 重庆工商大学经济学院"重庆市经济学拔尖人才
培养示范基地"与国家一流专业建设点系列成果

# 微观经济学
# 同步辅导与习题解答

WEIGUAN JINGJIXUE
TONGBU FUDAO YU XITI JIEDA

刘 斌　邹 圆　唐丽淼　何泱泱 ○ 编著

西南财经大学出版社
Southwestern University of Finance & Economics Press
中国·成都

图书在版编目（CIP）数据

微观经济学同步辅导与习题解答／刘斌等编著.
成都:西南财经大学出版社,2025.2. --ISBN 978-7-5504-6550-3
Ⅰ.F016
中国国家版本馆 CIP 数据核字第 2025DW7704 号

## 微观经济学同步辅导与习题解答

刘　斌　邹　圆　唐丽淼　何泱泱　编著

责任编辑:李特军
助理编辑:王晓磊
责任校对:余　尧
封面供图:董潇枫
封面设计:何东琳设计工作室
责任印制:朱曼丽

| | |
|---|---|
| 出版发行 | 西南财经大学出版社(四川省成都市光华村街 55 号) |
| 网　　址 | http://cbs.swufe.edu.cn |
| 电子邮件 | bookcj@ swufe.edu.cn |
| 邮政编码 | 610074 |
| 电　　话 | 028-87353785 |
| 照　　排 | 四川胜翔数码印务设计有限公司 |
| 印　　刷 | 成都金龙印务有限责任公司 |
| 成品尺寸 | 185 mm×260 mm |
| 印　　张 | 12.375 |
| 字　　数 | 295 千字 |
| 版　　次 | 2025 年 2 月第 1 版 |
| 印　　次 | 2025 年 2 月第 1 次印刷 |
| 印　　数 | 1— 1500 册 |
| 书　　号 | ISBN 978-7-5504-6550-3 |
| 定　　价 | 38.00 元 |

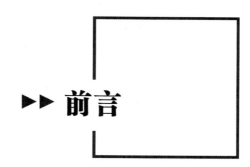

# ▶▶ 前言

　　党的二十大报告指出，"全面贯彻党的教育方针，落实立德树人根本任务"，并首次提出"加强教材建设和管理"。可见，中央对新时代下的立德树人和完善相应的教材建设提出了新的要求。在此背景下，由高等教育出版社和人民出版社出版的马克思主义理论研究和建设工程（以下简称"马工程"）重点教材《西方经济学》于 2012 年和 2019 年分别出版了第一版和第二版以后，目前已经在全国本科经济学基础教育中得到广泛使用。

　　为满足使用该教材的本科学生学习微观经济学的课程内容精炼和习题练习等基本需求，本书以马克思主义理论研究和建设工程重点教材《西方经济学（微观部分）》（第二版）的教学内容和章节结构为基础进行编写，涵盖该教材的九章内容（含导论），每一章均设计了与教材讲解难度、内容高度适配的知识结构图、主要知识点梳理、课后思考题解答、课后练习题、课后练习题答案及解析五部分内容。

　　本书具有以下几个特色：第一，与新版"马工程"教材的高度适配性。本书不仅在章节设计上与"马工程"重点教材《西方经济学上册》（第二版）的章节高度一致，而且在习题所考查的知识点和难度上也力求与该教材的教学内容和讲解难度保持一致。第二，与课程思政内容的密切结合性。为充分贯彻党中央关于落实立德树人根本任务，加强教材建设和管理的相关要求，本书在习题设计和解析中，融入了与中国经济建设现实密切相关的议题和政策的讨论分析，充分体现出经济学教材的经邦济民、立德树人元素。第三，与本科学生学习需求的紧密契合性。本书编写组成员均为重庆市经济学拔尖人才培养示范基地骨干教师，均长期从事西方经济学课程的一线教学工作，且均具有经济学博士学位。在本书编写过程中，我们力求做到语言平实，简洁准确，尽量贴合学生实际需求。本书既可作为微观经济学期末考试复习资料，又可作为西方经济学课程考研复习的参考书籍。

本书的撰写分工如下：刘斌编写了导论、第一章和第六章，并负责了全书的编写组织、整理和协调工作；邹圆编写了第二章和第七章；唐丽淼编写了第三章和第五章；何泱泱编写了第四章和第八章。

在本书编写和出版的过程中，得到了重庆工商大学经济学院"重庆市经济学拔尖人才培养示范基地"的资助，也得到了重庆市教育教学改革项目"'四育协同，四链融合'：新文科背景下的经济学新质人才培养研究与实践（243154）"、重庆市研究生教改重点项目"新质人才培养视域下的经济学研究生数字素养与创新能力提升探索与实践（yjg242028）"、重庆工商大学教育教学改革研究项目"OBE 理念下新质生产力理论融入经济类专业课程思政教学的探索与实践（2024048）"和"新质生产力理念下经济学拔尖人才培养模式提升路径研究（2024001）"等多个项目的支持。在编写本书的过程中，编写组广泛参考了多个版本的微观经济学教材和习题集，均在参考文献中列出，特向同行表示感谢！限于编写组成员的水平，书中难免存在错漏之处，还望学界同行和读者不吝指正。

编者

2024 年 10 月

►► **目录**

# 导论

## 一、本章知识结构图

本章知识结构图如图 0-1 所示。

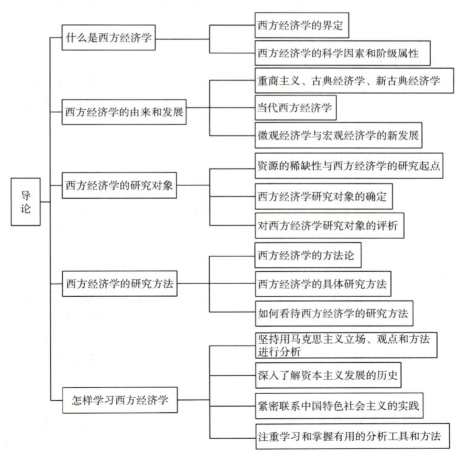

图 0-1　本章知识结构图

## 二、本章主要知识点梳理

### （一）什么是西方经济学

1. 西方经济学的界定

西方经济学的理论体系一般包括两大部分：微观经济学和宏观经济学。

微观经济学重点研究家庭、企业等个体经济单位的经济行为，旨在阐明各微观经济主体如何在市场机制调节下进行谋求效用或利润最大化的理性选择；主要是关于市场的作用、价格决定、价格调节、稀缺资源配置和收入分配的理论。

宏观经济学研究社会的总体经济活动，包括国民收入、就业水平、经济增长、通货膨胀经济周期以及宏观经济政策等，着眼于国民经济的总量分析。其中，收入和就业是宏观经济理论分析的中心问题，因此，宏观经济学又被称为国民收入和就业理论。

2. 西方经济学的科学因素和阶级属性

西方经济学在资本主义市场经济运行、市场调节、市场失灵和宏观经济不稳定、对微观经济和宏观经济进行政府调节以及实行微观经济政策和宏观经济政策等方面，积累了具有实际意义的经验和理论成果，这对于建设和发展社会主义市场经济具有重要的借鉴意义。

西方经济学反映了资产阶级的利益和要求，是西方国家统治阶级维护资本主义制度的理论表现，具有资产阶级意识形态的属性。

我们学习西方经济学必须坚持以马克思主义为指导，一方面应注意借鉴其符合中国国情的有实用价值的要素，另一方面应该用历史唯物主义、辩证唯物主义方法全面科学地看待西方经济学。

### （二）西方经济学的由来和发展

1. 重商主义

重商主义产生于 15 世纪至 17 世纪中叶，其代表人物为蒙克莱田，他于 1615 年出版了代表著作《献给国王和王后的政治经济学》。重商主义认为财富的唯一形态是金银贵金属，坚持重工、重商及国家干预，研究重点在贸易流通领域。

2. 古典经济学

古典经济学产生和形成于 17 世纪中叶至 19 世纪中后期，其最重要的代表人物为亚当·斯密，他于 1776 年出版了代表著作《国民财富的性质和原因的研究》。古典经济学将经济研究从重商主义的流通领域拓展到生产领域，分析了自由竞争的市场机制，将其看作一只支配着社会经济活动的"看不见的手"；反对国家干预经济生活，提出自由放任原则；分析了国民财富增长的条件、促进或阻碍国民财富增长的原因等问题。

3. 新古典经济学

新古典经济学产生和形成于 19 世纪后期至 20 世纪初期，其代表人物为马歇尔，他于 1890 年出版了代表著作《经济学原理》，这是新古典经济学完成的标志。新古典经济学在融合供求理论、生产费用理论、边际效用理论、边际生产力理论等的基础上，建立了以均衡价格论为核心的完整的经济学体系。马歇尔和瓦尔拉斯等人把完全竞争和充分就业假设为既存的条件，进而从供给与需求的角度来分析市场价格，认为价格制度不但能使每种生产要素都得到应有的报酬，使每个消费者得到最大的满足，而且在宏观经济的运行中，能够起着自行调节的作用，以消除或熨平周期性的经济波动。

4. 当代西方经济学

当代西方经济学时期为 20 世纪 30 年代至今，其代表人物为凯恩斯、萨缪尔森等。凯恩斯在分析 1929—1933 年西方资本主义大萧条原因的基础上，于 1936 年出版了代表著作《就业、利息和货币通论》，他摒弃了资本主义经济具有自动恢复均衡机制的传统观念，指出只有国家对经济生活进行干预，实行以刺激需求为核心的需求管理，才能实现总供给和总需求的平衡，实现充分就业，并据此推出了一系列国家调节资本主义经济的政策主张。《就业、利息和货币通论》是现代宏观经济学产生的标志。

第二次世界大战以来，以萨缪尔森为首的西方经济学者建立了新古典综合派的理论体系，将马歇尔的微观经济学与凯恩斯的宏观经济学综合在一起，将凯恩斯主义倡导的政府调节与新古典学派主张的市场调节综合在一起，将政府调节宏观经济的政策和政府调节微观经济的政策综合在一起，形成了其教科书性质的代表作《经济学》。新古典综合派也被称为后凯恩斯主流经济学派。20 世纪 70 年代资本主义世界出现了经济停滞和通货膨胀并存的现象，凯恩斯学派的宏观经济理论和政策受到了极大挑战，由此产生了当代自由主义学派，主要包括以弗里德曼为代表的货币主义学派、以卢卡斯为代表的理性预期学派以及以蒙代尔为代表的供给学派等。

5. 微观经济学与宏观经济学的新发展

20 世纪 80 年代之后，微观经济学的研究在基本研究假设、研究主体、研究范围以及研究方法上，都出现了深刻变化；此外，垄断竞争理论、不确定性理论、一般均衡理论等理论的长足发展，也都是值得重视的微观经济学的新发展。

现代宏观经济学的发展呈现出三个新特征：一是将动态随机一般均衡（DSGE）分析方法作为了一种重要分析工具；二是将行为主义分析方法和"动物精神"引入宏观经济学分析；三是发展经济学和增长经济学的新发展。

## （三）西方经济学的研究对象

1. 资源的稀缺性与西方经济学的研究起点

物品和资源的稀缺性与人类无限欲望的满足之间存在着矛盾，如何实现稀缺资源有效配置和利用是西方经济学的根本任务。

2. 西方经济学研究对象的确定

西方经济学的研究对象是在稀缺条件下有效配置资源和分配财富。萨缪尔森对经济学研究对象的定义是："经济学研究的是一个社会如何利用稀缺的资源生产有价值的商品，并将它们在不同的人中间进行分配。"实现资源有效配置和利用的根本途径是依靠市场调节和政府调节。

3. 对西方经济学研究对象的评析

从马克思主义政治经济学的观点来看，西方经济学对资源配置和利用问题的研究停留在表面，不能深入揭示资源配置和利用活动的本质，难以科学回答资源配置和利用所提出的各种问题。

### （四）西方经济学的研究方法

西方经济学的研究方法包括方法论和具体研究方法，是研究和认识人类经济活动的性质、特点及一般规律的方法，是经济学理论体系赖以形成和建立的基础。

1. 西方经济学的方法论

西方主流经济学家主要采用方法论个人主义进行经济学研究，对其的运用主要体现在以"经济人"假设或者完全理性假设与自利假设为核心的基本假设之上。

2. 西方经济学的具体研究方法

西方经济学的具体研究方法包括演绎法和归纳法、经济模型的构建与数学分析、实证分析与规范分析、边际分析方法等。

3. 如何看待西方经济学的研究方法

西方经济学方法论及其范式理论有一定的合理性，但也有着很大的局限性。

### （五）怎样学习西方经济学

1. 坚持用马克思主义立场、观点和方法进行分析

学习西方经济学应坚持借鉴、批判和创新三者并举，去粗取精、去伪存真；既要发挥市场经济长处，又要彰显社会主义制度优越性，将"有效市场"和"有为政府"有机结合。

2. 深入了解资本主义发展的历史

联系资本主义发展的历史和现状，深刻认识西方经济学的科学成分和阶级属性。

3. 紧密联系中国特色社会主义的实践

学习西方经济学必须充分考虑我国的现实国情，充分考虑社会主义现代化建设的实际需要，坚持为我所用、有所取舍。

4. 注重学习和掌握有用的分析工具和方法

熟练掌握相关数学方法，静态分析、比较静态分析、动态分析、局部均衡分析、一般均衡分析、博弈论等分析方法，对西方经济学的学习与研究大有裨益。

## 三、本章课后思考题解答

1. 宏观经济学与微观经济学的主要区别是什么？

答：宏观经济学和微观经济学的区别主要体现在以下几个方面：第一，研究对象不同。微观经济学的研究对象是家庭、厂商等个体经济单位。宏观经济学的研究对象则是整个国民经济，研究的是国民经济的运行方式与规律。第二，关注的问题不同。微观经济学主要关注资源配置问题，即生产什么、如何生产和为谁生产的问题，并最终实现个体利益的最大化。宏观经济学则把资源配置作为既定的前提，通过研究社会范围内的资源利用问题，来实现社会福利的最大化。第三，研究方法不同。微观经济学的研究方法是个量分析，即研究经济变量的单项数值如何决定。而宏观经济学的研究方法则是总量分析，即对能够反映整个经济运行情况的经济变量的决定、变动及其

相互关系进行分析。因此，宏观经济学又称为总量经济学。第四，中心理论和基本内容不同。微观经济学的中心理论是价格理论，其所有的分析都是围绕价格机制的运行展开的。宏观经济学的中心理论则是国民收入理论，其分析围绕国民收入的决定展开。

2. 西方经济学的研究对象是什么？试与马克思主义政治经济学的研究对象加以比较。

答：西方经济学的研究对象是在稀缺条件下有效配置资源和分配财富。为了有效率地使用稀缺资源，以满足人们的各种欲望和需求，任何社会或国家都必须解决生产什么、如何生产和为谁生产的问题。

与马克思主义政治经济学的研究对象的比较：马克思主义政治经济学的研究对象是特定社会制度中的社会生产关系，即经济利益关系，揭示社会历史发展中的经济规律。与马克思主义政治经济学不同，西方经济学以资源的稀缺性为起点讨论资源配置和财富分配问题，把生产中人与物的关系作为研究对象，完全撇开了生产中人与人之间的关系，从而把经济学作为一门"超阶级""超历史"的科学。西方经济学抽象地讨论财富的生产、分配、交换和消费，用对人与物或物与物的关系的分析代替对人与人的关系或社会关系的分析。

3. 西方经济学一般方法论与具体研究方法之间的区别是什么？

答：西方经济学方法论以唯心史观和形而上学方法论为基础，从个人主义的自利和完全理性假设出发描述人类经济活动，阐述资源配置的机制和规律，表现出很大的局限性。西方经济学发展了一些研究经济问题的具体方法，特别是把数学和自然科学的新方法借用来研究经济问题，形成了研究经济问题的一些有用工具。

西方经济学一般方法论与具体研究方法之间的区别是：一般方法论包括演绎推理、方法论个人主义、理性原理假设和求解均衡，这些属于根本性的、基础层面的方法，是目前所谓主流经济学都要遵循的一种研究范式，是一种原理。而具体研究方法则是用来实现上述研究方式的工具，研究者会根据自己的研究主题和目的而从各种研究工具中选择合适的工具。因此，一个理论是否是西方经济学取决于该理论是否采用了西方经济学的一般方法论，而不是根据具体研究方法来进行判断。

4. 什么是方法论个人主义？它在西方经济学研究中是怎样体现的？它的局限性是什么？

答：方法论个人主义是一种哲学的研究方法，其将社会的发展看作许多个人的聚集，以此解读和研究许多学科。在最极端的形式上，方法论个人主义认为整体只不过是许多个体加起来的总和。方法论个人主义也被称为化约主义的一种形式，因为它的解释方式是将一个大的实体化为许许多多的小实体。

方法论个人主义在西方经济学研究中的体现：基于方法论个人主义，西方经济学致力于建立公理化的演绎逻辑体系，贯穿于该体系的基本观点就是各个"经济人"追求私利，而个人利益的加总就构成了社会的共同利益。因此可以说，方法论个人主义是西方经济学最基本的方法论，其理论体系、基本假设及分析工具都是该方法论的具体运用和体现。

方法论个人主义的局限性：方法论个人主义具有非社会性、非制度性和非历史性的倾向，往往以"经济人"假设——追求效用最大化的经济行为——自由市场经济模式作为其范式框架，逻辑空间比较狭窄；有时对某些局部的表象问题，仅仅提供对策性、描述性的说明或数理模型。

5. 什么是理性行为？它在西方经济学研究中的重要地位是什么？它与"经济人"假设是什么关系？

答：理性行为是指人们在追求利益的过程中，会想方设法收集和利用各种有用的信息，对各种可能的抉择进行权衡比较，挑选出最佳方案，以实现最大满足或最大效用。

理性行为假设是西方经济学理论体系赖以建立的基础，也是西方经济学最核心的命题，构成了西方经济学体系的逻辑起点。

理性行为与"经济人"假设的关系：完全理性假设与自利假设被合称为"经济人"假设。一个利己主义者是理性的，一个利他主义者也可以是理性的。如果经济学分析的个体既是理性的，也是自利的，那么其就是经济学中的"经济人"，这便是西方经济学中的经济人假设。

6. 演绎法与归纳法的区别是什么？

答：演绎法是从既有的普遍性结论或一般性事理，推导出个别性结论的一种方法。归纳法是从众多的经验事实中找出一般性规律的方法。演绎法与归纳法的区别主要体现在以下两个方面：第一，归纳法是从个别到一般，而演绎法是从一般到个别。第二，演绎法是先推论后观察，归纳法则是从观察开始。一般认为，西方经济学重视演绎法而轻视归纳法。

7. 怎样从数学上理解边际分析？怎样看待经济学的数学化？

答：当经济模型数学化以后，边际分析就是运用导数和微分方法，研究经济运行中微小增量的变化所导致的结果，用以分析各经济变量之间的相互关系及变化过程。这里的"边际"属于导数或微分的概念，指在函数关系中，自变量发生微量变动时因变量的变化。

对数学在经济学中的运用应当采取科学的、实事求是的态度，既不要简单否定，也不应该片面夸大。一方面，数学是非常有用的分析工具，在经济学研究中使用数学，有助于提高经济学的分析水平，也有助于经济学自身的发展。另一方面，无论多么精巧的数学模型都做不到准确描述庞大而复杂的经济世界的全貌，只能反映经济世界复杂经济关系的某个方面，或者说经济世界的庞大冰山之一角。

8. 马克思为什么把 1830 年以后的经济学界定为庸俗经济学？

答：19 世纪 30 年代，随着资本主义生产方式统治地位的最终确立和加强，资本主义社会的阶级矛盾和阶级斗争趋于尖锐化，古典经济学进入后期阶段，庸俗经济学应运而生。其特征之一是，古典学派开始解体，并丧失了自己在经济学中所占据的主体地位。萨伊、马尔萨斯、西尼尔等人放弃了古典经济学的劳动价值理论，提出了三要素（资本、劳动和土地）价值论或生产费用价值论、让渡利润论、节欲论等理论，从而拒绝以劳动价值论为基础揭示资本主义生产方式的内在联系，力图为资本主义剥削制度进行辩护。另一特征是西方经济学体系出现混合主义或折中调和的趋势，其典型代表包括完成了经济学第一次综合的英国经济学家穆勒，宣扬各阶级利益一致的经济和谐理论体系的法国经济学家巴斯夏，强调阶级利益调和论的美国经济学家凯里。他们实际上大都是以对交换领域现象的描绘来代替早期古典经济学对生产领域的研究。

9. 亚当·斯密的《国民财富的性质和原因的研究》初步形成了古典政治经济学体系，同时亚当·斯密在《道德情操论》中提出了伦理道德学体系，试对斯密的思想体系加以评价。

答：亚当·斯密的《国民财富的性质和原因的研究》和《道德情操论》分别以"自利心"和"同理心"作为基本的人性假设和论证的出发点，存在矛盾和不一致，但从内在关系上看，斯密的思想体系是一致的。

第一，从斯密的时代背景和斯密本人对有关概念的理解来看，"自利心"和"同理心"并不是同一层次的概念，因而谈不上对立或一致。在斯密看来，自利心是对自己利益的关心，是一种天性；同理心是对别人感受的感受，是人的一种能力，可以成为分析工具但不是"天性"的出发点。它们不是同一层面上的东西。

第二，从《道德情操论》的具体论述看，斯密从来没有否定过自利心。在第一、二卷对"他人情感和行为"的评判中，第三、四卷对"自己的情感和行为"的评判中，斯密都给予了自利心充分的重视和精彩的论述。

10. 我们应该怎样对待西方经济学？为什么不能用西方经济学解释中国崛起和经济发展的奇迹？试举例说明。

答：西方经济学研究市场经济的运行，我国实行社会主义市场经济，因此西方经济学中的有用成分有助于我们理解、解释和解决中国经济改革与发展中出现的问题。西方经济学在分析市场经济运行的过程中形成了一套完善的研究方法和分析工具，它为我们理解世界的运行和经济活动提供了一个有用的视角，对其他理论至少是一个有用的补充。

西方经济学不能解释中国经济发展的奇迹，其原因是没有从整体视角进行分析，把经济发展仅仅视为经济自身运行结果的逻辑，甚至仅从微观市场主体的成本收益视角分析资源配置的效率。经济发展是整个社会系统运行的结果。马克思主义关于生产力与生产关系、经济基础与上层建筑关系的科学论断，把经济纳入整个社会系统，不仅研究经济发展的自身因素，也研究政治、文化、社会、生态等因素对经济运行的影响，是科学解释中国经济发展奇迹的钥匙。例如，一般认为，中国能够取得经济增长奇迹的原因在于"高储蓄、高投资、低成本"，但这与西方经济学中的"节约悖论"是不相符的，相关理论难以解释中国经济增长奇迹。

## 四、本章课后练习题

### （一）名词解释

稀缺性　资源配置　完全理性假设　自利假设　资源利用

### （二）单项选择题

1. 西方经济学研究的基本问题是（　　　）。
   A. 如何创造财富　　　　　　　　B. 稀缺资源如何配置和利用

C. 如何实现共同富裕　　　　　　D. 怎样实现最公平的收入分配

2. 下列选项中，（　　）说明了资源的稀缺性。

　　A. 某些国家总是在生产可能性边界之内进行生产

　　B. 尽管资源是有限的，但是资源浪费大量存在

　　C. 资源的数量总是能保证生产出足够多的产品

　　D. 资源是有限的，而欲望却是无限的

3. 以下对经济物品的描述最恰当的是（　　）。

　　A. 有用的物品　　　　　　　　　B. 稀缺的物品

　　C. 要用钱购买的物品　　　　　　D. 有用且稀缺的物品

4. 以下不属于经济物品是（　　）。

　　A. 土地　　　　　B. 阳光　　　　　C. 数据　　　　　D. 食品

5. 研究某商品价格变化对需求量的影响属于（　　）。

　　A. 静态分析　　　　　　　　　　B. 比较静态分析

　　C. 一般均衡分析　　　　　　　　D. 动态分析

6. 在经济学研究中，区分变量在时间上的先后差别，研究不同时点上变量之间的相互关系的研究属于（　　）。

　　A. 静态分析　　　　　　　　　　B. 比较静态分析

　　C. 一般均衡分析　　　　　　　　D. 动态分析

7. 以下变量中属于流量的是（　　）。

　　A. 年末总人口　　　　　　　　　B. 年末存款余额

　　C. 个人财富总额　　　　　　　　D. 月薪

8. 以下陈述中，属于实证陈述的是（　　）。

　　A. 预计未来五年某国 GDP 增长率为 5%

　　B. 政府应该提高公务员工资

　　C. 政府应按照"负所得税"的思路重建福利制度

　　D. 年轻人不应该选择"躺平"

9. 在西方经济学中，以下不属于生产要素的是（　　）。

　　A. 劳动力　　　　　　　　　　　B. 土地

　　C. 企业家才能　　　　　　　　　D. 价格

10. 以下关于经济模型的论述不正确的是（　　）。

　　A. 经济模型中的内生变量是指可以在模型中决定的变量

　　B. 经济模型中的外生变量在所在模型中被视为常数

　　C. 经济模型不仅适用于简单的经济现象，也适用于复杂的经济现象

　　D. 在西方经济学中，经济模型等同于数学模型

（三）判断题

1. 重商主义者认为金银是财富的唯一形态。　　　　　　　　　（　　）

2. 资源的稀缺性是西方经济学研究的起点。　　　　　　　　　（　　）

3. 食品是可以自由买卖的，所以是自由物品。　　　　　　　　（　　）

4. 微观经济学是一门关注资源如何利用的学科。　　　　　　　　（　　）

5. "看不见的手"原理是凯恩斯在《就业、利息和货币通论》中首先提出的。
　　　　　　　　　　　　　　　　　　　　　　　　　　　　（　　）

6. 在西方经济学中，一个模型中的外生变量在另一个模型中也可能是内生变量。
　　　　　　　　　　　　　　　　　　　　　　　　　　　　（　　）

7. 与实证分析相比较，规范分析是否正确是难以进行检验的。　　（　　）

8. 19世纪70年代的西方经济学边际学派的代表人物有杰文斯、门格尔和马歇尔。
　　　　　　　　　　　　　　　　　　　　　　　　　　　　（　　）

9. 经济学中的均衡指的是模型中的关键变量相等的状态。　　　　（　　）

10. 宏观经济学关注的核心问题是价格机制的形成，因此又被称为价格理论。
　　　　　　　　　　　　　　　　　　　　　　　　　　　　（　　）

### （四）简答题

1. 试分析规范经济学和实证经济学的主要区别。
2. 如何理解西方经济学在科学性方面存在的缺陷？

### （五）分析题

亚当·斯密在《国富论》中指出："我们每天所需的食物和饮料，不是出自屠户、酿酒师或烙面师的恩惠，而是出于他们自利的打算。我们不说唤起他们利他心的话，而说唤起他们利己心的话。我们不说自己有需要，而说对他们有利。"

"在这场合，像在其他许多场合一样，他受着一只看不见的手的指导，去尽力达到一个并非他本意想要达到的目的。也并不因为事出于本意，就对社会有害。他追求自己的利益，往往使他能比在真正出于本意的情况下更有效地促进社会的利益。"

试分析：（1）何为经济人假设？

（2）经济人假设存在的缺陷。

## 五、本章课后练习题答案及解析

### （一）名词解释

**稀缺性**：稀缺性是指现实中人们在某段时间内所拥有的资源数量不能满足人们的欲望时的一种状态。它反映人类欲望的无限性与资源的有限性的矛盾。资源的稀缺性是西方经济学的起点。

**资源配置**：相对于人们的需求而言，资源总是表现出相对的稀缺性，从而要求人们对有限的、相对稀缺的资源进行合理分配，以便用最少的资源耗费，生产出最适用的商品和劳务，获取最佳的效益。资源配置则是指对稀缺资源在各种不同用途上加以比较做出的分配选择。

**完全理性假设**：完全理性假设是指人们在做出一项决策时，会想方设法收集和利用各种有用的信息，并基于信息对各种可能的备选方案进行权衡比较，挑选出最佳方案，以实现最大满足或最大效用。

自利假设：参与市场经济活动的个人首先具有利己的动机，同时为了实现利己的目的又必须以利他的手段满足他人的利己需求，于是便形成了利己和利他的统一。

资源利用：生产可能性边界所标定的产量只是充分就业的或者说潜在的国民收入，而实际的国民收入往往小于它。研究造成这种状态的原因，寻求改良这种状态的方法，从而实现充分就业，使实际的国民收入接近或等于潜在的国民收入，这就是资源利用。

### （二）单项选择题

1. B。西方经济学研究的基本问题是稀缺资源的配置和利用。

2. D。资源的稀缺性主要指资源的有限性和人类欲望无限性之间的矛盾，D 选项正确；其他选项中，A、B 选项涉及的是资源利用问题，C 选项不正确。

3. D。经济物品是有用且稀缺的物品，其他选项的描述不完整或不恰当。

4. B。一般认为，阳光是不需要付出任何代价就能够得到的有用物品，即自由物品，其他选项属于经济物品。

5. B。经济学中研究一种变量变化对另一变量的影响属于比较静态分析。

6. D。区分变量在时间上的先后差别，研究不同时点上变量之间的相互关系的研究在经济学中属于动态分析。

7. D。流量指一段时期内某种经济变量累计变动的数值，而存量指某一时点结存的量，体现了某一时点上持有的经济价值或物品数量。月薪是一个月内劳动者获取的薪资数额，是流量，而年末总人口、年末存款余额和个人财富总额均为存量。

8. A。实证陈述与实证经济学范式相对应，主要试图描述和回答什么东西"是什么"的问题，具有可证伪性。规范陈述与规范经济学相对应，是以一定的价值判断为基础，主要描述和回答什么东西"应该是什么"的问题。根据上述特征，A 选项属于实证陈述，而其他选项均涉及"应该是什么"的问题，属于规范陈述。

9. D。西方经济学中的四大传统生产要素为资本、劳动、土地和企业家才能，价格不属于生产要素。

10. D。在西方经济学中，经济模型的表达方式可以是数学模型，也可以是文字与数学符号、图表和数字等，因此经济模型并不等同于数学模型。其他选项关于经济模型的表述均正确。

### （三）判断题

1. 正确。重商主义者认为金银贵金属是财富的唯一形态。
2. 正确。资源的稀缺性是西方经济学研究的起点。
3. 错误。自由物品是指使用不需要付出任何代价的物品，如阳光和空气，食品可以自由买卖，但必须付出金钱或时间等代价，是经济物品。
4. 错误。微观经济学是一门关注资源如何配置的学科，而非资源利用。
5. 错误。"看不见的手"原理是亚当·斯密在《国富论》中首先提出的。
6. 正确。在西方经济学中，一个模型中的外生变量在另一个模型中也可能是内生变量。

7. 正确。实证分析具有可证伪性，但是与实证分析相比较，规范分析是否正确取决于主观的价值判断，是难以进行检验的。

8. 错误。19世纪70年代的西方经济学边际学派的主要代表人物有杰文斯、门格尔和瓦尔拉斯。

9. 错误。经济学中的均衡指的是经济体系中一个特定的经济单位或经济变量在一系列经济力量的相互制约下达到的一种相对静止并保持不变的状态，因此经济学中的均衡强调的是稳定的状态，而不是简单的变量相等。

10. 错误。宏观经济学关注的核心问题是国民收入的决定问题，常被称为国民收入理论；微观经济学关注价格问题，常被称为价格理论。

### （四）简答题

1. 试分析规范经济学和实证经济学的主要区别。

答题要点：实证经济学试图超脱、排除一切价值判断，只研究经济本身的内在规律；并根据这些规律，分析和预测人们经济行为的效果。实证经济学要回答"是什么"的问题。规范经济学以一定的价值判断为基础，提出某些标准作为分析处理经济问题的标准，树立经济标准的前提，作为制定经济政策的依据，并研究如何才能符合这些标准。规范经济学要回答"应该是什么"的问题，它往往涉及社会意义。当然，需要特别指出的是，尽管现代西方经济学的发展趋势越来越倾向于实证经济学，但是其依然不能摆脱意识形态的影响。西方经济学不仅仅只是研究经济变量之间客观规律的实证研究，同时不可避免地要涉及政策建议和主观的价值判断，而这些是难以摆脱意识形态的影响的。

2. 如何理解西方经济学在科学性方面存在的缺陷？

答题要点：第一，根据实践是检验真理的唯一标准，西方经济学的理论体系并不完全符合科学的要求。西方经济学的基本理论结构并没有被经济学家在实践上得到充分证实，正是由于缺乏实践的检验，西方学者目前普遍把西方经济学理论体系称为"共同认可的理论结构"，而不是由实践检验过的真理。第二，西方经济学缺乏内部一致性。在西方经济学中，存在大量相互矛盾的说法和争论，例如新古典宏观经济学和新凯恩斯主义之间的矛盾；传统新古典理论关于市场能够自我调节和凯恩斯主义的市场不能自我调节的对立。之所以出现大量对立的理论和争论，一方面是因为经济学的观察对象在不断发生变化，另一方面是因为不同经济学流派观察和思考问题的角度和方法有差异，这些原因都导致了西方经济学缺乏科学应有的内部的一致性。第三，西方经济学中有许多较为苛刻的假设条件。西方经济学中的许多假设条件是不符合实际的，例如，完全竞争市场的基本假定要求产品同质，信息完全，资源充分流动，但实际上这是不符合现实的。上述问题使得西方经济学的科学性受到了较多的质疑。

### （五）分析题

亚当·斯密在《国富论》中指出："我们每天所需的食物和饮料，不是出自屠户、酿酒师或烙面师的恩惠，而是出于他们自利的打算。我们不说唤起他们利他心的话，而说唤起他们利己心的话。我们不说自己有需要，而说对他们有利。"

"在这场合，像在其他许多场合一样，他受着一只看不见的手的指导，去尽力达到一个并非他本意想要达到的目的。也并不因为事出于本意，就对社会有害。他追求自己的利益，往往使他能比在真正出于本意的情况下更有效地促进社会的利益。"

试分析：（1）何为经济人假设？

（2）经济人假设存在的缺陷。

答题要点：（1）经济人假设是完全理性假设和自利假设的合称，是西方经济学的基本假设。自利假设是指参与市场经济活动的个人首先具有利己的动机，同时为了实现利己的目的又必须以利他的手段满足他人的利己需求，于是便形成了利己和利他的统一。完全理性假设是指人们在做出一项决策时，会想方设法收集和利用各种有用的信息，并基于信息对各种可能的备选方案进行权衡比较，挑选出最佳方案，以实现最大满足或最大效用。

（2）经济人假设存在的主要缺陷是该假设与行为主体行为的严重背离，也就是说，经济人假设对人的假设过于苛刻，并不符合现实。现实中的市场参与者并不知道所有信息，也并不是总能做出符合自身利益的最佳决策。这一缺陷使得该假设的适用范围是相当有限的。

# 第一章

# 需求、供给与均衡价格

## 一、本章知识结构图

本章知识结构图如图 1-1 所示。

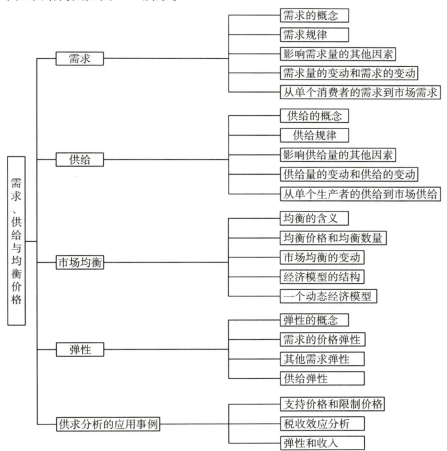

图 1-1  本章知识结构图

## 二、本章主要知识点梳理

### （一）需求

**1. 需求的概念**

一种商品的需求是指在某一特定时期内，对应于某种商品各种可能的价格下，消费者愿意并且能够购买的商品数量。在某一特定价格下的需求被称为需求量。

消费者对某种商品的需求可以用需求表、需求曲线和需求函数表示。其中需求表是一张反映该商品各种可能的价格水平与这些价格所对应的需求量之间关系的数表。需求曲线是商品各种可能的价格与相应的需求量二者的组合在坐标平面中描绘出来的一条曲线，通常用字母 D 或 d 标注。需求函数反映了在其他条件不变的情况下，需求量与商品价格之间的对应关系。令 $Q^d$ 表示商品的需求量，$P$ 表示商品的价格，则需求函数可以表示为：

$$Q^d = D(P)$$

若需求曲线是一条向右下方倾斜的直线，则需求函数为线性函数：$Q^d = \alpha - \beta P$，其中 $\alpha$ 和 $\beta$ 为大于 0 的常数。

**2. 需求规律**

需求规律是指其他条件不变，某种商品的价格越高，消费者愿意并且能够购买的该商品数量（需求量）越少；价格越低，消费者愿意并且能够购买的该商品数量（需求量）越多。即在其他条件不变的情况下，需求量与价格呈现反方向变动关系。

一般商品均满足需求规律，表现在商品的需求曲线上的一个明显特征是需求曲线向右下方倾斜，即需求曲线的斜率为负值。

除此之外，也有不满足需求规律的特例，即其所对应的需求曲线不是右下方倾斜的。例如，需求曲线出现垂直或水平的情形，或者是向右上方倾斜的情形（比如吉芬物品的需求曲线）。

**3. 影响需求量的其他因素**

影响需求量的因素很多，除商品本身的价格这一最重要的影响因素以外，其他因素也会对需求量产生影响，主要包括：消费者的偏好和收入水平、其他相关商品的价格、消费者预期和政府的政策等。

**4. 需求量的变动和需求的变动**

需求量的变动是指在其他条件不变时，由某商品本身价格变动所引起的该商品的需求数量的变动。需求的变动是指在某种商品价格不变的条件下，由于其他因素变动所引起的该商品的需求数量的变动。

**5. 从单个消费者的需求到市场需求**

对所有单个消费者的需求"加总"即可得到整个市场的需求。因为单个消费者的需求曲线均向右下方倾斜，所以市场需求曲线也一定向右下方倾斜。

## （二）供给

### 1. 供给的概念

一种商品的供给是指在某一特定时期内，对应于某种商品各种可能的价格下，生产者愿意并且能够提供的商品数量。在某一特定价格下的供给被称为供给量。

生产者对某种商品的供给可以用供给表、供给曲线和供给函数表示。其中供给表是一张反映该商品各种可能的价格水平与这些价格所对应的供给量之间关系的数表。供给曲线是商品各种可能的价格与相应的供应量二者的组合在坐标平面中描绘出来的一条曲线，通常用字母 S 或 s 标注。供给函数反映了在其他条件不变的情况下，供给量与商品价格之间的对应关系。令 $Q^s$ 表示商品的供给量，$P$ 表示商品的价格，则供给函数可以表示为：

$$Q^s = S(P)$$

若供给曲线是一条右上方倾斜的直线，则供给函数为线性函数：$Q^s = \gamma + \delta P$，其中 $\gamma$ 和 $\delta$ 均为常数且 $\delta > 0$。

### 2. 供给规律

供给规律是指其他条件不变，某种商品的价格越高，生产者愿意并且能够提供的该商品数量（供给量）越多；价格越低，生产愿意并且能够提供的该商品数量（供给量）越少。即在其他条件不变的情况下，供给量与价格呈现同方向变动关系。

一般商品均满足供给规律，表现在商品的供给曲线上的一个明显特征是供给曲线向右上方倾斜，即它的斜率为正值。

除此之外，也有不满足供给规律的特例，即其对应的供给曲线不是右上方倾斜的。譬如，供给曲线出现垂直、水平或向右下方倾斜的情形。

### 3. 影响供给量的其他因素

除商品本身价格以外的因素也会对供给量产生影响，主要包括：生产者的目标、生产技术水平、生产成本、生产者可生产的其他相关商品的价格、生产者对未来的预期、政府政策。

### 4. 供给量的变动和供给的变动

供给量的变动是指在其他条件不变时，由某商品本身价格变动所引起的该商品的供给数量的变动。供给的变动是指在某种商品价格不变的条件下，由于其他因素变动所引起的该商品的供给数量的变动。

### 5. 从单个生产者的供给到市场供给

对所有单个生产者的供给"加总"即可得到整个市场的供给。由于单个生产者的供给曲线均向右上方倾斜，因此市场供给曲线也向右上方倾斜。

## （三）市场均衡

### 1. 均衡的含义

均衡是一个源自物理学的概念，经济学中的均衡是指经济系统中的某一特定经济单位、经济变量或市场等，在一系列经济力量的相互制约下所达到的一种相对静止并保持不变的状态。均衡以决定系统的外在因素保持不变为条件，如果外在因素发生变化，原有的均衡可能会被打破，并在新的条件下重新达到均衡。

2．均衡价格和均衡数量

市场供求均衡是均衡分析最重要的一个事例。市场均衡是指市场供给等于市场需求的一种状态。此时，市场需求量等于市场供给量，称为均衡数量，此时的价格为均衡价格。

3．市场均衡的变动

市场均衡是一种相对稳定的状态，但如果某些事件引起市场需求或市场供给发生变动，则原有的市场均衡被打破，新的均衡又会在市场机制的作用下重新形成。市场均衡变动的一般规律为：供给不变，需求增加，均衡价格上升，均衡数量增加；供给不变，需求减少，均衡价格下降，均衡数量减少；需求不变，供给增加，均衡价格下降，均衡数量增加；需求不变，供给减少，均衡价格增加，均衡数量减少。如果市场需求和供给同时发生变动，则需要根据需求和供给变动的方向和大小进行具体分析。

4．经济模型的结构

经济模型常常被用来表示经济理论所研究的经济现象之间的依存关系及其结构。经济模型的表现形式可以是表格、曲线、函数式，也可以是文字，在经济学中对数学模型的使用最为广泛。

5．一个动态经济模型

经济模型不仅仅是舍弃了时间因素的静态模型，也存在大量的刻画经济变量随时间变动的动态模型，而蛛网模型是一个典型的动态模型，根据其均衡的稳定性，分为收敛型蛛网、发散型蛛网和封闭型蛛网三种类型。

## （四）弹性

1．弹性的概念

弹性是衡量一个经济变量相应于另外一个经济变量变动的敏感程度。譬如，反映经济量 $y$ 相应于经济量 $x$ 变动敏感程度的弹性可定义为：

$$e = \frac{\Delta y / y}{\Delta x / x}$$

2．需求的价格弹性

需求的价格弹性表示在一个特定的时期内，一种商品需求量相对变动相应于该商品价格相对变动的反应程度，通常由弹性系数加以衡量，定义为：

$$e_P = -\frac{\Delta Q / Q}{\Delta P / P}$$

需求的价格弹性可以分为弧弹性和点弹性。点弹性定义为：

$$e_P = \lim_{\Delta P \to 0} -\frac{\Delta Q / Q}{\Delta P / P} = -\frac{\mathrm{d}Q / Q}{\mathrm{d}P / P}$$

根据定义，需求价格弹性系数的取值范围满足 $0 \leqslant e_P \leqslant +\infty$．根据价格弹性系数的值，我们可将商品划分为五种类型：① $e_P = 0$，需求完全无弹性；② $0 < e_P < 1$，需求缺乏弹性；③ $e_P = 1$，需求为单位弹性；④ $1 < e_P < +\infty$，需求富有弹性；⑤ $e_P = +\infty$，需求具有无限弹性或完全弹性。

影响需求价格弹性的主要因素有：商品的重要程度、商品可替代的程度、商品的消费支出在总支出中所占的比重、调整时间的长短等。

3. 其他需求弹性

需求的收入弹性表示在一定时期内，消费者对某种商品需求量的相对变动相应于消费者收入相对变动的反应程度。若商品为低档品，则收入弹性为负值；若商品为正常品，则收入弹性为正值。其中收入弹性在 0 到 1 之间，商品为必需品；收入弹性大于 1，商品为奢侈品。

需求的交叉价格弹性表示在一定时期内，相应于相关的另外一种商品价格的相对变动，一种商品需求量相对变动的敏感程度。若需求的交叉价格弹性大于 0，则两种商品是替代品；若交叉价格弹性小于 0，则两种商品是互补品；若需求的交叉价格弹性等于 0，则表明两种商品无关。

4. 供给弹性

供给的价格弹性表示在一定时期内相应于商品价格的相对变动，一种商品供给量相对变动的敏感程度。供给价格弹性用 $e_S$ 表示，为非负数。供给价格弹性与需求价格弹性一样也分为五种类型。

影响供给价格弹性的主要因素有：生产者调整供应量的时间、生产技术类型、现有生产能力的利用程度等。

### （五）供求分析的应用实例

1. 支持价格和限制价格

支持价格又称最低限价，是指政府为了支持某一产品的生产而对该产品的价格规定的一个高于均衡价格的最低价格。如为扶植农业发展政府实施的农产品支持价格。支持价格会导致市场出现超额供给，政府需要采用对消费者提供补贴、收购过剩供给等配套措施。

限制价格又称最高限价，是指政府为了防止某种商品的市场定价过高而规定的低于市场均衡价格的价格。如发生战争或出现严重饥荒时，政府会对一些生活必需品制定最高限价。限制价格会导致市场出现供给短缺，政府往往采取如排队、抽签或凭票供应等方式来限制购买量。限制价格可能产生一些负面影响，例如黑市交易。

2. 税收效应分析

政府征收销售税（假设为定量税），无论是向消费者征收还是向销售商征收，都是在买者支付的价格与卖者得到的价格之间镶嵌了一枚楔子，均被买者和卖者共同分担，分摊比例与征收对象无关，与弹性有关。在供给不变的情况下，征收等量的税收，需求越缺乏弹性，消费者负担的比例就越大；需求越富有弹性，生产者负担的比例越大。在需求相同的情况下，供给越缺乏弹性，消费者分摊的税负相对越小，生产者分摊的部分相对越大；供给越富有弹性，消费者分摊的税负相对就越大，生产者分摊的部分相对越小。

3. 弹性和收入

销售收入与需求价格弹性之间存在密切关系。若需求价格弹性大于 1（富有弹性），提价会降低销售收入，降价会增加销售收入（如薄利多销）；若需求价格弹性小于 1（缺乏弹性），提价会增加销售收入，降价会减少销售收入（如谷贱伤农）。若需求价格弹性等于 1，提价或降价不影响销售收入。

### 三、本章课后思考题解答

1. 你对早餐牛奶的需求是如何决定的？列出决定牛奶需求的诸因素，并运用这些因素讨论需求量与需求变动之间的联系与区别。

答：消费者对早餐牛奶的需求取决于消费者偏好、收入、价格、其他相关商品的价格、消费者预期和政府政策等诸多因素。需求量的变动是指在其他条件不变的情况下，由牛奶本身价格变动所引起的牛奶的需求数量的变动。需求的变动是指在牛奶价格不变的条件下，由于消费者偏好、收入、其他商品价格等等其他因素变动所引起的牛奶的需求数量的变动。

2. 什么是供给规律？它有没有特例？谈谈你对经济学中经济规律的看法。

答：一般而言，在其他条件不变的情况下，一种商品的价格越高，生产者对该商品的供给量就越大；反之，商品的价格越低，供给量就越小。这一特征被称为供给规律。供给规律表明，在其他条件不变的情况下，供给量与价格之间呈同方向变动的关系。因此，一种商品的供给曲线向右上方倾斜。

供给规律也存在一些例外。例如，供给曲线可能是一条垂直于数量轴的直线。这类形状的供给曲线表明，无论商品的价格有多高，生产者只提供既定数量的商品。供给曲线也可能是一条平行于数量轴的直线。这类形状的供给曲线表明，在一个特定的价格下，生产者愿意供给任意数量的商品。

由此可见，并不是所有生产者对所有商品的供给都满足供给规律。这从一个侧面说明，经济学中的规律并不像自然科学中那样精确。

3. 下列五种情况，对于整个社会的房屋供给有何影响？
（1）土地价格上涨；
（2）水泥价格下跌；
（3）建筑房屋的技术进步；
（4）房租将要下跌；
（5）从事工业投资的利润增加。

答：房屋供给受到土地价格、建筑材料价格、技术水平、预期收益以及其他投资领域的利润状况等诸多因素的影响，因此，我们在探讨某因素变化对房屋供给的影响时，需要假设其他条件不变。

（1）土地价格上涨会使整个社会的房屋供给减少，供给曲线左移。土地是房屋建设的基础，土地价格的上涨意味着建造房屋的成本增加。因此，对于开发商而言，房屋的建造成本上升会导致其减少供给量，或者将增加的成本转嫁到房屋价格上。所以，在其他条件不变的情况下，土地价格上涨会导致整个社会的房屋供给减少。

（2）水泥价格下跌会使整个社会的房屋供给增加，供给曲线右移。水泥是建造房屋的重要原材料，当水泥价格下跌时，建造房屋的成本会降低，保持其他条件不变，成本的降低使得开发商供给房屋变得更加有利可图，因此成本下降会使开发商增加房屋的建造量。所以，其他条件不变的情况下，水泥价格下跌会导致整个社会的房屋供给增加。

（3）建筑房屋的技术进步会使整个社会的房屋供给增加，供给曲线右移。建造房屋的相关技术出现进步可以提高房屋建筑效率，降低建造成本，改变房屋的设计和构造方式。这意味着在同样的成本下可以提供更多的房屋供给，或者同样数量的房屋只需要付出更少的成本。因此，不考虑其他因素的变动，建筑房屋的技术进步会导致整个社会的房屋供给增加。

（4）房租将要下跌，会使整个社会的房屋供给减少，供给曲线左移。一般情况下，房租的下跌意味着房屋租赁市场的需求不足，供给相对过剩。对于开发商而言，如果预期房租将要下跌，那么他们可能会减少新房屋的供给，因为新建房屋在租赁市场上可能难以获得满意的投资回报。因此，预期房租将要下跌，会引起整个社会的房屋供给减少。

（5）从事工业投资的利润增加，会使整个社会的房屋供给减少，供给曲线左移。如果厂商从事工业投资的利润增加，那么投资者可能会将更多的资金从房地产投资转向工业投资。此时整个社会投入到房屋建设的资金可能会显著减少，因为资金会流向利润更丰厚的领域。因此，不考虑其他因素的变动，从事工业投资的利润增加会导致整个社会的房屋供给减少。

综上所述，土地价格上涨、预期房租下跌和从事工业投资的利润增加等因素变化均会导致房屋供给减少；而水泥价格下跌和建筑房屋的技术进步等因素变化均会导致房屋供给增加。当然，需要指出的是，影响整个社会房屋供给的因素还有很多，例如宏观经济、产业环境和政府政策等。

4. 均衡价格是如何决定的？并以此为例说明均衡的静态分析与比较静态分析之间的联系和区别。

答：市场均衡是指市场供给等于市场需求的一种状态。当一种商品的市场处于均衡状态时，在某一市场价格上，该商品的市场需求量等于市场供给量，这一价格被称为该商品的市场均衡价格。换句话说，市场处于均衡的条件是，市场需求量等于市场供给量，此时的价格为均衡价格。

静态分析亦称为均衡分析，它讨论均衡状态是如何决定的。例如，在一种商品或服务的市场上，市场需求和供给相互作用使得市场价格趋向于均衡。如果价格太高，消费者愿意并且能够购买的数量相对于生产者愿意并且能够出售的数量不足，生产者不能实现在该价格下的目标，从而就会降低价格；相反，如果价格太低，消费者的需求量相对于生产者的供给量过剩，消费者就不能购买到想要（且买得起）的数量，从而就会提高价格。当供求力量相抵时，市场价格倾向于保持不变，此时市场处于均衡状态。

比较静态分析的目的则在于揭示影响均衡的因素发生改变时如何使均衡状态发生变动，其变动方向如何。例如，消费者的收入增加将导致均衡价格提高，该结论即为比较静态分析的结果。

5. "需求曲线越陡，价格弹性就越小；需求曲线越平坦，价格弹性就越高。"这句话对吗？试举例加以说明。

答：这种说法并不完善。对这个问题的回答可以借助如下关于点弹性的公式：

$$E_P = -\frac{\mathrm{d}Q}{\mathrm{d}P} \cdot \frac{P}{Q}$$

在上式中，$P$ 和 $Q$ 一起对应着需求曲线上的既定点，而 $\mathrm{d}Q/\mathrm{d}P$ 是这一点上需求量关于价格的导数，即需求曲线的斜率，所以，弹性系数只与需求曲线上该点处的性质有关。

根据点弹性公式，在同一条需求曲线上，弹性值不仅取决于需求曲线的斜率，而且与需求曲线上的特定点的位置相关。在 $P$ 和 $Q$ 给定的条件下，需求曲线斜率 $\mathrm{d}Q/\mathrm{d}P$ 的绝对值越大，即需求曲线相对于价格轴越陡峭、相对于数量轴越平缓，价格弹性值就越大；需求曲线相对于价格轴越平缓，相对于数量轴越陡峭，需求的价格弹性就越小。这适用于对过同一点的两条需求曲线的弹性进行比较。

6. 影响需求价格弹性的因素有哪些？请简要加以分析。

答：有很多因素会影响商品的需求价格弹性的大小。第一，商品的重要程度。一种商品越重要，该商品价格提高以后消费者越不愿甚至不能调整对该商品的需求量，因而其需求价格弹性越小；反之，如果商品对消费者的重要性较低，其需求价格弹性就较大。第二，商品的可替代程度。一般来说，一种商品的替代品越多，则可替代程度越大，则该商品的需求价格弹性就越大；反之，如果一种商品的替代品很少甚至没有，其可替代程度很小，则该商品的需求价格弹性就小。第三，商品的消费支出在总支出中所占的比重。一般而言，一种商品在消费者消费支出中所占的比重越小，其对该商品的需求价格弹性就越小；商品在消费支出中所占的比值越大，该商品需求价格弹性就越大。第四，调整时间的长短。当一种商品的价格发生变动时，消费者调整偏好、寻找新的替代品等都需要时间，一般来说，商品价格变动以后，消费者需求量的调整时间越短，需求价格弹性就越小；反之，如果调整时间越长，商品的需求价格弹性就越大。第五，商品用途的广泛性。一般来说，一种商品的用途越广泛，消费者对其需求价格弹性越大；反之，商品的用途越有限，其需求价格弹性则越小。

7. 政府准备对每辆汽车征收 1 000 美元税收，请问，向购买者和销售者征收后果是否相同？请画图加以说明。

答：（1）政府向销售商征收销售税。假定政府对销售商按每单位商品征收固定数额的销售税。如图 1-2 所示，征税前市场的需求曲线和供给曲线分别为 $D$ 和 $S$，政府征收的定额销售税为 $T = 1\ 000$ 美元。那么，政府征税将导致供给曲线向上平行移动到 $S'$，在每一个数量上移动的距离都等于 $T$。于是，征税前后市场均衡分别为 $E$ 和 $E'$，而均衡价格则由 $P_E$ 提高到了 $P'_E$。对征税前后市场均衡的状况进行比较可以发现，从每单位商品的角度来看，征税前市场价格为 $P_E$，而在征税后市场价格为 $P'_E$，因此在每单位商品上，消费者多支付 $(P'_E - P_E)$，而销售商获得的价格则由 $P_E$ 下降到 $P''_E$，减少 $(P_E - P''_E)$。因此，在每单位商品征收的税收 $T$ 中，原有的均衡价格 $P_E$ 成为消费者和生产者分摊税收的分界点。基于此，从税收总量来看，政府获得税收总额为 $TQ'_E$，在图中为长方形 $P''_E P'_E E' A$ 的面积，其中消费者负担的部分为 $P_E P'_E E' B$ 的面积，总额为 $(P'_E - P_E) Q'_E$，而销售商负担的部分为 $P'' P_E BA$ 的面积，总额为 $(P_E - P'') Q'_E$。

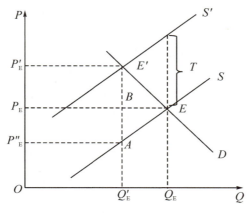

图1-2　销售税分摊

（2）政府向消费者征收消费税。如图1-3所示，假设对应于任意的现行价格，比如 $P_E$，政府向消费者每单位商品征收消费税 $T=1\,000$ 美元，则消费者实际支付的价格为（$P_E+T$），此时消费者的需求量为 $Q_1$。也就是说，对于征税前的任意市场价格 $P$，在征税后该价格对应的需求量恰好是（$P+T$）对应的需求量，即征收消费税 $T$ 导致需求曲线 $D$ 向左下方移动 $T$ 个单位到 $D'$。市场需求 $D'$ 与市场供给 $S$ 在 $E'$ 处形成新的均衡。比较 $E'$ 与 $E$ 可以看出，每单位商品征收消费税 $T$，将导致市场均衡数量由 $Q_E$ 减少到 $Q'_E$，价格由 $P_E$ 下降到 $P'_E$。由于价格下降到了 $P'_E$，故销售商承担的税负为（$P_E-P'_E$），而消费者承担的税负为剩余的（$P''_E-P_E$）。

由此可见，无论是向销售商征收销售税还是向消费者征收消费税，都是在买者支付的价格与卖者得到的价格之间镶嵌了一枚楔子，这枚楔子由买者和卖者共同分担，且在两种情况下分摊比例相同。

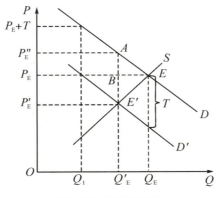

图1-3　消费税分摊

8. 试用马克思主义观点分析供求均衡理论的缺陷与意义。

答：从马克思主义的观点来看，西方经济学的供求均衡分析存在以下几个方面的缺陷。首先，为了证明均衡的存在，市场均衡模型对市场运行条件和经济当事人施加了若干不切实际的假设。如市场上存在一个可以自由涨落的价格，面对这一价格信号，需求和供给自发变动，买者和卖者相应地调整自身的需求或者供给数量；买者与买者、卖者与卖者之间相互竞争，最终使得需求与供给相一致等假定。这些假定与现实相去甚远，而且，在现实经济中某些市场并不总能处于需求等于供给的均衡状态，价格调整也并不总是需求和供给调整的唯一信号。

其次，供求均衡理论并没有真正说明均衡的实现问题。一个需要解决的问题是，偏离均衡的状态趋向于均衡的速度，即价格的调整速度。在以静态形式出现的供求均衡模型中，西方经济学通常的处理方式是，当供大于求时，价格下降，而当供小于求时，价格上升。但是，这并不能保证市场供求一定趋向于均衡价格，一种可能的情况是，价格在供大于求和供小于求之间变动。

最后，这里的供求均衡模型是一种局部均衡。在分析某一种商品的价格如何达到均衡时，供求均衡模型假定均衡状态只取决于商品本身的供求状况。而涉及需求或者供给的分析，"假定其他条件不变"则是必要的前提。这就意味着，除了影响需求量或者供给量的价格因素之外，其他商品或要素的价格以及技术、偏好等因素都保持不变，结果，这些因素就被排除在了决定一个市场均衡状态之外。

供求均衡理论的意义在于，它是我们理解市场机制配置资源的一种可行方法。一方面，虽然该理论存在假设较强的问题，但通过抽象掉一些复杂因素，该理论为我们提供了一种分析问题的方法；另一方面，该理论说明了价格机制调节资源配置的过程，也对资源配置提供了一个评价标准，有利于我们理解市场资源配置的基础性作用。

9. 已知市场的需求函数为：$Q^d = 10 - 2P$，供给函数为：$Q^s = -2 + 2P$。

（1）求此时的均衡价格与均衡数量，需求价格弹性与供给价格弹性。

（2）若政府对每单位产品征收 1 元的定量销售税，在这 1 元的税收中消费者与生产者各承担多少？

答：（1）联立需求函数和供给函数：$\begin{matrix} Q^d = 10 - 2P \\ Q^s = -2 + 2P \\ Q^d = Q^s \end{matrix}$，解得 $P = 3$，$Q = 4$。

$$e_d = -(-2) \times \frac{3}{4} = 1.5$$

$$e_s = 2 \times \frac{3}{4} = 1.5$$

（2）政府对每单位产品征收 1 元的定量销售税，供给函数变为：$Q^s = -2 + 2(P-1)$，需求函数不变，联立供给函数和需求函数可得 $P = 3.5$，$Q = 3$。

与（1）中得到的 P = 3 的结果比较可知，在这 1 元的税收中，消费者与生产者各承担 0.5 元。

10. "谷贱伤农"是指在农业生产活动中的一个经济现象：在丰收的年份，农民的收入反而减少了。请结合你身边类似的案例，回答如下问题：

（1）供求决定价格理论是如何在这里起作用的？

（2）"谷贱伤农"结果是供给弹性还是需求弹性方面的原因带来的？

（3）如果粮农之间可以联合起来行动，比如全国的农民组成一个超级大托拉斯或者全国农会，结果会有不同吗？这种情况下的供给弹性或者需求弹性与分散独立行动时相同吗？

（4）政府一般体恤农民，给予补贴以支持农业。如果根据粮食产量给予粮农补贴，得益的是谁？如果根据粮食产量仅仅给予某县某农场粮食补贴，得益的又是谁？全面补贴和局部补贴在效果上是否有差别？

（5）如果按人头对粮农进行补贴，其结果与上面问题（4）有不同吗？为什么？

答：（1）根据供求决定价格理论，农业获得丰收，粮食的供给会增加，但需求的增加将会非常有限，因此市场上的粮食价格下跌。伴随着更多的粮食供给涌向市场，预计粮食的价格会继续下降，农民供应粮食的收入减少。

（2）"谷贱伤农"的结果主要是由粮食的需求缺乏弹性导致的。具体来说，丰收带来的粮食供给增加一方面导致粮价下降，另一方面也会引起粮食的销售量增加。但由于家庭对粮食的需求缺乏弹性，需求量增加的比例不及价格下降的比例，因此农民的收入会因为丰收而下降，导致"谷贱伤农"。

（3）如果粮农之间可以联合起来行动，比如全国的农民组成一个超级大托拉斯或者全国农会，那么该组织可以通过协调粮农之间的行动来增加农民收入：预计风调雨顺，可以获得丰收的年份，农会可以组织粮农有计划地减少耕种；或者在获得丰收之后，囤积部分粮食，减少市场供给，提高粮食的价格。粮食价格提高，由于家庭对粮食的需求缺乏弹性，需求的下降极为有限，因此会使得粮农的收入提高。

（4）如果政府依据粮食产量给予粮农全面的补贴，对于农民来说，这意味着既定产量下的成本降低，粮食供给增加。然而，由于粮食缺乏需求弹性，需求增加有限，粮食价格下降，依然导致粮农收入下降。可见，政府根据粮食产量给予粮农补贴，粮农的收入增加是有限的，该项政策得益更多的是粮食的消费者。

如果政府根据粮食产量仅仅给予某县某农场粮食补贴，由于单个农场的粮食产量与整个市场相比微不足道，农场因补贴所产生的供给变对整个市场的影响甚至可以忽略不计，政府补贴对粮食价格并没有太多影响，因此该项政策的得益者是获得补贴的农场。可以看出，全面补贴由于会对市场价格产生影响，从而出现"谷贱伤农"的现象，而局部补贴对市场价格的影响微不足道，会使受补贴者直接得益。

（5）如果按人头对粮农进行补贴，而不是按照粮食产量对粮农进行全面补贴，那么该项补贴政策将直接增加粮农的收入，粮农的收入增加，其对多种商品的消费也会增加。按照粮食产量对粮农进行补贴主要是通过影响市场价格来产生间接影响，而按人头对粮农进行补贴会直接影响粮农的收入，因此其政策影响可能会有所不同。

## 四、本章课后练习题

### （一）名词解释

需求　供给　市场均衡　需求的价格弹性　供给的价格弹性　需求的收入弹性　需求的交叉价格弹性　支持价格　恩格尔定律　吉芬物品

### （二）单项选择题

1. 其他条件不变时，某普通物品的价格下降，将导致该物品的（　　）。
   A. 需求增加　　　B. 需求量增加　　C. 需求减少　　　D. 需求量减少

2. 如果某商品的需求曲线是一条垂直于横轴的直线，则该商品（　　）。

A. 需求价格弹性为 $-1$　　　　　　B. 需求价格弹性为无穷大

C. 需求价格弹性为 0　　　　　　　D. 供给无弹性

3. 假如生产某种商品所需的原料价格下降了，则这种物品的（　　）。

A. 需求曲线向左方移动　　　　　　B. 供给曲线向左方移动

C. 需求曲线向右方移动　　　　　　D. 供给曲线向右方移动

4. 如果某商品富有需求价格弹性，则该商品价格上升（　　）。

A. 会使该商品的销售收益下降　　　B. 会使该商品的销售收益不变

C. 会使该商品的销售收益增加　　　D. 不确定

5. 一般来说，低档物品的需求收入弹性为（　　）。

A. 等于零　　　　B. 大于零　　　　C. 小于零　　　　D. 大于1

6. 如果政府通过最高限价将价格限制在均衡水平以下，最可能导致（　　）。

A. 产品供给过剩

B. 厂商破产

C. 买者以低价买到了希望购买的商品数量

D. 黑市交易

7. 为扶持农业发展，政府对农产品规定了高于其均衡价格的支持价格，政府应该同时采取的相应措施是（　　）。

A. 增加对农产品的税收　　　　　　B. 实行农产品配给制

C. 收购过剩的农产品　　　　　　　D. 对农产品生产者予以补贴

8. 厂商在某商品生产中采用了新的生产技术，同时增加了该商品的广告投放力度，该商品均衡价格（　　），均衡数量（　　）。

A. 上升，上升　　　　　　　　　　B. 下降，下降

C. 不变，上升　　　　　　　　　　D. 不确定，上升

9. 商品 A 和商品 B 互为替代品，如果商品 A 价格下降，将导致（　　）。

A. 商品 A 的需求曲线右移　　　　　B. 商品 A 的需求曲线左移

C. 商品 B 的需求曲线右移　　　　　D. 商品 B 的需求曲线左移

10. 民航机票经常打折销售，说明飞机旅行需求（　　）。

A. 缺乏价格弹性　　　　　　　　　B. 单位价格弹性

C. 富有价格弹性　　　　　　　　　D. 完全价格弹性

11. 假定某商品需求函数 $Q_d = 500 - 100P$，则 $P = 3$ 元时的需求价格点弹性为（　　）。

A. 1　　　　　　B. 1.5　　　　　　C. 2　　　　　　D. 3

12. 当某商品的需求价格完全无弹性，如果对厂商征收销售税，则（　　）。

A. 税收由买卖双方共同承担

B. 税收完全由需求方承担

C. 税收完全由供给方承担

D. 以上都不对

13. 如果某商品供给曲线的斜率大于 0，需求曲线为 $Q=10-P$，市场上该商品的均衡价格为 4。当需求曲线变为 $Q=20-P$ 后，均衡价格将（    ）。

    A. 大于 4        B. 小于 4        C. 等于 4        D. 不确定

14. 假定需求函数为 $Q=2\,400-400P$，$a$ 点和 $b$ 点的价格分别为 5 和 4，则从 $a$ 到 $b$ 以及从 $b$ 到 $a$ 的需求价格弧弹性分别为（    ）。

    A. 5 和 2        B. 2 和 5        C. 5 和 3        D. 3 和 5

15. 如果两种商品的需求交叉价格弹性是-2，则这两种商品是（    ）。

    A. 替代品        B. 正常品        C. 劣质品        D. 互补品

16. 当只有消费者的收入变化时，连接消费者各均衡点的轨迹称作（    ）。

    A. 需求曲线                 B. 价格-消费曲线

    C. 恩格尔曲线               D. 收入-消费曲线

17. 假定需求函数为 $Q=\mathrm{M}P^{-N}$，其中 $M$ 表示收入，$P$ 表示商品价格，$N(N>0)$ 为常数，则需求的收入点弹性为（    ）。

    A. $N$           B. $-N$        C. 1        D. $-1$

18. 均衡价格是（    ）。

    A. 支持价格

    B. 固定不变的价格

    C. 需求线与供给线交点所对应的价格

    D. 限制价格

19. 若某商品价格下降 2%，其需求量上升 0.9%，则该商品的需求价格弹性是（    ）。

    A. 缺乏弹性        B. 富有弹性        C. 单位弹性        D. 具有无限弹性

20. 一般而言，奢侈品的需求收入弹性（    ）。

    A. 小于零        B. 大于零        C. 小于 1        D. 大于 1

21. 需求曲线斜率为正的充要条件是（    ）。

    A. 低档商品

    B. 替代效应超过收入效应

    C. 收入效应超过替代效应

    D. 低档商品且收入效应超过替代效应

22. 消费者收入上升，对某商品的需求减少了，则该商品是（    ）。

    A. 正常物品        B. 低档物品        C. 奢侈品        D. 必需品

23. 若某消费者收入下降 10%，对某商品的需求减少 12%，则该商品的需求收入弹性是（    ）。

    A. 缺乏弹性        B. 富有弹性        C. 单位弹性        D. 具有无限弹性

24. 当汽油的价格上升时，电动车的需求（    ），可以推断两种商品是（    ）。

    A. 下降，互补品                 B. 上升，替代品

    C. 下降，替代品                 D. 上升，互补品

25. 以下商品中不适合"薄利多销"的商品是（    ）。

    A. 电影票        B. 手机        C. 机票        D. 食盐

## （三）判断题

1. 直线型需求曲线的斜率不变，因此其需求价格弹性也不变。　　（　　）
2. 某商品供给不变，需求曲线向右移动，会使均衡价格上升。　　（　　）
3. X 商品价格下降导致 Y 商品需求数量上升，说明两种商品是替代品。　（　　）
4. 价格下降时，正常商品的替代效应使得其需求量增加，低档商品的替代效应不确定。　　（　　）
5. 对低档商品而言，价格下降时的收入效应会引起更多的消费。　　（　　）
6. 需求曲线和供给曲线同时向右移动，一定会使均衡价格上升。　　（　　）
7. 一个消费者喜欢 X 商品甚于 Y 商品的主要原因是 X 商品的价格更便宜。　（　　）
8. 某商品的用途比较广泛，不考虑其他条件，则该商品的需求价格弹性比较高。　（　　）
9. 其他条件不变，某商品越不容易被替代，则该商品的需求价格弹性越高。　（　　）
10. 价格下降，吉芬物品的需求量上升。　　（　　）
11. 如果政府对某商品的最高限价高于市场均衡价格，则政府政策无效。（　　）
12. 供给定理表明，某商品价格上升，厂商愿意提供更多的供给。　　（　　）
13. 当某商品的需求价格弹性小于 1 时，厂商降价会导致亏损。　　（　　）
14. 根据恩格尔定律，一个国家食品支出占总收入的比例越大，说明这个国家越富裕。　　（　　）
15. 某商品对另一商品的需求交叉价格弹性等于 0，说明这两种商品不相关。（　　）

## （四）简答题

1. 简述需求的变动和需求量的变动之间的联系和区别。
2. 简述"谷贱伤农"所蕴含的经济学道理。
3. 简述"薄利多销"所蕴含的经济学道理。
4. 简述政府采取最高限价政策可能产生的经济影响。
5. 简述如何根据需求收入弹性对商品进行分类。

## （五）计算题

1. 图 1-4 中有三条需求曲线 $AB$、$AC$、$AD$。
（1）比较 $a$、$b$ 和 $c$ 点的需求价格弹性大小。
（2）比较 $a$、$e$ 和 $f$ 点的需求价格弹性大小。

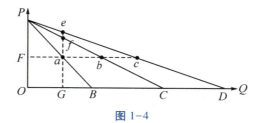

图 1-4

2. 某消费者对某商品的需求价格弹性 $e_d = 2$，需求收入弹性 $e_M = 2.5$。

求：（1）在其他条件不变的情况下，该商品价格下降 5% 对其需求数量的影响。

（2）在其他条件不变的情况下，消费者收入提高 6% 对该商品需求数量的影响。

3. 消费者对某商品的需求价格弹性为 2，现售价为 $P = 5$。

求：该商品的价格下降多少，才能使得销售量增加 10%？

4. 假定在某市场上 A、B 两厂商是生产同种有差异的产品的竞争者；该市场对 A 厂商的需求曲线为 $P_A = 300 - Q_A$，对 B 厂商的需求曲线为 $P_B = 200 - 0.5Q_B$；两厂商目前的销售量分别为 $Q_A = 100$，$Q_B = 100$。求：

（1）A、B 两厂商的需求的价格弹性 $e_{dA}$ 和 $e_{dB}$ 各是多少？

（2）如果 B 厂商降价后，使得 B 厂商的需求量增加为 $Q'_B = 150$，同时使竞争对手 A 厂商的需求量减少为 $Q'_A = 80$。那么，A 厂商的需求的交叉价格弹性 $e_{AB}$ 是多少？

5. 已知市场的需求函数为：$Q^d = 15 - 3P$，供给函数为：$Q^s = 5 + 2P$。

（1）求此时的均衡价格与均衡数量，需求价格弹性与供给价格弹性。

（2）若政府对厂商征税，每单位产品征收 1 元的定量销售税，在这 1 元的税收中消费者与生产者各承担多少？

（3）若政府对消费者征税，每单位产品征收 1 元的定量消费税，在这 1 元的税收中消费者与生产者各承担多少？

## （六）论述题

有一种常见的说法，气候不好对农民不利，因为农业会歉收；但也有人认为，气候不好对农民有利，因为农业歉收以后农产品会涨价，农民收入会增加。试利用经济学理论分析上述观点。

# 五、本章课后练习题答案及解析

## （一）名词解释

需求：需求是指在某一特定时期内，对应于某种商品在各种可能的价格下，消费者愿意并且能够购买的该商品的数量。

供给：供给是指在某一特定时期内，对应于某种商品在各种可能的价格下，生产者愿意并且能够提供的该商品的数量。

市场均衡：市场均衡是指市场供给等于市场需求的一种状态，也称为市场出清。

需求的价格弹性：需求的价格弹性是指在一个特定时期内，一种商品需求量相对变动相应于该商品价格相对变动的反应程度。

供给的价格弹性：供给的价格弹性是指在一定时期内相应于商品价格的相对变动，一种商品供给量相对变动的敏感程度。

需求的收入弹性：需求的收入弹性是指在一定时期内，消费者对某种商品需求量的相对变动相应于消费者收入相对变动的反应程度。

需求的交叉价格弹性：需求的交叉价格弹性表示在一定时期内，相应于相关的另外一种商品价格的相对变动，一种商品需求量相对变动的敏感程度。

支持价格：支持价格是指政府为了支持某一产品的生产而对该产品的价格规定的一个高于均衡价格的最低价格，又称最低限价。

恩格尔定律：恩格尔定律是指在一个家庭或国家中，食品支出在收入中所占的比例随着收入的增加而降低。从弹性角度来说，一个国家或家庭的富裕程度越高，食品支出的收入弹性越小。

吉芬物品：吉芬物品是一种特殊的低档物品，价格与需求量呈同方向变动关系的物品。

### （二）单项选择题

1. B。某商品为普通物品，价格下降将引起该商品的需求量增加，注意需求量和需求的区别，价格变动引起的是需求量的变动，而非需求的变动。

2. C。如果某商品的需求曲线是一条垂直于横轴的直线，则表明不论该商品的价格如何变动均无法使其需求量变动，其需求价格弹性为0。

3. D。如果生产某种商品所需的原料价格下降，则该商品的供给曲线向右方移动，需求曲线不受影响。

4. A。如果某商品富有需求价格弹性，则该商品价格上升会使该商品的销售收益下降。

5. C。一般来说，低档物品的需求收入弹性小于0。

6. D。如果政府通过最高限价将价格限制在均衡水平以下，最可能导致黑市交易。

7. C。为扶持农业发展，政府对农产品规定了高于其均衡价格的支持价格，政府应该同时采取的相应措施是收购过剩的农产品。

8. D。厂商在某商品生产中采用了新的生产技术，同时增加了该商品的广告投放力度，该商品均衡价格的变动方向不确定，均衡数量上升。

9. D。商品 A 和商品 B 互为替代品，如果商品 A 价格下降，将导致商品 B 的需求曲线左移。

10. C。民航机票经常打折销售，说明飞机旅行需求是富有价格弹性的商品。

11. B。某商品需求函数 $Q_d = 500 - 100P$，当 $P = 3$ 元时，根据需求价格点弹的公式：
$$e_d = -\frac{\mathrm{d}Q}{\mathrm{d}P} \cdot \frac{P}{Q} = -(-100) \times \frac{3}{200} = 1.5。$$

12. B。当需求价格完全无弹性，对供给方征收销售税，那么供给方可以以涨价的方式，将税收全部转嫁给需求方。

13. A。某商品供给曲线不变，需求曲线向右移动，均衡价格会上升，因此此时市场上该商品的均衡价格大于4。

14. A。由 $a$ 到 $b$ 的需求价格弧弹性为：$e_{da} = -\frac{\Delta Q}{\Delta P} \cdot \frac{P}{Q} = -(-400) \times \frac{5}{400} = 5$，

由 $b$ 到 $a$ 的需求价格弧弹性为：$e_{db} = -\frac{\Delta Q}{\Delta P} \cdot \frac{P}{Q} = -(-400) \times \frac{4}{800} = 2$。

15. D。如果两种商品的需求交叉价格弹性小于0，则两种商品为互补品。

16. D。当只有消费者的收入变化时，连结消费者各均衡点的轨迹称作收入—消费曲线。

17. C。需求函数为 $Q = \mathrm{MP}^{-N}$，其中 $M$ 表示收入，则需求的收入点弹性为 $E_m = \dfrac{\mathrm{d}Q}{\mathrm{d}M} \cdot \dfrac{M}{Q} = P^{-N} \cdot \dfrac{M}{\mathrm{MP}^{-N}} = 1$。

18. C。均衡价格是需求线与供给线交点所对应的价格。

19. A。若某商品价格下降 2%，其需求量上升 0.9%，则该商品的需求价格弹性小于 1，缺乏弹性。

20. D。一般而言，需求收入弹性大于 1 的商品往往被称为奢侈品。

21. D。需求曲线斜率为正的充要条件是低档商品且收入效应超过替代效应。

22. B。消费者收入上升，对某商品的需求减少了，则该商品是低档物品。

23. B。若某消费者收入下降引起了对某商品的需求数量更多的减少，需求收入弹性大于 1，则该商品是富有弹性。

24. B。当汽油的价格上升，电动车的需求会上升，可以推断两种商品是替代品。

25. D。"薄利多销"适用于富有需求价格弹性的商品，食盐缺乏弹性，并不适合薄利多销。

## （三）判断题

1. 错误。直线型需求曲线的斜率不变，因此其需求价格弹性也不变。

2. 正确。某商品供给不变，需求曲线向右移动，会使均衡价格上升。

3. 错误。X 商品价格下降导致 Y 商品需求数量上升，说明两种商品是互补品。

4. 错误。价格下降时，正常商品和低档物品的替代效应均会使得需求量增加。

5. 错误。对低档商品而言，价格下降时的收入效应会引起更多的消费。

6. 错误。需求曲线和供给曲线同时向右移动，一定会使均衡价格上升。

7. 错误。一个消费者喜欢 X 商品甚于 Y 商品的主要原因是 X 商品的价格更便宜。

8. 正确。商品用途的广泛性与需求价格弹性成正比，用途越广泛，需求价格弹性越高。

9. 错误。其他条件不变，某商品越不容易被替代，则该商品的需求价格弹性应该越低。

10. 错误。价格下降，吉芬物品的需求量下降。

11. 正确。政府对某商品的最高限价应该低于市场均衡价格，才会起到干预效果。

12. 正确。供给定理表明，某商品价格上升，厂商愿意提供更多的供给。

13. 错误。当某商品的需求价格弹性小于 1 时，厂商降价会导致总收益下降，但是不一定会导致亏损。

14. 错误。一个家庭或国家的食品支出在收入中的比例越小，说明其富裕程度越高。

15. 正确。某商品对另一商品的需求交叉价格弹性等于 0，说明两种商品不相关。

### （四）简答题

**1. 简述需求的变动和需求量的变动之间的联系和区别。**

答题要点：需求是指消费者在一定时期内在各种可能的价格水平愿意而且能够购买的商品数量，而需求量是指消费者在特定价格水平下愿意而且能够购买的商品数量。因此，需求的变动和需求量的变动均会引起某商品的需求数量发生变化，但其变动原因是不同的：需求的变动是指在商品价格不变的情况下，其他因素发生变动引起的商品需求数量的变动，而需求量的变动是由商品自己的价格变动引起的该商品需求数量的变动。同时，在图形中，需求的变动表现为需求曲线的位置移动，需求量的变动表现为同一条需求曲线上的点与点之间的移动。

**2. 简述"谷贱伤农"所蕴含的经济学道理。**

答题要点："谷贱伤农"指的是在丰收的年份，虽然农民收获的农产品增加导致供给增加，但是需求并没有相应的增加，导致均衡价格降低，农民的收入反而减少了。造成这种现象的根本原因在于农产品往往是缺乏需求价格弹性的商品，由于农产品均衡价格的下降幅度大于农产品均衡数量的增加幅度，从而导致农民的总收入减少。

**3. 简述"薄利多销"所蕴含的经济学道理。**

答题要点："薄利多销"是厂商的一种常见销售策略，通过降低产品价格来增加销售收入。厂商降低商品价格，虽然会使厂商从每单位商品中获得的收益减少，但由于销售数量的增加，其所获得的总收入会增加。但是，并不是所有的商品都能够"薄利多销"，只有需求富有弹性的商品才能"薄利多销"，即商品需求价格弹性大于1。因为对于需求富有弹性的商品来说，总收益与价格负相关，当该商品的价格下降时，需求量增加的幅度大于价格下降的幅度，从而使总收益增加。

**4. 简述政府采取最高限价政策可能产生的经济影响。**

答题要点：最高限价是指政府为了限制某些商品的交易价格，而通过行政指令规定一个低于市场均衡价格的最高价格。最高限价的积极影响是限制了交易价格，使得人们可以以低价买到一定数量的产品，可以保障低收入人群的基本需求，有利于社会的公平和稳定。但是，最高限价也可能带来诸多消极影响，过低的价格使得厂商供给意愿较低，造成产品供不应求，供给短缺；同时，由于低价造成的市场供给短缺，可能会引起黑市交易；此外，不能对生产者造成竞争压力，不利于生产效率提升。

**5. 简述如何根据需求收入弹性对商品进行分类。**

答题要点：需求的收入弹性是指在一定时期内，消费者对某种商品需求量的相对变动相应于消费者收入相对变动的反应程度。根据需求收入弹性对商品的分类，需求收入弹性大于0的商品被称为正常商品。正常商品中，需求收入弹性小于1的商品为缺乏收入弹性的商品，被称为必需品，需求收入弹性大于1的商品为富有收入弹性的商品，往往被称为奢侈品。如果需求收入弹性小于0，表明随着收入的增加，消费者对某商品的需求数量反而减少了，被称为低档物品或者劣等品。

（五）计算题

1. 图 1-4 中有三条需求曲线 $AB$、$AC$、$AD$。

（1）比较 $a$、$b$ 和 $c$ 点的需求价格弹性大小。

（2）比较 $a$、$e$ 和 $f$ 点的需求价格弹性大小。

解：（1）根据需求价格点弹性的几何测定方法，分别处于三条不同需求曲线上的 $a$、$b$、$c$ 三点的需求的价格点弹性均为：

$$e_d = \frac{FO}{AF}$$

因此，$a$、$b$、$c$ 三点的需求价格点弹性相等。

（2）根据需求价格点弹性的几何测定方法，分别处于三条不同的线性需求曲线上的 $a$、$e$、$f$ 三点的需求的价格点弹性是不相等的，且有 $e_d^a < e_d^f < e_d^e$。原因在于：

在 $a$ 点有：$e_d^a = -\frac{\Delta Q}{\Delta P}\frac{P}{Q} = -\frac{BG}{OF}\frac{OF}{OG} = \frac{BG}{OG}$

在 $f$ 点有：$e_d^f = -\frac{\Delta Q}{\Delta P}\frac{P}{Q} = -\frac{CG}{fG}\frac{fG}{OG} = \frac{CG}{OG}$

在 $e$ 点有：$e_d^e = -\frac{\Delta Q}{\Delta P}\frac{P}{Q} = -\frac{DG}{eG}\frac{eG}{OG} = \frac{DG}{OG}$

在以上三式中，由于 $GB < GC < GD$，所以，$e_d^a < e_d^f < e_d^e$。

2. 某消费者对某商品的需求价格弹性 $e_d = 2$，需求收入弹性 $e_M = 2.5$。

求：（1）在其他条件不变的情况下，该商品价格下降 5% 对其需求数量的影响。

（2）在其他条件不变的情况下，消费者收入提高 6% 对该商品需求数量的影响。

解：（1）$E_d = -\frac{\Delta Q/Q}{\Delta P/P}$，故 $\frac{\Delta Q}{Q} = -E_d \times \frac{\Delta P}{P} = -2 \times (-5\%) = 10\%$，因此，该商品的需求量增加 10%。

（2）$E_m = \frac{\Delta Q/Q}{\Delta Y/Y}$，故 $\frac{\Delta Q}{Q} = E_Y \times \frac{\Delta Y}{Y} = 2.5 \times 6\% = 15\%$，因此，该商品的需求数量增加 15%。

3. 消费者对某商品的需求价格弹性为 2，现售价格为 P＝5。

求：该商品的价格下降多少，才能使得销售量增加 10%？

解：根据已知条件和需求的价格弹性公式，有

$$e_d = -\frac{\Delta Q/Q}{\Delta P/P} = -\frac{10\%}{\Delta P/5} = 2$$

由上式解得 $\Delta P = -0.25$。也就是说，当该商品的价格下降 0.25，即售价为 P＝4.75 时，销售量将会增加 10%。

4. 假定在某市场上 A、B 两厂商是生产同种有差异的产品的竞争者；该市场对 A 厂商的需求曲线为 $P_A = 300 - Q_A$，对 B 厂商的需求曲线为 $P_B = 200 - 0.5Q_B$；两厂商目前的销售量分别为 $Q_A = 100$，$Q_B = 100$。求：

（1）A、B 两厂商的需求的价格弹性 $e_{dA}$ 和 $e_{dB}$ 各是多少？

（2）如果 B 厂商降价后，使得 B 厂商的需求量增加为 $Q'_B = 150$，同时使竞争对手

A 厂商的需求量减少为 $Q'_A = 80$。那么，A 厂商的需求的交叉价格弹性 $e_{AB}$ 是多少？

解：（1）$P_A = 300 - Q_A$，所以，$Q_A = 300 - P_A$，当 $Q_A = 100$ 时，$P_A = 200$

$P_B = 200 - 0.5Q_B$，所以，$Q_B = 400 - 2P_B$，当 $Q_B = 100$ 时，$P_B = 150$

所以，$e_{da} = -\dfrac{\mathrm{d}Q_A}{\mathrm{d}P_A} \cdot \dfrac{P_A}{Q_A} = -(-1) \times \dfrac{200}{100} = 2$

$e_{db} = -\dfrac{\mathrm{d}Q_B}{\mathrm{d}P_B} \cdot \dfrac{P_B}{Q_B} = -(-2) \times \dfrac{150}{100} = 3$

（2）当 $Q_B' = 150$ 时，$P_B' = 125$，则，

$e_{AB} = \dfrac{\Delta Q_A}{\Delta P_B} \times \dfrac{P_B}{Q_A} = \dfrac{80 - 100}{125 - 150} \times \dfrac{150}{100} = \dfrac{-20}{-25} \times \dfrac{3}{2} = 1.2$

5. 已知市场的需求函数为：$Q^d = 15 - 3P$，供给函数为：$Q^s = 5 + 2P$。

（1）求此时的均衡价格与均衡数量，需求价格弹性与供给价格弹性。

（2）若政府对厂商征税，每单位产品征收 1 元的定量销售税，在这 1 元的税收中消费者与生产者各承担多少？

（3）若政府对消费者征税，每单位产品征收 1 元的定量消费税，在这 1 元的税收中消费者与生产者各承担多少？

解：（1）联立需求函数和供给函数：$\begin{aligned} Q^d &= 15 - 3P \\ Q^s &= 5 + 2P \\ Q^d &= Q^s \end{aligned}$，解得 $P = 2$，$Q = 9$

$e_d = -(-3) \times \dfrac{2}{9} = \dfrac{2}{3}$

$e_s = 2 \times \dfrac{2}{9} = \dfrac{4}{9}$

（2）如果政府对每单位产品征收 1 元的定量销售税，供给函数变为：$Q^s = 5 + 2(P - 1)$，需求函数不变，联立供给函数和需求函数可得 $P = 2.4$，与（1）中得到的 $P = 2$ 的结果比较可知，在这 1 元的税收中消费者承担 $2.4 - 2 = 0.4$ 元，因此厂商承担 0.6 元。

（3）如果政府对每单位产品征收 1 元的定量消费税，消费函数变为：$Q^d = 15 - 3(P + 1)$，供给函数不变，联立供给函数和需求函数可得 $P = 1.4$，与（1）中得到的 $P = 2$ 的结果比较可知，在这 1 元的税收中厂商承担 $2 - 1.4 = 0.6$ 元，剩余的 0.4 元由消费者承担。

### （六）论述题

有一种常见的说法，气候不好对农民不利，因为农业会歉收；但也有人认为，气候不好对农民有利，因为农业歉收以后农产品会涨价，农民收入会增加。试利用经济学理论分析上述观点。

答题要点：气候不好对农民是否有利，需要观察农民的总收入在气候不好的情况下如何变动。显然，气候不好的直接影响是农产品歉收，导致农产品的市场供给减少，这表现为农产品供给曲线向左移动。与此同时，市场对农产品的需求往往是稳定的，表现为市场需求曲线不变，需求不变而供给减少，由于气候不好而引起的农业歉收将

导致农产品均衡价格的上升。对于消费者来说，农产品往往是缺乏需求弹性的商品，根据需求的价格弹性与销售总收入之间的关系可知，此时农民的总收入将随着均衡价格的上升而增加。可见，在需求状况不因气候不好而发生变化，并且人们对农产品的需求缺乏弹性的情况下，气候不好引起的农业歉收对农民是有利的。当然，如果农产品的需求也发生明显的变化，或者某种农产品的需求富有弹性，那么农民的收入并不会因为气候不好、农产品供给减少而提高，此时农民的利益可能会受损。尤其是考虑到气候的区域性特点，假设本地区出现气候灾害导致农产品产量减少，但其他地区的产量未受影响，在开放性市场条件下，农业歉收可能会减少本地区农民的收入。可见，对这个问题的回答需要根据不同农产品的需求价格弹性、供需状况和市场环境等因素进行具体分析，不存在唯一正确的答案。

# 第二章

# 消费者选择

## 一、本章知识结构图

本章知识结构图如图 2-1 所示。

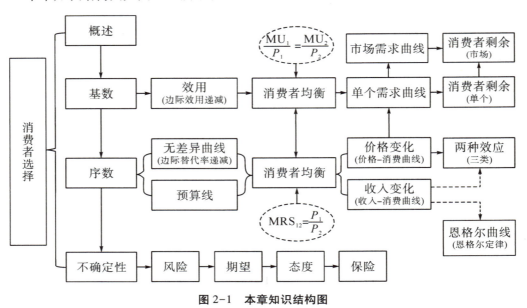

图 2-1　本章知识结构图

## 二、本章主要知识点梳理

### （一）效用理论概述

#### 1. 欲望和效用

消费者拥有或消费商品或服务对欲望的满足程度被称为商品或服务的效用。满足程度高，效用大；满足程度低，效用小。

## 2. 总效用和边际效用递减

效用理论主要分为基数效用理论和序数效用理论。基数效用论中效用大小可用基数表示，可以计量和加总，采用的是边际效用分析法；序数效用论中用序数表示效用，效用无法计量，也不能加总求和，只能用序数表示，采用的是无差异曲线分析法。

总效用是指一定时期内消费者从消费商品或服务中获得的效用满足总量，记为TU；边际效用是指在一定时期内消费者从增加一单位商品或服务的消费中所得到的效用增加量，记为MU。边际效用的计算式是：

$$MU = \frac{\Delta TU}{\Delta Q} \text{ 或 } MU = \lim_{\Delta Q \to 0} \frac{\Delta TU(Q)}{\Delta Q} = \frac{dTU(Q)}{dQ}$$

边际效用递减规律是指在一定时期内，随着消费者不断增加某种商品或服务的消费量，在其他商品或服务消费量不变的条件下，消费者从每增加一单位该商品或服务的消费中所获得的效用增加量是逐渐递减的。特别地，常把货币的边际效用视为常数，记为 $MU_m = \lambda > 0$。

## 3. 效用最大化

消费者均衡是指消费者在既定收入约束条件下实现了最大化效用满足。

①若消费者只消费一种商品，则实现消费者均衡的条件为 $MU/P = \lambda$；

②若消费者消费两种商品，则实现消费者均衡的条件为：

$$\begin{cases} \dfrac{MU_1}{P_1} = \dfrac{MU_2}{P_2} = \lambda \\ P_1Q_1 + P_2Q_2 = m \end{cases}$$

③若消费者消费 n 种商品，则实现消费者均衡的条件为：

$$\begin{cases} \dfrac{MU_1}{P_1} = \dfrac{MU_2}{P_2} = \cdots = \dfrac{MU_n}{P_n} = \lambda \\ P_1Q_1 + P_2Q_2 + \cdots + P_nQ_n = m \end{cases}$$

## 4. 消费者的需求曲线

消费者的需求曲线来源于消费者效用最大化的均衡条件，向右下方倾斜源于边际效用递减规律。

## 5. 消费者剩余

消费者为得到一定数量的某种商品愿意支付的数额与实际必须支付的数额之间的差被称为消费者剩余，消费者剩余（Consumer Surplus，CS）是一种主观的"心理剩余"。其计算公式为

$$CS = TU(Q) - PQ$$

### （二）无差异曲线

## 1. 偏好和选择

消费者偏好是指消费者对商品或商品组合的喜好程度。消费者偏好有四个假设：①完全性。任意两个商品组合都能进行排序。②传递性。若对 A 的偏好至少与 B 一样，对 B 的偏好至少与 C 一样，则对 A 的偏好至少与 C 一样。③非饱和性。在其他商品数量相同的条件下，消费者更偏好数量大的商品组合。④多样性。消费者偏好多样性的

商品组合。

2. 无差异曲线及其特点

无差异曲线为在既定偏好条件下，由可以给消费者带来相同满足程度的商品的不同数量组合描绘出来的曲线，又称为等效用曲线。在相同的无差异曲线上，不同商品组合带来的效用满足程度相同。

无差异曲线特征为：①无差异曲线有无数条，离原点越远，效用水平越高；②任意两条无差异曲线都不能相交；③无差异曲线向右下方倾斜；④无差异曲线凸向原点。

3. 边际替代率

在效用满足程度保持不变的条件下，消费者增加 1 单位一种商品的消费可以代替的另一种商品的消费数量，称为边际替代率。用 $\mathrm{MRS}_{12}$ 表示第 1 种商品对第 2 种商品的边际替代率，其计算式为

$$\mathrm{MRS}_{12} = -\frac{\Delta Q_2}{\Delta Q_1}\Big|_{U不变} \quad 或 \quad \mathrm{MRS}_{12} = -\frac{\mathrm{d}Q_2}{\mathrm{d}Q_1}\Big|_{U不变}$$

边际替代率递减规律是指在保持效用水平不变的条件下，随着一种商品消费数量的增加，消费者增加一单位该商品的消费而愿意放弃的另外一种商品的消费数量逐渐减少，即随着一种商品数量的增加，它对另外一种商品的边际替代率递减。

两种商品为完全替代品时，无差异曲线为右下方倾斜的直线；为完全互补品时，无差异曲线为直角形状。

### （三） 预算约束线

1. 预算约束线的含义

在收入和商品价格既定的条件下，消费者用全部收入所能购买到的各种商品的不同数量的组合。

2. 预算约束线的变动

消费者的收入和商品的价格发生变动时，消费者的预算约束线也会随之变动。

### （四） 消费者均衡

1. 消费者均衡的决定

序数效用论下的消费者均衡条件为：

$$\begin{cases} \mathrm{MRS}_{12} = \dfrac{P_1}{P_2} \\ P_1 Q_1 + P_2 Q_2 = m \end{cases}$$

上述表明，在既定的收入约束条件下，为了获得最大的效用满足，消费者所选择的最优商品数量组合应该使得两种商品的边际替代率等于这两种商品的价格之比。

基数效用论下的消费者均衡条件为：

$$\begin{cases} \dfrac{\mathrm{MU}_1}{\mathrm{MU}_2} = \dfrac{P_1}{P_2} \\ P_1 Q_1 + P_2 Q_2 = m \end{cases}$$

序数效用论和基数效用论下的消费者均衡条件是等价的，即两种商品的边际替代率等于两种商品的价格之比，也等于两种商品的边际效用之比。

2. 收入变动对消费者均衡的影响

在商品的价格保持不变的条件下，随着消费者收入水平的变动，消费者均衡点变动的轨迹，被称为消费者的收入-消费扩展线，简称为收入扩展线。若收入扩展线向右上方倾斜，则说明消费者消费的两种商品是正常品；若右上方倾斜的收入扩展线随收入增加越来越陡峭，则第一种商品是必需品，第二种商品是奢侈品；若收入扩展线呈现向后弯曲的形状，即收入增加一定程度后，第一种商品的消费不增反减，则第一种商品是低档品。

恩格尔定律是指家庭的食物支出在总支出中所占的比重随着家庭收入的增加而减少。

3. 价格变动对消费者均衡的影响

价格-消费扩展线简称价格扩展线，是指在消费者收入和其他商品价格保持不变的条件下，随着一种商品价格的变动，消费者均衡点变动的轨迹。我们通过价格扩展线可导出消费者的需求曲线。

### （五）价格变动的替代效应和收入效应

1. 替代效应和收入效应的含义

其他条件不变，商品价格变动会对消费者的需求量产生影响，被称为价格变动的总效应，总效应可分解为替代效应和收入效应。

补偿性预算线：平行于新的预算线并相切于原有的无差异曲线的补偿（充）性预算线。

替代效应是指一种商品价格变动引起商品的相对价格发生变动，从而导致的消费者在维持原有效用水平不变条件下对商品需求量做出的调整。

收入效应是指由于一种商品价格变动引起的消费者实际收入变动，从而导致消费者在保持价格不变的条件下对商品需求量做出的调整。

2. 正常品的替代效应和收入效应

对于正常品而言，替代效应与收入效应均使需求量与价格反方向变动。因此，总效应使需求量与价格反方向变动，需求曲线向右下方倾斜。

3. 低档品的替代效应和收入效应

对于低档品而言，替代效应使需求量与价格反方向变动，收入效应使需求量与价格同方向变动，替代效应大于收入效应。因此，总效应使需求量与价格反方向变动，需求曲线向右下方倾斜。

4. 吉芬商品的替代效应和收入效应

对于吉芬商品而言，替代效应使需求量与价格反方向变动，收入效应使需求量与价格同方向变动，替代效应小于收入效应。因此，总效应使需求量与价格同方向变动，需求曲线向右上方倾斜。

## 5. 消费者需求曲线的形状

价格下降的替代效应和收入效应与需求曲线的形状见表2-1。

表2-1　价格下降的替代效应和收入效应与需求曲线的形状

| 商品类型 | | 替代效应 | 收入效应 | 总效应 | 需求曲线形状 |
|---|---|---|---|---|---|
| 正常品 | | + | + | + | 向右下方倾斜 |
| 低档品 | 普通低档品 | + | − | + | 向右下方倾斜 |
| | 吉芬商品 | + | − | − | 向右上方倾斜 |

### （六）不确定性和风险

**1. 不确定性和风险事件的描述**

不确定性是指在事先不能准确地知道自己的某种决策的结果。若同时知道各种可能的结果及其发生的概率，则称这种不确定性为风险。

**2. 消费者对风险方案的偏好**

若彩票 $Q = (\alpha; q_1, q_2)$，基于冯·诺伊曼—摩根斯坦效用函数，消费者的最优行为表述为：

$$\max_Q U(Q) = \max_Q [\alpha u(q_1) + (1 - \alpha) u(q_2)]$$

**3. 消费者对待风险的态度**

风险厌恶型：$U[pW_1 + (1 - p)W_2] > pU(W_1) + (1 - p)U(W_2)$；

风险喜好型：$U[pW_1 + (1 - p)W_2] < pU(W_1) + (1 - p)U(W_2)$；

风险中性型：$U[pW_1 + (1 - p)W_2] = pU(W_1) + (1 - p)U(W_2)$。

**4. 风险条件下的决策：保险市场的例子**

一般来说，消费者支付的保险金额等于财产的期望损失。

## 三、本章课后思考题解答

1. 简要说明总效用和边际效用之间的关系。

答：总效用是消费者消费一定数量的商品获得的效用总量，边际效用是增加一单位商品消费获得的效用增量。边际效用表示了总效用的改变率，是基于前者的边际效应，即总效用对商品消费数量的导数。若边际效用为正值，则总效用增加；若边际效用为负值，则总效用减少，若边际效用为零，则总效用达到最大值。每一单位商品的边际效用之和构成了这些商品的总效用。

2. 钻石用途很小但价格昂贵，水是生命之源却非常便宜。你如何理解这一现象？

答：根据基数效用论下的均衡条件，$\frac{MU}{P} = \lambda$，价格取决于边际效用，边际效用越大，需求价格越高，边际效用越小，需求价格越低。虽然水的用途很大，人们从水的消费中得到的总效用很大，但是水的数量很多，使得水的边际效用很小，因而价格低；而钻石的用途虽小，但数量很少，使得钻石的边际效用很大，因而价格高。

3. 根据消费者均衡条件讨论下列问题：

（1）如果 $\dfrac{MU_1}{P_1} \neq \dfrac{MU_2}{P_2}$，消费者应如何调整两种商品的消费数量？为什么？

（2）如果 $\dfrac{MU_1}{P_1} \neq \lambda$，其中常数 $\lambda$ 表示货币的边际效用，消费者应如何对该种商品的消费数量进行调整？为什么？

答：（1）在两种商品的价格和消费者的收入给定的情况下，若 $\dfrac{MU_1}{P_1} > \dfrac{MU_2}{P_2}$，这说明消费者最后一单位货币收入用来购买商品 1 带来的边际效用 $MU_1$ 大于用来购买商品 2 带来的边际效用 $MU_2$。因此，在总收入不变情况下，消费者应该减少对商品 2 的购买，增加对商品 1 的购买，使得总效用增加。同理，若 $\dfrac{MU_1}{P_1} < \dfrac{MU_2}{P_2}$，则消费者应反向调整，减少对商品 1 的购买，增加对商品 2 的购买。消费者的上述调整将继续直至满足条件 $\dfrac{MU_1}{P_1} = \dfrac{MU_2}{P_2}$，从而实现总效用最大化。

（2）在一种商品的价格与消费者的收入给定的情况下，若 $\dfrac{MU_1}{P_1} > \lambda$，这说明消费者用 1 单位货币购买该商品所获得的边际效用大于他所付出的这 1 单位货币的边际效用 $\lambda$。因此，消费者就会增加对这种商品的购买，使得总效用不断增加。同理，若 $\dfrac{MU_1}{P_1} < \lambda$，则消费者会减少对这种商品的购买，最终在 $\dfrac{MU_1}{P_1} = \lambda$ 时达到总效用最大化。

4. 无差异曲线具有哪些特点？试解释其经济意义。

答：一般形状的无差异曲线具有四个特征：第一，无差异曲线有无数多条，每一条都代表着消费者消费商品组合可以获得的一个效用水平，并且离原点越远，无差异曲线代表的效用水平就越高。

第二，任意两条无差异曲线都不会相交。如果两条无差异曲线相交，就会导致逻辑上的错误。

第三，无差异曲线向右下方倾斜。它表明，随着一种商品数量的增加，减少另一种商品的数量，消费者也可以获得与原来相同的满足程度。因此，在效用水平保持不变的条件下，一种商品数量的增加对另外一种商品产生了替代。所以，无差异曲线向右下方倾斜表明两种商品之间存在替代关系。

第四，无差异曲线凸向原点。凸向原点意味着，随着一种商品数量增加，另外一种商品减少的数量越来越小，即一种商品对另外一种商品的替代能力越来越弱。

5. 什么是商品的边际替代率？它为什么会出现递减？

答：商品的边际替代率是指在效用满足程度保持不变的条件下，消费者增加一单位一种商品的消费可以代替的另一种商品的消费数量，即 $MRS_{12} = \dfrac{\mathrm{d}Q_2}{\mathrm{d}Q_1}$。

商品的边际替代率也等于两种商品的边际效用之比，即 $MRS_{12} = \dfrac{MU_1}{MU_2}$，表明第一种商品对第二种商品的边际替代率与第一种商品的边际效用成正比，与第二种商品的边际效用成反比，因而可以借助边际效用递减规律来解释边际替代率递减的原因。

在保持效用不变的条件下，随着第一种商品消费量的不断增加，第二种商品的消费量随之减少。这样，第一种商品相对充裕，消费者想要获得更多的该商品的欲望是递减的，即该商品的边际效用是递减的，同时第二种商品相对稀缺，其边际效用随消费量的减少而递增。因此，第一种商品对第二种商品的替代能力越弱，增加一单位第一种商品的消费时，消费者愿意放弃的第二种商品的消费量则会越来越少，即商品的边际替代率递减。

6. 什么是消费者均衡？效用的基数和序数假设所得出的均衡条件有什么联系和区别？

答：消费者均衡指的是在消费者偏好、商品价格以及收入水平既定的情况下，消费者选择最优的商品数量组合以实现效用最大化的状态。基数效用论是基于边际效用分析得出均衡条件，以两种商品为例，其条件是：在既定的收入约束之下，为了获得最大的满足，消费者所选择的最优商品数量组合应该使得两种商品的边际替代率等于这两种商品相应的价格之比，即 $\dfrac{MU_1}{P_1} = \dfrac{MU_2}{P_2}$。

序数效用论是基于无差异曲线分析得出消费者均衡条件，在均衡点，预算约束线与无差异曲线相切，即 $MRS_{12} = \dfrac{P_1}{P_2}$，借用边际替代率与边际效用之间的关系 $MRS_{12} = \dfrac{MU_1}{MU_2}$，据此推出 $\dfrac{MU_1}{P_1} = \dfrac{MU_2}{P_2}$，这说明效用的基数和序数假设所得出的均衡条件实质相同。

7. 何为吉芬商品？其需求曲线形状如何？试利用收入效应和替代效应加以说明。

答：吉芬商品是一种特殊的低档物品，对这种低档物品来说，它的需求量与价格是呈同方向变动的关系。于是，对于吉芬商品，其需求曲线不再像通常所见到的那样向右下方倾斜，而是相反，向右上方倾斜。

吉芬商品的需求曲线之所以向右上方倾斜，是因为吉芬商品是一种特殊的低档品，其价格变化的收入效应对需求量的影响与替代效应刚好相反，且其强度还大于替代效应。吉芬商品价格下降时，替代效应使其需求量增加，收入效应使其需求量减少，但收入效应大于替代效应，总效应是需求量减少，即需求量与价格呈同方向变动，因而其需求曲线向右上方倾斜。

8. 以基数度量效用的理论存在哪些缺陷？

答：①直接设定效用可计量为消费者行为施加了过于严格的假设。②基数效用通常与边际效用递减规律结合以阐释需求规律，但这一规律较难验证而受到质疑。③赋予效用计量单位一个客观标准，会涉及不同人之间的比较，而这种比较难以实现。④基数度量效用表明社会福利可由所有社会成员的效用之和获得。然而，由于各个社会成员消费商品所获的边际效用是递减的，因而必然有低收入者的边际效用高于高收入者。由此可见，社会从高收入者转移一单位收入给低收入者必然增进社会福利，因而社会应该均等收入。这一结论也被认为与市场经济不符。

9. 已知某消费者的效用函数为 $U = \frac{1}{3}\ln Q_1 + \frac{2}{3}\ln Q_2$，收入为 $m$，两种商品的价格分别为 $P_1$ 和 $P_2$。求：

（1）消费者分别对两种商品的需求函数；

（2）当 $m = 300$，$P_1 = 1$，$P_2 = 2$ 时的均衡购买量。

答：（1）由效用函数 $U = \frac{1}{3}\ln Q_1 + \frac{2}{3}\ln Q_2$ 可得：$\mathrm{MU}_1 = \frac{1}{3Q_1}$，$\mathrm{MU}_2 = \frac{2}{3Q_2}$。消费者均

衡条件为 $\begin{cases} \dfrac{\mathrm{MU}_1}{P_1} = \dfrac{\mathrm{MU}_2}{P_2} \\ P_1 Q_1 + P_2 Q_2 = m \end{cases}$，从中解得两种商品的需求函数为 $\begin{cases} Q_1 = \dfrac{m}{3P_1} \\ Q_2 = \dfrac{2m}{3P_2} \end{cases}$。

（2）根据上述需求函数，当 $m = 300$，$P_1 = 1$，$P_2 = 2$ 时，两种商品的需求量分别为：$\overline{Q}_1 = 100$，$\overline{Q}_2 = 100$。

10. 政府拟对某一种商品采取最低限价的保护政策，请回答下面的问题：

（1）价格保护对消费者福利有什么影响？试用消费者剩余加以衡量。

（2）需求价格弹性大小对消费者福利损失有什么影响？

答：（1）消费者剩余是指消费者为得到一定数量的某种商品愿意支付的数额与实际必须支付的数额之间的差。消费者剩余可以用来衡量消费者消费一定数量的商品获得的净福利，因而其改变量也就衡量了某项政策所引起的福利变动。

消费者剩余可以由需求曲线与价格之间的面积加以衡量，如图 2-2 所示。假设政府采取最低限价政策，将商品价格由 $P_1$、提高到 $P_2$，消费者对商品的需求量从 $Q_1$，减少到 $Q_2$。于是，消费者剩余从三角形 $P_1AC$ 减少为 $P_2BC$。这一政策，会使消费者剩余减少，减少的幅度为四边形 $P_1ABP_2$ 围成的面积。

（2）消费者福利损失大小与需求价格弹性有关，如图 2-3 所示。在其他条件相同的情况下，需求越缺乏弹性，消费者的福利损失越大。如图 2-3 中虚线对应的需求更缺乏弹性，在价格提高之后，它的福利损失 $P_1AB'P_2$ 围成的面积大于 $P_1ABP_2$ 围成的面积。这说明，需求价格弹性越小，政府提高价格给消费者带来的福利损失就越大，所需要的货币补偿往往也就越大。

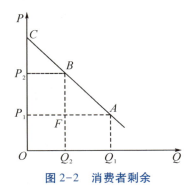

图 2-2 消费者剩余

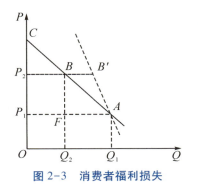

图 2-3 消费者福利损失

## 四、本章课后练习题

### （一）名词解释

总效用　边际效用　边际效用递减规律　消费者剩余　边际替代率递减规律
恩格尔定律　替代效应　收入效应

### （二）单项选择题

1. 当总效用持续增加时，边际效用应该（　　）。
   A. 为正值且不断增加
   B. 为负值且不断减少
   C. 为正值，但不断减少
   D. 为零

2. 当某消费者对商品 X 的消费达到饱和点时，则边际效用为（　　）。
   A. 正值　　　　B. 负值　　　　C. 零　　　　D. 不确定

3. 正常品的价格下降导致需求量增加的原因在于（　　）。
   A. 替代效应使需求量减少，收入效应使需求量增加
   B. 替代效应使需求量增加，收入效应使需求量减少
   C. 替代效应使需求量增加，收入效应使需求量增加
   D. 替代效应使需求量减少，收入效应使需求量减少

4. 若低档品的价格下降，在其他条件保持不变时，有（　　）。
   A. 替代效应与收入效应均使该商品需求量减少
   B. 替代效应与收入效应均使该商品需求量增加
   C. 替代效应使需求量减少，收入效应使需求量增加
   D. 替代效应使需求量增加，收入效应使需求量减少

5. 若吉芬商品的价格下降，在其他条件保持不变时，有（　　）。
   A. 替代效应为正，收入效应为正，总效应为负
   B. 替代效应为正，收入效应为负，总效应为负
   C. 替代效应为正，收入效应为正，总效应为正
   D. 替代效应为正，收入效应为负，总效应为正

6. 某商品的需求曲线斜率为正，则该商品是（　　）。
   A. 正常品
   B. 低档品
   C. 吉芬商品
   D. 不确定，视具体情况而定

7. 下列选项中，不属于消费者均衡条件的是（　　）。
   A. $\dfrac{MU_X}{P_X} = \dfrac{MU_Y}{P_Y}$
   B. 每单位货币购买商品带来的边际效用均相等
   C. $MU = \lambda P$
   D. 各种商品的边际效用均相等

8. 一元钱的边际效用为 2 个尤特尔,一支钢笔的边际效用是 40 个尤特尔,消费者最高愿意花(    )买这支钢笔。

    A. 2 元          B. 20 元          C. 40 元          D. 80 元

9. 若某消费者的效用函数为 $U = XY$,则他总会将收入的(    )花费在商品 X 上。

    A. 0          B. 1/2          C. 全部          D. 不确定

10. 若 X、Y 的价格 $P_X$、$P_Y$ 已定,当 $MRS_{XY} < P_X/P_Y$ 时,消费者为达到最大满足,他将(    )。

    A. 减少 X,增购 Y          B. 增购 X,减少 Y

    C. 同时减少 X、Y          D. 同时增购 X、Y

11. 已知商品 X 的价格为 3 元,商品 Y 的价格为 2 元,若消费者在获得最大效用时,商品 Y 的边际效用是 20 个单位,则商品 X 的边际效用是(    )个单位。

    A. 10          B. 20          C. 30          D. 40

12. 在同一条无差异曲线上,有(    )。

    A. 消费 X 获得的总效用等于消费 Y 获得的总效用

    B. 消费 X 获得的边际效用等于消费 Y 获得的边际效用

    C. 曲线上任意两点对应的消费品组合所带来的边际效用相等

    D. 曲线上任意两点对应的消费品组合所带来的总效用相等

13. 无差异曲线的形状取决于(    )。

    A. 消费者收入          B. 所购商品的价格

    C. 消费者偏好          D. 商品效用水平的大小

14. 无差异曲线若是一条右下方倾斜的直线,表明(    )。

    A. 消费者对两种商品的主观评价是替代品

    B. 消费者对两种商品的主观评价是互补品

    C. 消费者对两种商品的主观评价是完全替代品

    D. 消费者对两种商品的主观评价是完全互补品

15. 在无差异曲线的任意一商品组合点上,商品 X 对商品 Y 的边际替代率等于它们的(    )。

    A. 价格之比          B. 数量之比

    C. 边际效用之比          D. 边际成本之比

16. 预算线以内的点所对应的商品组合表明(    )。

    A. 该消费者没有用完预算支出          B. 该消费者刚好用完预算支出

    C. 该消费者处于均衡状态          D. 该消费者超出了预算支出

17. 若商品 X(横轴)相对于商品 Y(纵轴)价格上涨,其他条件保持不变,则其预算线(    )。

    A. 转动,变得平坦          B. 转动,变得陡峭

    C. 平行向外移动          D. 平行向内移动

18. 若效用函数为 $U(X_1, X_2) = \min(2X_1, 3X_2)$,则 $X_1$ 和 $X_2$ 是(    )。

    A. 部分替代品    B. 完全替代品    C. 部分互补品    D. 完全互补品

19. 若效用函数为 $U(X_1, X_2) = X_1 + 2X_2$，则 $X_1$ 和 $X_2$ 是（　　）。

    A. 部分替代品　　　B. 完全替代品　　　C. 部分互补品　　　D. 完全互补品

20. 某消费者购买两种商品 X 和 Y，商品 X 的价格是 8 元，商品 Y 的价格是 5 元，他购买了 6 个单位的 X 和 4 个单位的 Y，获得的边际效用分别是 40 和 20，则该消费者（　　）。

    A. 应该增加 X 购买，减少 Y 购买

    B. 应该减少 X 购买，增加 Y 购买

    C. 获得了最大效用

    D. 需要借钱以增加对两种商品购买来提高效用

21. 假设某消费者对商品 X 和商品 Y 的效用函数为 $U(X, Y) = 5X + 5Y$，商品 X 的价格为 10 元，商品 Y 的价格为 5 元，则下列选项中，正确的是（　　）。

    A. 商品 X 和商品 Y 是完全互补品

    B. 应该增加商品 Y 的消费，减少商品 X 的消费

    C. 消费者只消费商品 X

    D. 以上说法都不对

22. 若消费者的收入—消费扩展线是一条向后弯曲的曲线，说明（　　）。

    A. 两种商品都是正常品　　　　　　　　B. 一种是正常品，一种是低档品

    C. 两种商品都是低档品　　　　　　　　D. 两种商品都是吉芬商品

23. 一个学生每月从父母那里得到 800 元的生活费。现假设他对大米的需求函数为

$$Q(P, M) = -P + \frac{12\,000}{M}$$

若大米的价格从每公斤 5 元上涨至 8 元，为了保证生活水平不变，他的生活费应从 800 元增加至（　　）元。

    A. 805　　　　　　B. 808　　　　　　C. 813　　　　　　D. 830

24. 当只有消费者收入变化时，连接消费者各均衡点的轨迹称为（　　）。

    A. 需求曲线　　　　　　　　　　　B. 价格–消费扩展线

    C. 收入–消费扩展线　　　　　　　D. 恩格尔曲线

25. 消费者对风险的态度有（　　）。

    A. 风险厌恶型　　　　　　　　　　B. 风险中性型

    C. 风险喜好型　　　　　　　　　　D. 以上都存在

26. 若某消费者的效用函数为 $U(w) = w$，则该消费者是（　　）。

    A. 风险厌恶型　　　B. 风险中性型　　　C. 风险喜好型　　　D. 都不是

27. 某消费者去购买彩票，若该彩票有 0.1 的概率得到 4 900 元，有 0.9 的概率得到 100 元，现该消费者的效用函数为 $U(w) = \sqrt{w}$，他从所购买的彩票中获得的期望效用为（　　）。

    A. 10　　　　　　　B. 16　　　　　　　C. 70　　　　　　　D. 80

（三）判断题

1. 基数效用理论的分析工具是无差异曲线分析法。　　　　　（　　）
2. 序数效用理论认为效用可以计量和加总，而且有单位。　　（　　）
3. 效用是人们的一种主观心理感受，因此它既无法度量也不能比较。（　　）
4. 边际效用为零时，总效用达到最大。　　　　　　　　　　（　　）
5. 边际效用递减时，总效用也递减。　　　　　　　　　　　（　　）
6. 边际效用递减规律无论何时何地均成立。　　　　　　　　（　　）
7. 在边际效用递减规律作用下，消费者的需求曲线向右下方倾斜。（　　）
8. 决定预算约束线的因素为消费者偏好、收入与商品价格。　（　　）
9. 所有的无差异曲线都满足边际替代率递减规律。　　　　　（　　）
10. 消费者均衡的实质是消费者在预算约束下达到效用最大化。（　　）
11. 若 $MRS_{12} > P_1/P_2$，则消费者应该增加商品 1 的购买，减少商品 2 的购买。

　　　　　　　　　　　　　　　　　　　　　　　　　　　（　　）
12. 在消费者均衡点上，消费者所消费的各种商品的边际效用相等。（　　）
13. 吉芬商品是低档品，但低档品不一定是吉芬商品。　　　　（　　）
14. 低档品的收入效应的符号与价格相对变化引起替代效应的符号同向。（　　）
15. 消费者剩余是消费者的最高支付意愿与实际支付之间的差额。（　　）
16. 价格–消费扩展线是在其他条件不变的情况下，某种商品价格变化时相应的消费者均衡点的连线。　　　　　　　　　　　　　　　　（　　）
17. 收入–消费扩展线一定向右上方倾斜。　　　　　　　　　（　　）
18. 恩格尔定律表明，随着家庭收入的增加，食物支出占家庭支出的比重将趋于下降。　　　　　　　　　　　　　　　　　　　　　　（　　）
19. 若期望效用小于期望值的效用，则该消费者是风险厌恶者。（　　）
20. 若消费者的效用函数为 $U(w) = w^2$，则该消费者是风险喜好者。（　　）

（四）简答题

1. 已知一件衬衫的价格为 80 元，一份肯德基快餐的价格为 20 元，在某消费者关于这两种商品的效用最大化的均衡点上，一份肯德基快餐对衬衫的边际替代率 MRS 是多少？

2. 对消费者实行补助有两种方法：一种是发给消费者一定数量的实物补助，另一种是发给消费者一笔现金补助，这笔现金额等于按实物补助折算的货币量。试用无差异曲线分析法，说明哪一种补助方法能给消费者带来更大的效用。

3. 请画出以下各位消费者对两种商品（咖啡和热茶）的无差异曲线，同时请对（2）和（3）分别写出消费者 B 和消费者 C 的效用函数。

（1）消费者 A 喜欢喝咖啡，但对喝热茶无所谓。他总是喜欢有更多杯的咖啡，而从不在意有多少杯热茶。

（2）消费者 B 喜欢一杯咖啡和一杯热茶一起喝，他从来不喜欢单独喝咖啡，或单独喝热茶。

（3）消费者 C 认为，在任何情况下，1 杯咖啡和 2 杯热茶是无差异的。

（4）消费者 D 喜欢喝热茶，但不喜欢喝咖啡。

4. 简述边际效用递减规律产生的原因。

5. 根据基数效用论推导出需求曲线，试解释边际效用递减规律是需求规律成立的前提。

6. 一般无差异曲线凸向原点的原因是什么？

7. 简述风险厌恶者的特点。

### （五）计算题

1. 若某消费者的效用函数为 $U = X + 2\sqrt{Y}$。他原来消费 5 个单位 $X$ 和 25 个单位 $Y$，现将 $Y$ 减少至 16 个单位，问要消费多少单位 $X$ 才能与以前的满足程度相同？

2. 已知某消费者每年用于商品 1 和商品 2 的收入为 540 元，两种商品的价格分别为 $P_1 = 20$ 元和 $P_2 = 30$ 元，该消费者的效用函数为 $U = 3X_1X_2^2$，该消费者每年购买这两种商品的数量各是多少？每年从中获得总效用是多少？

3. 若某消费者的收入为 $M$，两种商品的价格为 $P_1$、$P_2$。假定该消费者的无差异曲线是线性的，且斜率为 $-a$。求该消费者的最优商品组合。

4. 假设某消费者的效用函数为 $U = q^{0.5} + 3M$，其中 $q$ 为某商品的消费量，$M$ 为收入。求：

（1）该消费者的需求函数；

（2）该消费者的反需求函数；

（3）当 $p = \dfrac{1}{12}$，$q = 4$ 时的消费者剩余。

5. 已知某消费者的效用函数为 $U = X_1X_2$，两种商品的价格分别为 $P_1 = 4$，$P_2 = 2$，消费者的收入为 $M = 80$。现在假定商品 1 的价格下降为 $P_1' = 2$。求：

（1）由商品 1 价格 $P_1$ 下降所导致的总效应，使得该消费者对商品 1 的购买量变化多少？

（2）由商品 1 价格 $P_1$ 下降所导致的替代效应，使得该消费者对商品 1 的购买量变化多少？

（3）由商品 1 价格 $P_1$ 下降所导致的收入效应，使得该消费者对商品 1 的购买量变化多少？

6. 消费者消费商品 $X_1$ 和商品 $X_2$ 的效用函数为 $U(X_1, X_2) = X_1^2 X_2$。假设商品 $X_1$ 的价格为 $P_1$，商品 $X_2$ 的价格为 $P_2$，消费者的预算收入为 $M$。

（1）若 $P_1 = 2$ 元，$P_2 = 3$ 元，且 $M = 90$ 元，求解两种商品的最优消费量和总效用。

（2）商品 $X_1$ 是吉芬商品吗？为什么？

7. 某消费者仅消费 X 和 Y 两种商品，X 对 Y 的边际替代率恒为 Y/X。若他的收入为 240，X 的单价为 3 元，Y 的单价为 5 元。求其效用最大化时的商品消费组合。

8. 近年来，保险业在我国获得快速发展，假定某居民拥有财富 10 万元，其中包括一辆价值 2 万元的摩托车，该居民摩托车被盗的概率为 25%。若该居民的效用函数为 $U(w) = \ln w$，其中 $w$ 表示财富价值。

（1）该居民的期望效用值为多少？

（2）请根据效用函数判断该居民是风险厌恶型还是风险喜好型？

（3）若该居民在保险公司对摩托车投保，则在摩托车被盗时可以从保险公司获得与摩托车价值相等的赔偿，那么该居民最多愿意给保险公司支付多少元保险费？

（4）在该保险费中"公平"的保险费（该户居民的期望损失）是多少？保险公司扣除"公平"的保险费后的纯收入是多少？

## （六）论述题

1. 正常品和低档品（吉芬商品除外）的需求曲线为什么向右下方倾斜？

2. 工资上涨，劳动供给会增加。请予以辨析。

3. 试运用马克思主义观点对效用价值论进行分析评论。

# 五、本章课后练习题答案及解析

## （一）名词解释

总效用是指一定时期内消费者从消费商品或服务中获得的效用满足总量。

边际效用是指在一定时期内消费者从增加一单位商品或服务的消费中所得到的效用增加量。

边际效用递减规律是指在一定时期内，随着消费者不断增加某种商品或服务的消费量，在其他商品或服务消费量不变的条件下，消费者从每增加一单位该商品或服务的消费中所获得的效用增加量是逐渐递减的。

消费者剩余是指消费者为得到一定数量的某种商品愿意支付的数额与实际必须支付的数额之间的差。

边际替代率递减规律是指在保持效用水平不变的条件下，随着一种商品消费数量的增加，消费者增加一单位该商品的消费而愿意放弃的另外一种商品的消费数量逐渐减少，即随着一种商品数量的增加，它对另外一种商品的边际替代率递减。

恩格尔定律是指食物支出在总支出中所占的比重随着家庭收入的增加而递减。

替代效应是指一种商品价格变动引起商品的相对价格发生变动，从而导致的消费者在维持原有效用水平不变条件下对商品需求量做出的调整。

收入效应是指由于一种商品价格变动引起的消费者实际收入变动，从而导致消费者在保持价格不变的条件下对商品需求量做出的调整。

## （二）单项选择题

1. C。总效用持续增加，表明边际效用为正值，由于边际效用递减规律，因而边际效用为正值，但不断减少。

2. C。消费达到饱和点，表明边际效用等于零。

3. C。正常品的价格下降，替代效应为正，收入效应也为正，二者均导致需求量增加。

4. D。低档品价格下降，替代效应为正，使需求量增加；收入效应为负，使需求量减少。

5. B。吉芬商品价格下降，替代效应为正，使需求量增加；收入效应为负，使需求量减少。但收入效应大于替代效应，总效应为负，需求量减少。

6. C。需求曲线斜率为正，其他条件保持不变，价格越低，需求量越低，该商品是吉芬商品。

7. D。消费者均衡条件是每单位货币购买商品带来的边际效用 $MU_i/P_i (i = 1, 2, \cdots, n)$ 均相等，而不是各种商品的边际效用 $MU_i (i = 1, 2, \cdots, n)$ 均相等。

8. B。根据 $MU/P = 40/P = \lambda = 2$，解得 $P = 20$。

9. B。根据 $MU_X/P_X = MU_Y/P_Y$，解得 $P_X X = P_Y Y$。他总会将收入的 1/2 花费在商品 X 上。

10. A。若 $MRS_{XY} = MU_X/MU_Y < P_X/P_Y$，表明相对于商品 Y，一单位商品 X 带给消费者的相对边际效用小于其相对市场价格，即商品 X 消费过多，则减少商品 X，增购商品 Y 会提高消费者效用水平。

11. C。根据 $MU_X/P_X = MU_Y/P_Y$，解得 $MU_X = 30$。

12. D。无差异曲线又称为等效用曲线。在同一条无差异曲线上，不同商品组合带来的总效用水平相同。

13. C。无差异曲线为在既定偏好条件下，由可以给消费者带来相同满足程度的商品的不同数量组合描绘出来的曲线，因此无差异曲线的形状取决于消费者偏好。

14. C。若无差异曲线是一条右下方倾斜的直线，则两种商品的边际替代率为常数，说明两种商品是完全替代品。

15. C。由于无差异曲线上任意两个商品组合的总效用相等，根据 $MU_X \Delta Q_X + MU_Y \Delta Q_Y = 0$，则 $MRS_{XY} = -\Delta Q_Y/\Delta Q_X = MU_X/MU_Y$。

16. A。预算线以内的点表明没有用完预算支出；预算线上的点表明刚好用完预算支出；预算线以外的点表明超出了预算支出。

17. B。预算线的斜率为 $-P_X/P_Y$，若商品 X 的价格上涨，则预算线的斜率绝对值变大，横截距变小，而纵截距不变，因而预算线围绕着纵截距点作顺时针方向旋转，变得更陡峭。

18. D。此效用函数对应的无差异曲线为直角折线，两种商品为完全互补品。

19. B。此效用函数对应的无差异曲线为右下方倾斜直线，边际替代率为常数，两种商品为完全替代品。

20. A。根据 $MU_X/P_X = 40/8 = 5 > MU_Y/P_Y = 20/5 = 4$，表明消费者花费 1 单位货币购买商品 X 获得的边际效用大于花费 1 单位货币购买商品 Y 获得的边际效用，则增加商品 X 的购买，减少商品 Y 的购买可提高效用。

21. B。根据效用函数可得 $MRS_{XY} = 1$，即两种商品为完全替代品，且 $MRS_{XY} = 1 < 2 = P_X/P_Y$，增加 Y，减少 X 可提高消费者效用水平，直到 Y 完全替代 X，消费者实现效用最大化。

22. B。收入-消费扩展线是一条向后弯曲的曲线，表明一种是正常品，一种是低档品，因低档品的需求量随收入的增加而减少。

23. D。由于 $Q(5,800) = -5 + \dfrac{12\ 000}{800} = 10$，则该学生每月在大米上的支出为 $10 \times 5 = 50$ 元，其他用途上的支出为 $800 - 50 = 750$ 元，当大米价格每公斤上涨至 8 元，为了保证生活水平不变，该生的生活费应为 $8 \times 10 + 750 = 830$ 元。

24. C。在商品价格保持不变的条件下，随着消费者收入水平的变动，消费者均衡点变动的轨迹，被称为消费者的收入-消费扩展线。

25. D。消费者对风险的态度有厌恶型、中性型与喜好型。

26. B。此效用函数为线性效用函数，期望值的效用等于效用的期望值，即为风险中性型。

27. B。期望效用 $E(U) = 0.1 \times \sqrt{4\ 900} + 0.9 \times \sqrt{100} = 16$。

### （三）判断题

1. 错误。基数效用理论的分析工具是边际效用分析法。

2. 错误。基数效用理论认为效用可以计量和加总，而且有单位。

3. 错误。效用是人们的一种主观心理感受，基数效用论认为效用可以度量与比较，序数效用论认为效用不可以度量，但可以比较。

4. 正确。边际效用是总效用的改变率，当边际效用为零时，总效用达到最大。

5. 错误。边际效用递减但大于零时，总效用递增，边际效用递减且小于零时，总效用递减。

6. 错误。边际效用递减规律在大多数情况下成立，但也有短期边际效用不变甚至递增现象。

7. 正确。根据边际效用递减规律，随着对该产品的消费数量的增加，消费者继续购买该产品所愿意支付的最高价格就越低，所以需求曲线向右下方倾斜。

8. 错误。决定预算约束线的因素为消费者收入与商品价格。

9. 错误。只有凸向原点的无差异曲线才满足边际替代率递减规律。完全替代品与完全互补品对应的无差异曲线不满足边际替代率递减规律。

10. 正确。消费者均衡是在一定预算约束下，消费者选择商品最优组合而实现效用最大化的状态。

11. 正确。若 $\mathrm{MRS}_{12} = \mathrm{MU}_1 / \mathrm{MU}_2 > P_1 / P_2$，则表明相对于商品 2，一单位商品 1 带给消费者的相对边际效用大于其相对市场价格，即商品 1 的消费过少，则增加商品 1 的购买，减少商品 2 的购买可进一步提升消费者效用水平。

12. 错误。在消费者均衡点上，消费者花在每种商品上的最后一元钱所获得的边际效用都相等，或所消费的各种商品的边际效用与价格之比相等，而不是各种商品的边际效用相等。

13. 正确。吉芬商品是一种特殊的低档品，其需求曲线向右上方倾斜。

14. 错误。低档品的收入效应的符号与价格相对变化引起替代效应的符号反向。

15. 正确。消费者剩余是消费者的最高支付意愿与实际支付之间的差额，是一种主观感受，被用来衡量消费者福利。

16. 正确。价格-消费扩展线是在消费者的偏好、收入以及其他商品价格不变的条件下，与某一种商品的不同价格水平相联系的消费者效用最大化的均衡点的轨迹。

17．错误。只有当两种商品均为正常品时，收入-消费扩展线才向右上方倾斜。

18．正确。恩格尔定律是指随着家庭收入增加，食物支出占家庭支出的比重将趋于下降。

19．正确。期望效用小于期望值的效用，该消费者是风险厌恶者；期望效用等于期望值的效用，该消费者是风险中性者；期望效用大于期望值的效用，该消费者是风险喜好者。

20．正确。$U''(w) = 2 > 0$，则该消费者是风险喜好者。

### （四）简答题

1．已知一件衬衫的价格为 80 元，一份肯德基快餐的价格为 20 元，在某消费者关于这两种商品的效用最大化的均衡点上，一份肯德基快餐对衬衫的边际替代率 MRS 是多少？

答：令 $X$ 和 $Y$ 分别表示肯德基快餐的份数与衬衫的件数，$\mathrm{MRS}_{XY}$ 表示在维持效用水平不变的前提下，消费者增加一份肯德基快餐消费时所需放弃的衬衫的消费数量。在效用最大化的均衡点上，边际替代率等于价格之比，即 $\mathrm{MRS}_{XY} = -\Delta Y/\Delta X = P_X/P_Y = 20/80 = 1/4$。该消费者一份肯德基快餐对衬衫的边际替代率 MRS 是 0.25。

2．对消费者实行补助有两种方法：一种是发给消费者一定数量的实物补助；另一种是发给消费者一笔现金补助，这笔现金额等于按实物补助折算的货币量。试用无差异曲线分析法，说明哪一种补助方法能给消费者带来更大的效用。

答：发放现金补助能给消费者带来更大的效用。在等值的现金与实物情况下，发实物时，该实物组合可能并非消费者所需的最优组合，因而没有实现效用最大化。而发现金时，消费者可以自行选择实现效用最大化的最优消费组合点。具体图示见图 2-4。

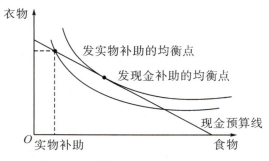

图 2-4　两种补助方法的无差异曲线

3．请画出以下各位消费者对两种商品（咖啡和热茶）的无差异曲线，同时请对（2）和（3）分别写出消费者 B 和消费者 C 的效用函数。

（1）消费者 A 喜欢喝咖啡，但对喝热茶无所谓。他总是喜欢有更多杯的咖啡，而从不在意有多少杯热茶。

（2）消费者 B 喜欢一杯咖啡和一杯热茶一起喝，他从来不喜欢单独喝咖啡，或单独喝热茶。

（3）消费者 C 认为，在任何情况下，1 杯咖啡和 2 杯热茶是无差异的。

（4）消费者 D 喜欢喝热茶，但不喜欢喝咖啡。

答：令 $X$ 和 $Y$ 分别表示消费者对咖啡与热茶的消费数量。

（1）对于消费者 A，热茶的消费数量不会影响消费者 A 的效用水平。其无差异曲线见图 2-5：

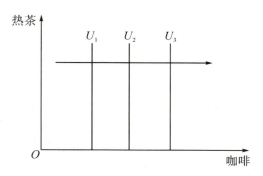

图 2-5　消费者 A 的无差异曲线

（2）消费者 B 的效用函数为 $U(X，Y) = \min(X，Y)$，咖啡与热茶对消费者 B 来说是完全互补品。其无差异曲线见图 2-6：

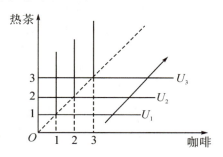

图 2-6　消费者 B 的无差异曲线

（3）消费者 C 的效用函数为 $U(X，Y) = 2X + Y$，咖啡与茶对消费者 B 来说是完全替代品。其无差异曲线见图 2-7：

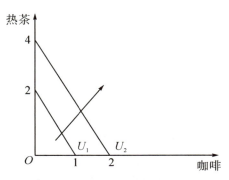

图 2-7　消费者 C 的无差异曲线

（4）对于消费者 D，咖啡是厌恶品，在热茶的消费数量不变的前提下，咖啡的消费数量增加会减少消费者 D 的效用水平。当咖啡的消费量增加时，热茶的消费量也需要相应的增加，才能保持相同的效用水平。其无差异曲线见图2-8：

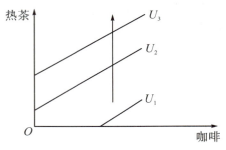

图 2-8　消费者 D 的无差异曲线

4. 简述边际效用递减规律产生的原因。

答题要点：原因主要分为两类，一类是生理与心理上的原因，即物品的重复刺激使人产生的生理与心理的反应程度是递减的；二是物品用途上的原因，当物品具有多种用途时，消费者总是将所消费的商品先用在比较重要的用途上，从而使商品的边际效用跟随着商品用途重要性的下降而递减。

5. 根据基数效用论推导出需求曲线，试解释边际效用递减规律是需求规律成立的前提。

答题要点：根据基数效用论下的消费者均衡条件，$MU/P = \lambda$，其中常数 $\lambda$ 为单位货币的边际效用。当其他条件保持不变时，随着消费者对某一种商品需求量 $Q$ 的增加，该商品的边际效用 $MU$ 随之减少，从而消费者对该商品所愿意支付的最高价格 $P$ 也会随之下降，因此需求量 $Q$ 与商品价格呈现反方向变动。

6. 一般无差异曲线凸向原点的原因是什么？

答题要点：无差异曲线凸向原点的原因是边际效用递减规律决定了边际替代率递减，而商品的边际替代率是无差异曲线斜率的绝对值。因此，边际替代率递减规律又决定了无差异曲线的斜率的绝对值是递减的，即无差异曲线凸向原点。

7. 简述风险厌恶者的特点。

答题要点：风险厌恶者是指在无风险条件下持有一笔确定财富的效用大于在风险条件下的期望效用的消费者。即风险厌恶者认为期望值的效用 $U[pW_1 + (1 - P)W_2] >$ 效用的期望值 $pU(W_1) + (1 - P)U(W_2)$，风险厌恶者的效用函数满足一阶导数大于 0，二阶导数小于 0。

## （五）计算题

1. 若某消费者的效用函数为 $U = X + 2\sqrt{Y}$。他原来消费 5 个单位 $X$ 和 25 个单位 $Y$，现将 $Y$ 减少至 16 个单位，问要消费多少单位 $X$ 才能与以前的满足程度相同？

解：由于满足程度相同，则 $U = 5 + 2\sqrt{25} = 15 = X + 2\sqrt{16}$，算出 $X = 7$。

2. 已知某消费者每年用于商品 1 和商品 2 的收入为 540 元，两种商品的价格分别为 $P_1 = 20$ 元和 $P_2 = 30$ 元，该消费者的效用函数为 $U = 3X_1X_2^2$，该消费者每年购买这两种商品的数量各是多少？每年从中获得总效用是多少？

解：商品 1 的边际效用为 $MU_1 = \dfrac{dU}{dX_1} = 3X_2^2$，商品 2 的边际效用为 $MU_2 = \dfrac{dU}{dX_2} =$

$6X_1X_2$，由消费者均衡条件 $\dfrac{MU_1}{P_1} = \dfrac{MU_2}{P_2}$ 可得 $\dfrac{3X_2^2}{20} = \dfrac{6X_1X_2}{30}$，即 $3X_2 = 4X_1$，预算约束为 $20X_1 + 30X_2 = 540$，联立解得 $X_1 = 9$，$X_2 = 12$。

每年从中获得总效用为 $U = 3 \times 9 \times 12^2 = 3\ 888$。

3. 若某消费者的收入为 $M$，两种商品的价格为 $P_1$、$P_2$。假定该消费者的无差异曲线是线性的，且斜率为 $-a$。求该消费者的最优商品组合。

解：预算约束方程为 $P_1X_1 + P_2X_2 = M$，其斜率为 $-P_1/P_2$。由消费者的无差异曲线是线性的且斜率为 $-a$，可得 $MRS_{12} = MU_1/MU_2 = -a$。该消费者的最优商品组合分为三种情况：①若 $a > P_1/P_2$，效用最大化的均衡点位于横轴。最优商品组合为 $X_1 = M/P_1$，$X_2 = 0$，全部收入用于购买商品 1。②若 $a < P_1/P_2$，效用最大化的均衡点位于纵轴。最优商品组合为 $X_1 = 0$，$X_2 = M/P_2$，全部收入用于购买商品 2。③若 $a = P_1/P_2$，无差异曲线与预算约束线重叠，预算约束线上的任意点均是均衡点，最优商品组合为 $(X_1,\ M/P_2 - aX_1)$ $(X_1 \in [0,\ M/P_1])$。

4. 假设某消费者的效用函数为 $U = q^{0.5} + 3M$，其中 $q$ 为某商品的消费量，$M$ 为收入。求：

（1）该消费者的需求函数；

（2）该消费者的反需求函数；

（3）当 $p = \dfrac{1}{12}$，$q = 4$ 时的消费者剩余。

解：（1）设商品的价格为 $P$，商品的边际效用为 $MU = \dfrac{\partial U}{\partial q} = 0.5q^{-0.5}$，

货币的边际效用为 $\lambda = \dfrac{\partial U}{\partial M} = 3$，达到消费者均衡的条件为：

$\dfrac{MU}{P} = \lambda$，即 $\dfrac{0.5q^{-0.5}}{P} = 3$，解得需求曲线为：$q = \dfrac{1}{36P^2}$。

（2）反需求曲线为：$P = \dfrac{1}{6q^{0.5}}$。

（3）消费者剩余：$CS = \displaystyle\int_0^4 \dfrac{1}{6q^{0.5}}dq - pq = \dfrac{1}{6}2q^{0.5}\Big|_0^4 - \dfrac{1}{3} = \dfrac{1}{3}$。

5. 已知某消费者的效用函数为 $U = X_1X_2$，两种商品的价格分别为 $P_1 = 4$，$P_2 = 2$，消费者的收入为 $M = 80$。现在假定商品 1 的价格下降为 $P_1' = 2$。求：

（1）由商品 1 价格 $P_1$ 下降所导致的总效应，使得该消费者对商品 1 的购买量变化多少？

（2）由商品 1 价格 $P_1$ 下降所导致的替代效应，使得该消费者对商品 1 的购买量变化多少？

（3）由商品 1 价格 $P_1$ 下降所导致的收入效应，使得该消费者对商品 1 的购买量变化多少？

解：（1）$MU_1 = \dfrac{dU}{dX_1} = X_2$，$MU_2 = \dfrac{dU}{dX_2} = X_1$，

当 $P_1 = 4$ 时，消费者均衡满足：

$$\begin{cases} 4X_1 + 2X_2 = 80 \\ \dfrac{X_2}{4} = \dfrac{X_1}{2} \end{cases}, \quad 解得\ X_1 = 10,\ X_2 = 20。$$

若商品 1 价格下降为 $P_1' = 2$，消费者均衡满足：

$$\begin{cases} 2X_1 + 2X_2 = 80 \\ \dfrac{X_2}{2} = \dfrac{X_1}{2} \end{cases}, \quad 解得\ X_1 = 20,\ X_2 = 20。$$

购买量变化为 $\Delta X_1 = 20 - 10 = 10$，

即商品 1 价格下降的总效应使消费者对商品 1 的购买量增加了 10。

（2）商品 1 价格下降之前，效用水平 $U = 10 \times 20 = 200$，

替代效应需保持效用水平不变，则相应的消费者均衡满足：

$$\begin{cases} X_1 X_2 = 200 \\ \dfrac{X_2}{2} = \dfrac{X_1}{2} \end{cases}, \quad 解得\ X_1' = 10\sqrt{2},\ X_2' = 10\sqrt{2}。$$

即商品 1 价格下降所导致的替代效应引起购买量变化为 $10\sqrt{2} - 10 \approx 4$。

（3）商品 1 价格下降所导致的收入效应引起购买量变化为总效应减去替代效应，

即 $20 - 10\sqrt{2} \approx 6$。

6. 消费者消费商品 $X_1$ 和商品 $X_2$ 的效用函数为 $U(X_1, X_2) = X_1^2 X_2$。假设商品 $X_1$ 的价格为 $P_1$，商品 $X_2$ 的价格为 $P_2$，消费者的预算收入为 $M$。

（1）若 $P_1 = 2$ 元，$P_2 = 3$ 元，且 $M = 90$ 元，求解两种商品的最优消费量和总效用。

（2）商品 $X_1$ 是吉芬商品吗？为什么？

解：（1）$MU_1 = \dfrac{dU}{dX_1} = 2X_1 X_2$，$MU_2 = \dfrac{dU}{dX_2} = X_1^2$。

最优消费量对应的均衡条件为 $\dfrac{2X_1 X_2}{2} = \dfrac{X_1^2}{3}$，即 $X_1 = 3X_2$。

预算约束为 $2X_1 + 3X_2 = 90$，联立解得 $X_1 = 30$，$X_2 = 10$。

总效用为 $U(30, 10) = 30^2 \cdot 10 = 9\,000$。

（2）不是吉芬商品。消费者均衡满足：

$$\begin{cases} P_1 X_1 + P_2 X_2 = M \\ \dfrac{2X_1 X_2}{P_1} = \dfrac{X_1^2}{P_2} \end{cases}, \quad 解得\ X_1 = \dfrac{2M}{3P_1},$$

由于 $\dfrac{dX_1}{dP_1} = -\dfrac{2M}{3P_1^2} < 0$，满足需求规律，故该商品是普通品，不是吉芬商品。

7. 某消费者仅消费 $X$ 和 $Y$ 两种商品，$X$ 对 $Y$ 的边际替代率恒为 $Y/X$。若他的收入为 240，$X$ 的单价为 3 元，$Y$ 的单价为 5 元。求其效用最大化时的商品消费组合。

解：由均衡条件可得 $\dfrac{MU_X}{MU_Y} = \dfrac{P_X}{P_Y} = \dfrac{3}{5} = \dfrac{Y}{X}$，预算约束方程为 $3X + 5Y = 240$，联立解得 $X = 40$，$Y = 24$。

8. 近年来，保险业在我国获得快速发展，假定某居民拥有财富 10 万元，其中包括一辆价值 2 万元的摩托车，该居民摩托车被盗的概率为 25%。若该居民的效用函数为 $U(w) = \ln W$，其中 $w$ 表示财富价值。

（1）该居民的期望效用值为多少？

（2）请根据效用函数判断该居民是风险厌恶型还是风险喜好型？

（3）若该居民在保险公司对摩托车投保，则在摩托车被盗时可以从保险公司获得与摩托车价值相等的赔偿，那么该居民最多愿意给保险公司支付多少元保险费？

（4）在该保险费中"公平"的保险费（该户居民的期望损失）是多少？保险公司扣除"公平"的保险费后的纯收入是多少？

解：（1）该居民的期望效用 $E(U) = 75\% \times \ln 100\,000 + 25\% \times \ln 80\,000 = 11.46$。

（2）普拉特指标 $= -\dfrac{U''(W)}{U'(W)} = \dfrac{1}{W} > 0$，故该居民是风险厌恶型。

（3）缴纳保险费 $t$ 后，居民的财富确定为 $100\,000 - t$；不缴纳保险费，居民的期望效用为 11.46。因此，$\ln(100\,000 - t) = 11.46$，解得 $t = 5\,434$ 元，该居民最多愿意支付 5 434 元。

（4）"公平"的保险费为 $25\% \times 20\,000 = 5\,000$ 元，故保险公司扣除"公平"的保险费后的纯收入是 $5\,434 - 5\,000 = 434$ 元。

## （六）论述题

1. 正常品和低档品（吉芬商品除外）的需求曲线为什么向右下方倾斜？

答题要点：正常品和低档品（吉芬商品除外）的需求曲线向右下方倾斜，这是替代效应和收入效应共同作用的结果。对于正常品，当价格下降时，替代效应为正，即需求量增加。同时收入效应也为正，因为价格下降，导致实际收入增加，会增加正常品的消费，总效应为替代效应与收入效应之和，总效应一定为正，即价格下降导致正常品的需求量增加。对于低档品（吉芬商品除外），若价格下降，替代效应为正，需求量增加。同时收入效应为负，因为价格下降，导致实际收入增加，会减少对低档品的消费，但收入效应的强度小于替代效应的强度，导致总效应为正，即价格下降导致低档品（吉芬商品除外）的需求量增加。

2. 工资上涨，劳动供给会增加，请予以辨析。

答题要点：工资上涨，劳动供给不一定会增加。工资上涨，会产生替代效应与收入效应，替代效应为正，人们用更多的劳动替代闲暇，劳动供给增加。收入效应为负，工资上涨产生的收入效应使闲暇增加，劳动减少。若替代效应大于收入效应，总效应为正，人们会增加劳动供给；若替代效应小于收入效应，总效应为负，人们会减少劳动供给。

3. 试运用马克思主义观点对效用价值论进行分析评论。

答题要点：西方经济学认为，商品的价值由其边际效用决定，根据 $\dfrac{MU}{P} = \lambda$，$P = \dfrac{MU}{\lambda}$，即边际效用价值论。商品价值的主观效用价值论强调人们主观判断对商品价值的决定作用，看不到价值的形成过程，无法科学解释价值的内涵与源泉。马克思主义的劳动价值论认为，商品的价值可以归结为一般人类劳动，从而阐明了价值的源泉。

# 第三章

# 企业的生产和成本

## 一、本章知识结构图

本章知识结构图如图 3-1 所示。

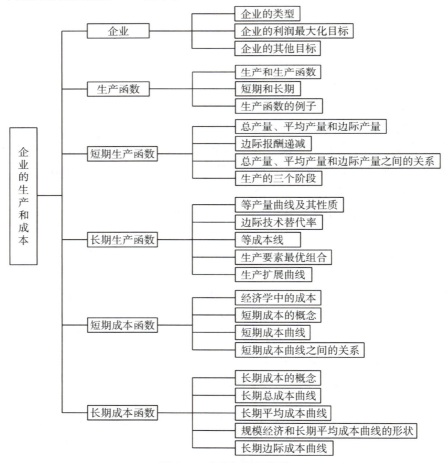

图 3-1　本章知识结构图

## 二、本章主要知识点梳理

### （一）企业

**1. 企业的类型**

按照法定形式，企业主要包括个人独资企业、合伙制企业和公司三种类型。公司制企业又分为有限责任公司和股份有限公司两种。

**2. 企业的利润最大化目标**

企业的利润等于销售产品的总收益与生产商品的总成本之间的差额。西方经济学通常假定企业的目标是利润最大化。

**3. 企业的其他目标**

企业的其他目标包括代理人自身利益最大化、短期销售收入最大化、长期规模增长的最大化等。

### （二）生产函数

**1. 生产和生产函数**

生产中的四大生产要素为劳动、资本、土地与企业家才能。

企业家才能是指建立、组织和经营企业的企业家所表现出来的发现市场机会并组织各种投入的能力。

生产函数表示在技术水平不变的条件下，企业在一定时期内使用的各种生产要素数量与它们所能生产的最大产量之间的关系。生产函数可以一般性表示为：

$$Q = f(L, K, N, E, \cdots)$$

研究生产函数一般都以特定时期和既定生产技术水平作为前提条件。这些因素发生变动，形成新的生产函数。

人们通常假定生产过程中只使用劳动和资本两种生产要素，因而一般生产函数可以简化表示为：

$$Q = f(L, K)$$

**2. 短期和长期**

生产理论一般分为短期和长期。其中短期是指生产者来不及调整全部生产要素的数量，至少有一种生产要素的数量固定不变的一段时期；长期则是指生产者可以调整全部生产要素数量的时期。短期内可以调整的生产要素成为可变要素，如劳动、原材料、燃料等，短期内不变而长期内可变的生产要素有厂房、土地、设备等。

区分短期和长期的标准在于生产者能否变动全部要素投入的数量，对于不同产品，长期和短期的界限是不同的。

**3. 生产函数的例子**

一种生产函数是固定比例生产函数，又称为里昂惕夫生产函数，是指在每一产量水平上任何要素投入量之间的比例都是固定的生产函数。其特征为：①技术不变。两种要素只能采用一种固定比例进行生产。②生产要素不能互相替代。其生产函数形式为：

$$Q = A\min(L/a,\ K/b)$$

此时，$L$ 与 $K$ 之间的固定投入比例为 $a:b$。

另一种生产函数是柯布-道格拉斯生产函数（C-D 生产函数）。其生产函数形式为：

$$Q = AL^{\alpha}K^{\beta}$$

式中参数 $A(A > 0)$ 代表技术系数，参数 $\alpha(0 < \alpha < 1)$ 和 $\beta(0 < \beta < 1)$ 分别表示劳动和资本的产出弹性。

### （三）短期生产函数

1. 总产量、平均产量和边际产量

劳动的总产量是指一定的劳动投入量可以生产出来的最大产量，记作 $TP_L$，用公式表示为 $TP_L = f(L, \bar{K}K)$，$\bar{K}K$ 表示资本不变；劳动的平均产量是每单位劳动所生产出来的产量，记成 $AP_L$，用公式表示为 $AP_L = TP_L/L$；劳动的边际产量是指增加 1 单位的劳动投入量所带来的产出增加量，记成 $MP_L$，用公式表示为 $MP_L = \Delta TP_L/\Delta L$ 或 $MP_L = dTP_L/dL$。

2. 边际报酬递减

边际报酬递减规律是指在技术水平保持不变的条件下，当把一种可变的生产要素连同其他一种或几种不变的生产要素投入到生产过程中，随着这种可变的生产要素投入量的逐渐增加，最初每增加 1 单位该要素所带来的产量增加量是递增的；但当这种可变要素投入量增加到一定程度之后，增加 1 单位该要素所带来的产量增加量是逐渐递减的。理解边际报酬递减规律需注意：生产技术水平和其他要素投入保持不变；可变要素投入增加到一定程度后才会出现边际产量递减。

3. 总产量、平均产量和边际产量之间的关系

总产量 TP 与边际产量 MP 之间的关系：① MP > 0，TP 上升；② MP = 0，TP 达到最大；③ MP < 0，TP 下降。

总产量 TP 与平均产量 AP 之间的关系：平均产量等于相应的总产量除以劳动投入量，是从原点出发到总产量曲线上相应点的一条射线的斜率值。当该射线恰好与总产量曲线相切时，平均产量达到最大。

边际产量 MP 与平均产量 AP 之间的关系：① MP > AP，AP 上升；② MP < AP，AP 下降；③ MP = AP，AP 达到最大。

4. 生产的三个阶段

根据总产量、平均产量和边际产量三者之间的关系，人们将生产划分为三个阶段：①第一阶段，MP > AP，AP 递增并达到最大值，TP 始终增加，这一阶段可变生产要素投入不足；②第二阶段，0 < MP ≤ AP，AP 开始递减，TP 递增并达到最大值，这一阶段被称为可变生产要素的合理投入区；③第三阶段，MP ≤ 0，AP 持续下降，TP 下降，这一阶段可变生产要素投入量相对过多，理性的生产者不会继续增加投入。

### （四）长期生产函数

**1. 等产量曲线及其性质**

假定企业只使用劳动和资本两种生产要素，等产量曲线是在技术水平不变的条件下，由生产相同产量所需的生产要素的不同数量组合所描绘的一条曲线。等产量曲线的特征为：①等产量曲线有无数条，每一条都代表着一个产量，且离原点越远，所代表的产量越大；②任意两条等产量曲线不相交；③等产量曲线向右下方倾斜；④等产量曲线凸向原点。

**2. 边际技术替代率**

边际技术替代率表示在产出水平保持不变的条件下，增加 1 单位一种要素的投入量可以代替的另外一种生产要素的投入量，用 $MRTS_{12}$ 表示。边际技术替代率反映了一种要素对另外一种要素的边际替代能力。劳动 L 对于资本 K 的边际技术替代率定义为：

$$MRTS_{LK} = -\frac{\Delta K}{\Delta L}\Big|_{Q不变} \quad 或 \quad MRTS_{LK} = -\frac{dK}{dL}\Big|_{Q不变}$$

在维持产量水平不变的条件下，由劳动增加导致的总产量增量必然等于由资本减少导致的总产量减量，即 $MP_L \cdot \Delta L + MP_K \cdot \Delta K = 0$。从中可以得出：

$$MRTS_{LK} = -\frac{\Delta K}{\Delta L} = \frac{MP_L}{MP_K}$$

边际技术替代率递减规律是指在保持产量不变的条件下，随着一种生产要素数量的增加，每增加 1 单位该要素所能替代的另外一种生产要素的数量递减，即一种要素对另外一种要素的边际技术替代率随着该要素的增加而递减。

等产量曲线的两类特殊形式：①向右下方倾斜的直线，对应的生产函数 $Q = aL + bK$，式中 $a$，$b$ 为大于 0 的常数，这里 $L$ 和 $K$ 为完全替代品；②直角折线，对应的生产函数为 $Q = A\min\{L/a，K/b\}$，式中 $a$，$b$ 为大于 0 的常数，这里 $L$ 和 $K$ 为完全互补品。

**3. 等成本线**

假定企业只使用劳动和资本两种生产要素，它们的价格分别为 $W$ 和 $r$，则企业在一定时期内投入劳动 L 和租用资本 K 所花费的成本 C 可以表示为：$C = WL + rK$。

其中，$WL$ 表示使用劳动的工资总额，$rK$ 表示租用资本的租金总额。若给定企业的预算成本和要素价格，则企业可购买到的两种要素的最大数量组合将由上式所确定。因此，该式表示在生产要素价格既定的条件下，企业花费相同的成本可购买到的两种生产要素的所有不同数量组合，因而该式也被称为企业的等成本方程。

在劳动和资本构成的坐标平面中，等成本方程的几何图形被称为等成本线。由于等成本线无论是在代数意义还是几何意义上都完全类似于消费者预算约束线，所以我们要注意以下两点：第一，在生产要素价格既定的条件下，如果企业计划花费的成本给定，那么等成本线是一条向右下方倾斜的直线，其斜率为 $-W/r$。第二，如果企业花费的成本或生产要素的价格发生变化，那么等成本线也会相应地变动。

**4. 生产要素最优组合**

企业对生产要素的选择行为可以表述为，成本既定条件下的产量最大化或者产量既定条件下的成本最小化。当企业在既定约束条件下实现了上述目标，它就会保持这种状态不变，此时称企业处于生产者均衡状态。在生产者均衡状态下，企业所使用的生产要素实现了最优组合。

（1）成本既定条件下的产量最大化。当等产量曲线恰好与既定的等成本线相切时，企业在既定的成本约束下实现了产量最大化。此时，企业处于生产者均衡状态，由此决定的两种要素的投入量实现了生产要素的最优组合。在均衡点上，一方面，此时所对应的要素组合必须位于等成本线上，即劳动和资本投入量一定满足给定的等成本方程。另一方面，等产量曲线与等成本线斜率相等，即要素的边际技术替代率等于要素价格之比。因此，成本既定条件下产量最大化的要素最优组合条件是：

$$\begin{cases} \text{MRTS}_{L, K} = \dfrac{W}{r} \\ WL + rK = C \end{cases}$$

其中，第一个等式意味着，只有当从生产技术角度衡量的劳动对资本的替代率与按市场价格衡量的二者之间的替代率相等时，企业才能使两种要素投入比例达到最优，处于生产者均衡状态。

由于 $\text{MRTS}_{LK} = \dfrac{\text{MP}_L}{\text{MP}_K}$，上述条件也可以表示为：$\begin{cases} \dfrac{\text{MP}_L}{W} = \dfrac{\text{MP}_K}{r} \\ WL + rK = C \end{cases}$。此时，第一个等式意味着，每单位成本购买任意一种生产要素所得到的边际产量都相等。只有这样，企业的生产要素组合才能达到最优。

（2）产量既定条件下的成本最小化。当等成本线恰好与既定的等产量曲线相切时，企业实现了产量既定条件下的成本最小化，此时要素最优组合条件是：

$$\begin{cases} \text{MRTS}_{L, K} = \dfrac{W}{r} \\ f(L, K) = Q_0 \end{cases}，\ \text{等价于：}\ \begin{cases} \dfrac{\text{MP}_L}{W} = \dfrac{\text{MP}_K}{r} \\ f(L, K) = Q_0 \end{cases}。$$

除了约束条件之外，企业按产量既定条件下成本最小化选择最优的要素组合，与上面讨论的成本既定条件下产量最大化完全相同。因此，省略企业面临的成本约束或者产量制约，那么生产要素最优的组合就应该是，两种要素的边际技术替代率等于相应的要素价格之比，或者说，每一单位成本支出用于任意一种生产要素所获得的边际产量都相等。

5. 生产扩展曲线

假定企业只使用劳动和资本，其价格分别为 $W$ 和 $r$，$P$ 为产品价格，且均保持不变。$Q = f(L, K)$ 为企业的生产函数，于是，企业的利润函数可以表示为：

$$\pi = PQ - C = Pf(L, K) - WL - rK$$

假定企业在某一要素组合点上考虑是否增加 1 单位的劳动投入。增加 1 单位劳动会给企业带来收入的增加，同时也会导致更多的成本。一方面，由于增加 1 单位劳动的产量，即边际产量为 $\text{MP}_L$，所以企业所增加的收入等于按产品价格 $P$ 出售这一边际产量获得的收入，即 $P \cdot \text{MP}_L$。另一方面，由于劳动的价格为 $W$，所以增加 1 单位劳动所增加的成本就等于 $W$。只有当增加 1 单位劳动投入所带来的收入增加量恰好等于为此所带来的成本时，企业才能获得最大利润，才会停止对该要素的调整。所以，为了实现利润最大化，企业选择的劳动投入量应满足条件：
$$P \cdot MP_L = W$$
同理，企业利润最大化的最优资本投入量应满足条件：
$$P \cdot MP_K = r$$
由以上两式相除即得到：
$$\frac{MP_L}{MP_K} = \frac{W}{r}$$
或
$$\frac{MP_L}{W} = \frac{MP_K}{r}$$

以上两式均对应着生产要素的最优组合条件。这说明，从本质上来看，无论是成本既定条件下的产量最大化，还是产量既定条件下的成本最小化，企业选择的生产要素最优组合都与利润最大化目标一致，即生产要素最优组合给出了企业利润最大化的选择，因此，无论是计划花费的成本还是计划生产的数量发生改变，以利润最大化为目标的企业都会依据新的限制条件按最优组合标准选择生产要素的投入数量。

企业的生产扩展曲线简称为生产扩展线，它表示在生产要素价格和其他条件不变的情况下，随着成本或者产量增加，按照企业的所有生产要素最优组合点描绘出来的一条曲线。该曲线给出了企业利润最大化的扩展路径，但曲线上企业所能获得的利润未必相同。

### （五）短期成本函数

1. 经济学中的成本

企业的成本又称生产成本，是指在一定时期内，企业生产一定数量的产品所使用的生产要素的费用。然而，经济学家眼中的成本与会计账户上规定的成本，即经济成本与会计成本，二者在含义上存在较大差异。

每个企业都有自己的会计账户，它记录着企业在过去一段时期内生产和经营过程中的实际支出，这些支出被称为会计成本。经济学家分析成本的目的在于考察企业的决策，并进而分析资源配置的结果及效率，所以经济学中对成本的使用重在衡量稀缺资源配置于不同用途上的代价。

机会成本是指某项资源用于一种特定用途而不得不放弃掉的其他机会所带来的成本，通常以这项资源在其他用途中所能得到的最高收入加以衡量。经济学中将企业在竞争的长期环境中所能获得的利润称为正常利润，并将它视为机会成本的一部分。企业的正常利润被视为与企业家才能相关的报酬，特别是承担风险的补偿。

企业生产成本又分为显性成本和隐性成本两部分。显性成本是指企业为生产一定数量的产品购买生产要素所花费的实际支出。隐性成本是指企业使用自己拥有但并非从市场上购买的生产要素的机会成本。

经济成本 = 显性成本 + 隐性成本

企业的利润也区分为经济利润和会计利润。会计利润通常会超过经济利润，所以经济利润也必然是在正常利润之上的那一部分利润，类似人们日常理解的超额利润。

$$经济利润=收益-经济成本$$
$$会计利润=收益-会计成本$$

**2. 短期成本的概念**

企业为生产既定产量所需要的生产要素投入的费用就是该产量下的总成本，它由不变成本和可变成本两部分构成。不变成本又称固定成本，是指不随企业产量变动而变动的那部分成本，它对应着不变投入的费用；可变成本是指随着企业产量变动而变动的那部分成本，它对应着可变投入的费用。用 TC、FC 和 VC 分别表示总成本、不变成本和可变成本，则有：

$$TC=FC+VC$$

依照某一产量下的总成本、不变成本和可变成本，我们可以定义相应的平均成本、平均不变成本和平均可变成本的概念。

平均成本是指每单位产量所花费的总成本，用公式表示为

$$AC=\frac{TC}{Q}$$

平均不变成本是指每单位产量分摊到的不变成本，用公式表示为

$$AFC=\frac{FC}{Q}$$

平均可变成本是指每单位产量所花费的可变成本，用公式表示为

$$AVC=\frac{VC}{Q}$$

平均成本、平均不变成本以及平均可变成本的关系

$$AC=AFC+AVC$$

上述三个成本也可以相应于产出的改变量来定义边际成本。边际成本是指增加 1 单位产量所增加的成本。边际成本用公式可以定义为

$$MC=\frac{\Delta TC}{\Delta Q}=\frac{\Delta VC}{\Delta Q}$$

**3. 短期成本曲线**

不变成本不随产量的改变而变动，所以不变成本曲线 FC 是一条平行于产量轴的直线。

企业的可变成本会随着产量的增加而递增，所以可变成本曲线心是从原点出发的一条向右上方倾斜的曲线。这是因为，随着产量的增加，所需要的劳动投入数量相应地增加，从而在劳动价格既定的条件下，企业的可变成本也会增加。

总成本等于不变成本与可变成本的和，而不变成本为常数，因而总成本曲线也是一条向右上方倾斜的曲线，只是出发点不同。

随着产量的逐渐增加，平均不变成本曲线 AC 递减，是一条向右下方倾斜的曲线，并且随着产量的无限增大，其数值逐渐趋于 0。

平均可变成本曲线 AVC 以及平均成本曲线 AC 则都呈现出先递减后增加的 U 形形状。平均可变成本曲线 AVC 之所以呈现 U 形，源于生产要素的边际报酬递减规律。平均可变成本与可变要素劳动的平均产量呈反方向变动关系：

$$AVC = \frac{VC}{Q} = \frac{WL}{Q} = \frac{W}{Q/L} = \frac{W}{AP_L}$$

边际成本曲线 MC 也呈现先递减后增加的 U 形。在劳动的工资率 W 保持不变的条件下，企业的边际成本与劳动的边际产量成反比：

$$MC = \frac{\Delta VC}{\Delta Q} = \frac{\Delta WL}{\Delta Q} = \frac{W}{\Delta Q/\Delta L} = \frac{W}{MP_L}$$

4. 短期成本曲线之间的关系

首先，边际成本是总成本和可变成本的改变率，所以它反映了它们的变动速度。在边际成本递减的阶段，总成本与可变成本增加的速度递减，即总成本曲线与可变成本曲线越来越平缓；而在边际成本递增阶段，总成本与可变成本增加的速度越来越快，即总成本曲线与可变成本曲线越来越陡峭。

其次，边际成本曲线与平均成本曲线和平均可变成本曲线相交，并且分别交于它们的最低点。由于在平均成本曲线下降阶段，新增加 1 单位产量所增加的成本低于原有的平均成本，所以边际成本曲线在平均成本曲线的下方；反之，在平均成本曲线递增的阶段，边际成本曲线在平均成本曲线的上方。因此，对应于 U 形的平均成本曲线，边际成本曲线一定与其相交于平均成本曲线的最低点。由于边际成本同时也反映了可变成本的变动率，所以，基于同样的理由，边际成本曲线也必然与平均可变成本曲线相交于后者的最低点。

最后，提及边际成本和平均可变成本分别与边际产量和平均产量之间的关系将有助于理解上述短期成本之间的关系。边际成本与边际产量呈反方向变动的关系，平均可变成本与平均产量之间呈反方向变动关系，并且在平均产量最大值点上，即边际产量与平均产量相交 时，平均可变成本也一定处于最低点，此时，边际成本与平均可变成本曲线相交。

## （六）长期成本函数

1. 长期成本概念

由于在长期中，所有的生产要素都是可变投入，因此长期内没有不变成本和可变成本的区分。这样，有关长期成本的讨论就只涉及长期总成本、长期平均成本和长期边际成本。

长期总成本是指企业在长期中生产一定产量水平时通过改变生产规模所能达到的最低成本。通常表示为 LTC。

长期平均成本是指从长期来看，企业平均每单位产量所花费的总成本，用公式表示为

$$LAC = LTC/Q$$

长期边际成本是指从长期来看，企业每增加 1 单位产量所增加的总成本，用公式表示为

$$LMC = \Delta LTC/\Delta Q$$

### 2. 长期总成本曲线

长期中，企业可以根据计划产量对所有的生产要素投入量进行调整，从而在每一个产量水平上企业都将实现生产要素的最优组合，所以，企业的长期成本会呈现出比短期成本"更低"的特征。既然长期中企业可以对短期内固定不变的要素进行调整，那么长期总成本曲线就是这些短期总成本曲线不断调整的结果。

随着产量的变动，长期中企业通过不断调整短期内不变要素投入量 K 而选择最优规模，以使生产任意产量时所对应的成本都是可供选择的短期生产成本中生产该产量所能达到的最低成本点。由这些成本点描绘出来的曲线就构成了企业的长期总成本曲线 LTC。

长期总成本曲线 LTC 在所有短期总成本曲线的下方，而在长期总成本曲线的每一点上都有一条短期总成本曲线与之相切，即长期总成本曲线是无数条短期总成本曲线的包络线。

### 3. 长期平均成本曲线

对应于每一个产量，长期平均成本是生产这一产量的所有短期平均成本中最低的成本。随着产量的变动，这些最低的成本点连成的曲线就是企业的长期平均成本曲线。长期平均成本曲线也是所有短期平均成本曲线的包络线，它位于所有短期平均成本曲线的下方，并且在每一产量上，都有一条短期平均成本曲线与之相切。

### 4. 规模经济和长期平均成本曲线的形状

经验表明，企业的长期平均成本曲线呈 U 形。原因是，随着产量增加和规模扩大，企业经历着由规模经济到规模不经济的生产过程。

在企业扩大生产的过程中，如果产量扩大一倍，而生产成本的增加小于一倍，则称企业的生产存在规模经济。在这种情况下，通过规模的扩大，收益的增加会超过成本的增加，因而扩大生产规模是增加利润的一个途径。与规模经济相对立的是规模不经济，即如果企业的产量扩大一倍，而生产成本的增加大于一倍，此时称企业的生产存在规模不经济。

如果假定生产要素按相同的比例增加，那么，规模经济的概念可以借助于生产的规模报酬特征得到说明。具体地说，在生产过程中企业同比例扩大所有的生产要素投入，如果产量增加的倍数大于生产要素增加的倍数，则称生产过程是规模报酬递增的；若产量增加的倍数等于生产要素增加的倍数，则称生产过程是规模报酬不变的；若产量增加的倍数小于生产要素增加的倍数，则称生产过程是规模报酬递减的。

假设企业的生产函数为 $Q = f(L, K)$，企业同比例增加劳动和资本两种生产要素的投入量，使之为原来的 $\lambda$ 倍（$\lambda > 1$），则相应的产量为 $\mu Q = f(\lambda L, \lambda K)$。若 $\mu > \lambda$，则生产是规模报酬递增的；若 $\mu = \lambda$，则生产是规模报酬不变的；若 $\mu < \lambda$，则生产是规模报酬递减的。

### 5. 长期边际成本曲线

由于边际成本反映了总成本的变动率，即总成本曲线的斜率，所以把每一个产量上对应的长期总成本曲线的斜率值描绘在坐标平面中，就得到了长期边际成本曲线 LMC。

对应于 U 形的长期平均成本，长期边际成本会随着产量增加最初在 LAC 下方逐渐下降，之后转而增加，并最终穿过 LAC 曲线的最低点，上升到长期平均成本曲线的上方，因而长期边际成本曲线通常也为 U 形。虽然长期边际成本曲线也为 U 形，但它并不是所有短期边际成本曲线的包络曲线。由于长期平均成本是短期平均成本的包络曲线，所以在每一个产量水平上都存在一条短期平均成本曲线与长期平均成本曲线相切，在此产量下二者的边际成本必然相等，因而在该产量上长期边际成本曲线 LMC 与短期边际成本曲线 MC 相交。

## 三、本章课后思考题解答

1. 什么是边际报酬递减规律？这一规律适用的条件有哪些？

答：边际报酬递减规律是指在技术水平和其他生产要素投入量保持不变的条件下，随着一种可变生产要素投入量的增加，最初每增加 1 单位该要素所带来的产量增加量是递增的；但当这种可变要素投入量增加到一定程度之后，增加 1 单位该要素的投入所带来的产量增加量是递减的。简言之，在其他条件不变的情况下，一种可变要素投入在增加到一定程度之后，它所带来的边际产量由递增变为递减。

边际报酬递减规律适用的条件有三个方面：第一，生产技术水平保持不变；第二，其他生产要素投入数量保持不变；第三，边际产量递减在可变要素投入增加到一定程度之后才会出现。

2. 在单一生产要素可变的条件下，请问：

（1）生产的三个阶段是如何划分的？

（2）为什么企业的理性决策应在第二阶段？

（3）如果 $W = 0$ 或 $r = 0$，企业应在何处经营？

答：（1）在其他条件不变的情况下，随着某种可变要素（以劳动 $L$ 为例）的变动，根据其总产量、平均产量和边际产量三者关系（如图 3-2 所示），我们可将生产划分为三个阶段：

第一阶段是 0 到 $L_1$，对应总产量为 0 到平均产量最大值，为平均产量递增阶段。因为这时边际产量大于平均产量，增加劳动要素投入能提高平均产量，表明这一阶段劳动要素投入不足。

第二阶段是从 $L_1$ 到 $L_2$，对应平均产量最大值到边际产量等于 0（或总产量最大值），为平均产量递减、边际产量大于 0 的阶段。因为此时边际产量小于平均产量，增加劳动要素投入将使平均产量开始递减，同时随着劳动要素投入的增加，边际产量虽递减但仍大于 0，故总产量仍递增直到达到最大值，这一阶段被称为劳动要素的合理投入区。

第三阶段是从 $L_2$ 到 ∞，为边际产量为负（或总产量下降）阶段。从总产量最高点开始，随着劳动要素投入的增加，边际产量为负，总产量开始递减。这一阶段劳动要素投入相对过多，理性的生产者不会继续增加投入。

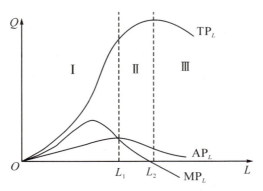

图 3-2 短期生产的三个阶段

（2）因为在第一阶段，继续增加劳动要素投入能提高平均产量，使总产量大幅增加，因此理性的企业不会停留在第一阶段；而在第三阶段，边际产量为负，增加劳动要素投入反而会使总产量下降，因此理性的企业也不会发展到第三阶段；而在第二阶段，总产量仍逐步增加直到最大值，企业既可以得到由第一阶段增加劳动要素投入所带来的全部好处，又可以避免进入到第三阶段导致总产量下降的局面，因此，企业的理性决策应在第二阶段。

（3）第二阶段只给出了劳动要素 $L$ 的合理投入范围，具体的最优投入量还与要素价格有关，需满足 $\dfrac{\mathrm{MP}_L}{\mathrm{MP}_K}=\dfrac{W}{r}$。可见，劳动要素的相对价格越低，企业应选择的劳动投入量则越多，即企业应在第二阶段越靠右的位置生产。因此，当 $W=0$ 时，企业应在第二阶段右边的分界点，即 $\mathrm{MP}_L=0$ 或总产量最大值处经营；当 $r=0$ 时，企业则应在第二阶段开始的位置，即 $\mathrm{AP}_L$ 最大值处经营。

3. 边际技术替代率递减规律与边际报酬递减规律之间的联系如何？请给出详细说明。

答：边际技术替代率递减规律是指在保持产量不变的条件下，随着一种生产要素数量的增加，每增加 1 单位该要素所能替代的另一种生产要素的数量递减，即一种要素对另一种要素的边际技术替代率随着该要素的增加而递减。

边际报酬递减规律是指在技术水平和其他生产要素投入量保持不变的条件下，随着一种可变生产要素投入量的增加，最初每增加 1 单位该要素所带来的产量增加量是递增的；但当这种可变要素投入量增加到一定程度之后，增加 1 单位该要素的投入所带来的产量增加量是递减的。

这两个规律的共同原因是两种生产要素之间存在一个最佳的数量组合比例，但边际报酬递减规律要求只有一种可变要素变动而其他要素保持不变，而边际技术替代率递减规律则有两种可变要素。

此外，一般情况下，边际报酬递减规律能够保证边际技术替代率递减规律成立，但反之则不成立。以劳动 $L$ 和资本 $K$ 两种要素为例，劳动对资本的边际技术替代率可以表示为两种要素的边际产量之比，即：

$$\mathrm{MRTS}_{LK}=\dfrac{\mathrm{MP}_L}{\mathrm{MP}_K}$$

在生产要素的合理投入区间内，所有生产要素的边际产量都服从递减规律。所以，一方面，随着劳动投入量的增加，劳动的边际产量递减；另一方面，由于等产量曲线向右下方倾斜，为保持总产量不变，资本的投入量会相应地减少，从而资本的边际产量递增，劳动越不容易替代资本。因此，上式中分子不断减少，同时分母不断增加，使得劳动对资本的边际技术替代率递减。

4. 如果一个生产过程的规模报酬不变，那么，其生产要素的边际技术替代率是否一定是不变的？为什么？

答：不一定。规模报酬和边际技术替代率是两个不同的概念。规模报酬是用来分析企业的全部生产要素按同比例变化所导致的产量的变化情况，如果产量变化的倍数等于全部生产要素变化的倍数，则称生产过程是规模报酬不变的。而边际技术替代率是指在产量保持不变的条件下，增加 1 单位某种要素的投入量可以替代的另一种生产要素的投入量。

事实上，如果一个生产过程的规模报酬不变，那么其生产要素的边际技术替代率既可能不变，也可能递减。比如，当生产函数为线性函数 $Q = \alpha L + \beta K$ 时，其生产过程的规模报酬不变，同时生产要素的边际技术替代率也是不变的。但对于柯布－道格拉斯生产函数 $Q = AL^{\alpha}K^{\beta}$，当 $\alpha + \beta = 1$ 时，其生产过程的规模报酬也不变，但生产要素的边际技术替代率是递减的。

5. 为什么说理性的企业会按照最优组合来安排生产要素投入？

答：理性企业的目标是利润最大化，而利润最大化要求企业按照最优组合来安排生产要素的投入。例如，假定企业只使用劳动和资本，其价格分别为 $W$ 和 $r$，$P$ 为产品价格，$Q = f(L, K)$ 为企业的生产函数，于是，企业的利润函数可以表示为：

$$\pi = PQ - C = Pf(L, K) - WL - rK$$

假定企业在某一要素组合点上考虑是否增加 1 单位的劳动投入。增加 1 单位劳动会增加企业收入的同时，也会提高成本。一方面，由于增加 1 单位劳动的产量，即边际产量 $MP_L$，所以企业所增加的收入等于按产品价格 $P$ 出售这一边际产量获得的收入，即 $P \cdot MP_L$。另一方面，由于劳动的价格为 $W$，所以增加 1 单位劳动所增加的成本就等于 $W$。只有当增加 1 单位劳动投入所带来的收入增加量恰好等于为此所带来的成本时，企业才能获得最大利润，才会停止对该要素的调整。所以，为了实现利润最大化，企业选择的劳动投入量应满足条件：

$$P \cdot MP_L = W$$

同理，企业利润最大化的最优资本投入量应满足条件：

$$P \cdot MP_K = r$$

由以上两式相除即得到：

$$\frac{MP_L}{MP_K} = \frac{W}{r}$$

或

$$\frac{MP_L}{W} = \frac{MP_K}{r}$$

以上也正是生产要素的最优组合所需满足的条件。由此可见，理性的企业基于利润最大化目标，会按照生产要素的最优组合来安排生产要素投入。

6. 举例说明什么是机会成本。区分机会成本与会计成本的意义何在？

答：机会成本是指某项资源用于一种特定用途而不得不放弃掉的其他机会所带来的成本，通常由这项资源在其他用途中所能得到的最高收入加以衡量。例如，假定企业使用自己拥有的办公大楼，那么在会计人员看来，大楼当期并没有发生实际支出，因而没有成本。但是在经济学家看来，如果将大楼出租，将会带来租金，企业自己使用无疑损失了将大楼出租获取租金的机会。如果在分析期内这栋办公大楼最多可以获得 100 万元的租金收入，那么这 100 万元就是企业使用这一办公大楼的机会成本，也就构成了企业的经济成本。

区分机会成本和会计成本对于分析企业的决策具有重要意义。因为会计成本记录的是企业在过去一段时间内生产和经营过程中的实际支出，通常被用于对以往经济行为的审核和评价。而经济学家分析成本的目的在于考察企业的决策，并进而分析资源配置的结果及效率，所以经济学中对成本的使用重在衡量稀缺资源配置于不同用途上的代价。这涉及使用一项资源或做出一项选择放弃掉的机会，即机会成本的概念。

7. 产量曲线与成本曲线之间有何内在联系？

答：边际成本与边际产量呈反方向变动的关系，平均可变成本与平均产量呈反方向变动的关系，并且在平均产量最大值点上，即边际产量与平均产量相交时，平均可变成本也一定处于最低点，此时，边际成本与平均成本曲线相交。如图 3-3 所示，在图（a）中，当劳动投入为 $L_1$ 时，平均产量达到最大，相应的产量为 $Q_1$。于是，在图（b）中，对应于产量 $Q_1$，平均可变成本最小，此时边际成本与平均成本曲线相交。也就是说，从图形形状上来看，图（b）恰好是图（a）的一个整体反转。

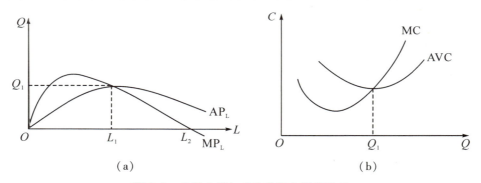

图 3-3　产量曲线与成本曲线之间的关系

总之，短期成本来源于短期生产，而边际报酬递减规律决定了短期产量曲线的基本特征，所以也就间接决定了企业短期成本曲线变动的规律以及这些成本之间的相互关系。

8. 有人认为："既然长期平均成本曲线 LAC 是无数条短期平均成本曲线 AC 的包络线，它表示在长期所生产的每一个产量水平企业都可以将平均成本降到最低，因此，长期平均成本曲线 LAC 一定相切于所有的短期平均成本曲线 AC 的最低点。"你认为这句话正确吗？请说明理由。

答：不正确。长期平均成本曲线并不是所有短期平均成本曲线最低点的连线，在

LAC 曲线的每一个产量上，都有一条相应的 AC 曲线与之相切，该切点处的 AC 是所有短期成本中生产该产量所花费的最低成本。在 LAC 曲线的最低点，LAC 曲线相切于相应的 AC 曲线的最低点；在 LAC 曲线最低点的左边，LAC 曲线相切于各条相应的 AC 曲线最低点的左边；在 LAC 曲线最低点的右边，LAC 曲线则相切于各条相应的 AC 曲线最低点的右边。尽管企业在长期中能以更低的成本生产一个特定的产量，这的确包含着企业寻求平均成本最低的含义，但这里的最低并不是在每一条短期平均成本曲线上选择最低点，而是在产量给定的条件下比较短期内固定不变的要素（比如 K）的不同投入量，从中选择一个使得生产该产量所花费的平均成本为最低的投入，那么这一投入对应的短期平均成本就是该产量的长期平均成本，而这时该短期平均成本是否为最低则无关紧要。

9. 假设某企业的短期边际成本函数为 $MC = 3Q^2 - 12Q + 10$，且当 $Q = 5$ 时，$TC = 55$，求解：

（1）TC、TVC、AC、AVC 函数。

（2）当企业的平均产量最大时，企业的平均成本为多少？

答：（1）因为 $MC = \dfrac{dTC}{dQ}$，所以有：

$$TC = \int MCdQ = \int (3Q^2 - 12Q + 10)dQ = Q^3 - 6Q^2 + 10Q + a$$

当 $Q = 5$ 时，$TC = 55$，代入上式可得：$a = 30$，

则有：
$$TC = Q^3 - 6Q^2 + 10Q + 30$$
$$TVC = Q^3 - 6Q^2 + 10Q$$
$$AC = \frac{TC}{Q} = Q^2 - 6Q + 10 + \frac{30}{Q}$$
$$AVC = \frac{TVC}{Q} = Q^2 - 6Q + 10$$

（2）因为 $AVC = \dfrac{W}{AP_L}$，即 AVC 与平均产量呈反向变动，所以当企业的平均产量最大时，AVC 最小。

此时有：$\dfrac{dAVC}{dQ} = 2Q - 6 = 0$，解得：$Q = 3$，

代入得此时企业的平均成本：$AC = Q^2 - 6Q + 10 + \dfrac{30}{Q} = 11$。

10. 逢年过节，餐饮服务业需求旺盛，但却常遭遇基层服务人员的"奇缺"。据某酒楼的一位大堂经理介绍："大厅的桌位，之前一般配比是 1 名服务人员负责 3 张桌子，但现在 1 人要同时照看 6 张桌子。有时客人叫得急，酒楼的管理层都要出来帮忙端菜。这个门店人员最多时曾有 70 名员工，但现在门店总人数才 40 余人。"基于某酒楼的上述基本情况，请利用本章介绍的原理回答下面的问题：

（1）酒楼的资本劳动比是由什么因素决定的？是如何决定的？

（2）按照你对第一问的答案去投入资本和雇用劳动，是否一定能得到最大利润？

（3）为什么该酒楼前后会有"3∶1"和"6∶1"两种不同的资本劳动比？

(4) 这个例子中边际报酬递减规律是如何起作用的?

答:(1) 在保持既定服务数量的条件下,酒楼将根据生产要素的最优组合条件 $\frac{MP_L}{W} = \frac{MP_K}{r}$ 来确定其资本劳动比,则酒楼的资本劳动比由资本和劳动要素的价格及其边际生产力(边际产量)决定。在各自的边际生产力不变的条件下,如果雇用劳动的工资成本增加或资本租金减少,则酒楼会减少劳动雇用量,而增加资本设备的投入量;在各自价格不变的条件下,如果劳动的边际生产力下降或资本设备的边际生产力提高,则酒楼也会减少劳动雇用量,而增加资本设备的投入量。反之则反。

(2) 按照上述生产要素的最优组合条件去投入资本和雇用劳动,只能实现在相应产量下的成本最小化或相应成本下的产量最大化,但不一定能得到最大利润,因为上述条件并未考虑到所生产产品的销售收入,它只是利润最大化的必要条件。

(3) 该酒楼前后的资本劳动比大幅提高,意味着劳动雇用量相对资本投入量出现大幅下降,其主要原因是逢年过节期间服务人员"奇缺",导致劳动雇用成本相对大幅增加,而资本租金成本相对下降。出于利润的考虑,酒楼将减少服务人员雇用人数,导致资本劳动比提高。

(4) 这里劳动的边际报酬是服从递减规律的。根据边际报酬递减规律,在投入达到一定程度后,劳动的边际产量随着其投入量的增加而递减,也随着其投入量的减少而递增。要素的最优投入组合要求每单位支出所带来的边际产量相等,假设每单位资本支出获得的边际报酬不变,随着服务人员工资的上涨,酒楼就需要减少服务人员的雇用人数,使得劳动的边际报酬随之提高并与服务人员的工资之比保持不变,以满足要素的最优组合条件。

## 四、本章课后练习题

### (一) 名词解释

生产函数　　生产的短期　　边际报酬递减规律　　等产量曲线　　边际技术替代率
生产扩展曲线　　机会成本　　正常利润　　隐性成本　　规模经济

### (二) 单项选择题

1. 以下不属于企业的基本法定形式的是 (　　　)。
   A. 个人独资企业　　B. 合伙制企业　　　C. 私营企业　　　　D. 公司制企业
2. 企业生产要素的基本类型不包括 (　　　)。
   A. 劳动　　　　　　B. 时间　　　　　　C. 土地　　　　　　D. 企业家才能
3. 生产理论中的短期和长期的划分标准是 (　　　)。
   A. 平均产量是否达到最大值　　　　　B. 产品生产周期的长短
   C. 能否调整产品价格　　　　　　　　D. 能否调整全部生产要素数量
4. 关于生产理论的短期和长期,以下说法错误的是 (　　　)。
   A. 短期内,所有生产要素都不可调整

B. 长期内，所有生产要素都可调整

C. 其划分与企业所使用的生产技术相关

D. 不变要素只存在于短期

5. 假定企业的生产函数为 $Q = \min(2L, 3K)$，则 $L$ 与 $K$ 的固定投入比例为（     ）。

    A. $1:2$        B. $1:3$        C. $2:3$        D. $3:2$

6. 对于柯布-道格拉斯生产函数 $Q = AL^{0.6}K^{0.5}$，其规模报酬（     ）。

    A. 递减        B. 不变        C. 递增        D. 以上都有可能

7. 下列选项中，正确的是（     ）。

    A. 当边际产量为负时，总产量不一定减少

    B. 当总产量增加时，边际产量一定增加

    C. 当边际产量减少时，平均产量不一定减少

    D. 当边际产量等于平均产量时，边际产量最大

8. 平均产量表示（     ）。

    A. 总产量曲线上相应点的斜率

    B. 总产量曲线上相应点与原点连线的斜率

    C. 边际产量曲线上相应点的斜率

    D. 边际产量曲线上相应点与原点连线的斜率

9. 短期生产中，当从原点出发的射线与总产量曲线相切时，对应着（     ）。

    A. 平均产量最大              B. 平均产量最小

    C. 边际产量最大              D. 总产量最大

10. 当平均产量为正且递减时，边际产量可能的情况是（     ）。

    A. 为正且递减    B. 为零        C. 为负且递减    D. 以上都是

11. 当边际产量曲线与平均产量曲线相交时，（     ）。

    A. 边际产量最大              B. 平均产量最大

    C. 总产量最大               D. 以上都不是

12. 当要素的平均产量低于边际产量时，增加要素投入使（     ）。

    A. 平均产量上升             B. 平均产量下降

    C. 边际产量上升             D. 边际产量下降

13. 以下选项中，不属于边际报酬递减规律发挥作用的条件的是（     ）。

    A. 生产技术水平保持不变        B. 可变要素投入增加到一定程度之后

    C. 其他生产要素投入量保持不变    D. 各种生产要素同时同比例增加

14. 企业采取减员增效的措施，其目的是通过减少劳动投入来提高（     ）。

    A. 劳动的总产量           B. 资本的总产量

    C. 劳动的边际产量         D. 资本的边际产量

15. 假设劳动为可变要素，其他为不变要素，则劳动投入的第Ⅱ阶段内的特征不包括（     ）。

    A. 边际产量递减           B. 平均产量先增后减

    C. 平均产量大于边际产量       D. 总产量递增

16. 关于一般形式的等产量曲线，以下说法错误的是（　　　）。

    A. 每一条等产量曲线所代表的产量均不相同

    B. 向右下方倾斜

    C. 离原点越近，相应的产量越大

    D. 凸向原点

17. 如果生产函数为 $Q = L + 3K$，要素价格 $W = 2$，$r = 4$，当给定成本为80时，最优的劳动 $L$ 和资本 $K$ 投入量分别为（　　　）。

    A. 0，20 　　　　　B. 40，0 　　　　　C. 20，10 　　　　　D. 30，10

18. 以下选项中错误的是（　　　）。

    A. 边际技术替代率是等产量曲线斜率的绝对值

    B. 边际技术替代率递减的原因是边际报酬递减规律

    C. 边际技术替代率递减意味着等产量曲线凸向原点

    D. 所有生产函数都满足边际技术替代率递减规律

19. 等成本曲线向左下方平移表明（　　　）。

    A. 总成本不变，要素价格同比例下降

    B. 总成本不变，要素价格同比例上升

    C. 要素价格不变，总成本增加

    D. 以上都不对

20. 对于一般形式的生产函数，在生产要素的最优组合上，劳动对资本的边际技术替代率为0.6，劳动的价格为3，则资本的价格为（　　　）。

    A. 5 　　　　　B. 4 　　　　　C. 3 　　　　　D. 1.8

21. 若劳动的边际产量为2，资本的边际产量为3，而劳动和资本的价格相同，则企业应（　　　）。

    A. 增加劳动，减少资本 　　　　　B. 减少劳动，增加资本

    C. 同时增加劳动和资本 　　　　　D. 同时减少劳动和资本

22. 以劳动为横坐标，资本为纵坐标，一般情况下，若当前生产要素组合所在的等成本曲线斜率绝对值小于等产量曲线斜率绝对值，如果要保持产量不变，则理性的企业将（　　　）。

    A. 增加劳动，减少资本，并减少成本支出

    B. 增加劳动，减少资本，并增加成本支出

    C. 减少劳动，增加资本，并减少成本支出

    D. 减少劳动，增加资本，并增加成本支出

23. 假定生产要素价格和其他条件不变，企业在不同产量下实现成本最小化的生产要素组合点形成的曲线是（　　　）。

    A. 等成本曲线 　　　B. 等产量曲线 　　　C. 生产扩展线 　　　D. 无差异曲线

24. 若生产函数为 $Q = \min(2L, K)$，$L$ 和 $K$ 的价格分别为 $W$ 和 $r$，则其生产扩展线为（　　　）。

    A. $2WL = rK$ 　　　　B. $2rL = WK$ 　　　　C. $L = 2K$ 　　　　D. $2L = K$

25. 企业将自有资金从银行取出用于生产经营，所损失的利息属于（　　）。
    A. 经济成本　　　B. 机会成本　　　C. 隐性成本　　　D. 以上都是

26. 小王辞去之前每月工资 5 000 元的工作，并取出 20 万元的银行存款（月利率为 0.2%）用于创业，则小王选择创业的机会成本每月至少是（　　）元。
    A. 5 000　　　　　B. 400　　　　　C. 5 400　　　　D. 205 000

27. 以下选项中错误的是（　　）。
    A. 经济利润包括正常利润
    B. 经济学所说的零利润是指经济利润为零
    C. 会计成本不包含机会成本
    D. 经济成本通常大于会计成本

28. 当企业生产某产品的产量为 100 单位时，平均成本是 9.8 元；当产量再增加 1 单位时，边际成本是 30 元，则此时平均成本是（　　）元。
    A. 9.9　　　　　B. 10　　　　　C. 10.1　　　　D. 11

29. 对应于边际产量的递减阶段，总成本曲线（　　）。
    A. 以递减的速率上升　　　　　B. 以递减的速率下降
    C. 以递增的速率上升　　　　　D. 以上都不对

30. 短期中，随着产量的增加，AC 曲线和 AVC 曲线之间的垂直距离将（　　）。
    A. 变大　　　　　B. 变小　　　　　C. 不变　　　　D. 为零

31. 短期中，当从原点出发的射线与总可变成本曲线相切时，有（　　）。
    A. 平均可变成本最小　　　　　B. 平均可变成本等于边际成本
    C. 平均产量等于边际产量　　　D. 以上都对

32. 以下选项错误的是（　　）。
    A. 当 MC<AC 时，AC 下降　　　B. 当 MC>AC 时，AC 上升
    C. 当 MC＝AVC 时，MC 最小　　D. 当 MC>AVC 时，AVC 上升

33. 当存在规模不经济时，（　　）。
    A. LAC 曲线相切于相应 SAC 曲线最低点的右边
    B. LMC<LAC
    C. LAC 曲线下降
    D. 以上都有可能

34. LMC 曲线呈 U 形的原因是（　　）。
    A. 边际报酬递减规律　　　　　B. 边际技术替代率递减规律
    C. 规模经济与规模不经济　　　D. 外部经济与不经济

35. LAC 曲线的最低点也是（　　）的最低点。
    A. 最优生产规模的 SMC 曲线　　　B. 最优生产规模的 SAC 曲线
    C. LMC 曲线　　　　　　　　　　D. LTC 曲线

## （三）判断题

1. 企业的唯一目标就是追求利润最大化。　　　　　　　　　　　（　　）
2. 企业的生产技术水平不同，其生产函数也会有所不同。　　　　（　　）

3. 经济学中的短期与长期没有严格的时间范围。　　　　　　　　(　　)

4. 当其他条件不变时，企业增加劳动投入量，劳动的边际产量必然下降。(　　)

5. 当生产技术和其他要素投入不变时，一种生产要素投入量越多，总产量越大。

$\qquad$(　　)

6. 如果平均产量递减，则此时边际产量也必然递减。　　　　　　(　　)

7. 总产量随边际产量的增加而增加，随边际产量的减少而减少。　(　　)

8. 当从原点出发的射线与总产量曲线相切时，对应着短期生产的合理投入区的起点。

$\qquad$(　　)

9. 短期中，理性的生产者绝对不会在边际产量为负的阶段生产。　(　　)

10. 边际技术替代率递减决定了等产量曲线凸向原点。　　　　　(　　)

11. 固定比例生产函数所对应的等产量曲线是一条直线。　　　　(　　)

12. 生产者要实现最优化，等产量曲线必须与等成本线相切。　　(　　)

13. 生产扩展线上的任一要素组合必然是企业在相应产量或成本下的利润最大化组合。　　　　　　　　　　　　　　　　　　　　　　　　　　(　　)

14. 即使经济利润为零，企业也获得了正常利润。　　　　　　　(　　)

15. 短期总成本曲线是一条从原点出发的向右上方倾斜的曲线。　(　　)

16. 随着产量的增加，短期边际成本曲线先经过平均成本曲线的最低点，后经过平均可变成本曲线的最低点。　　　　　　　　　　　　　　　　　(　　)

17. 短期中，在边际产量递减阶段，总可变成本曲线以递增的速率上升。(　　)

18. 短期和长期边际成本曲线呈 U 形的原因均是边际报酬递减规律。(　　)

19. 在每一个产量上，LAC 曲线与对应的 SAC 曲线相切于 SAC 曲线的最低点。

$\qquad$(　　)

20. 长期总成本曲线和长期边际成本曲线分别是所有短期总成本曲线和短期边际成本曲线的包络线。　　　　　　　　　　　　　　　　　　　　(　　)

### （四）简答题

1. 简述边际报酬递减规律的含义及其原因。
2. 简述边际技术替代率递减规律的含义及其原因。
3. 什么是等产量曲线？其通常有哪些特征？
4. 简述规模报酬的含义、几种类型及其数学判断形式。
5. 简述总成本曲线、平均成本曲线与边际成本曲线之间的关系。
6. 简述短期平均成本曲线与长期平均成本曲线呈 U 形的原因。

### （五）计算题

1. 已知生产函数为 $Q = -L^3 + 2KL^2 + 4K^2L$，假定企业目前处于短期生产且 K = 10。

（1）求短期生产中该企业关于劳动的总产量 $TP_L$ 函数、平均产量 $AP_L$ 函数和边际产量 $MP_L$ 函数。

（2）分别求出劳动的总产量 $TP_L$、平均产量 $AP_L$ 和边际产量 $MP_L$ 各自的最大值。

（3）当 $MP_L < AP_L$ 时，$AP_L$ 曲线怎么变化？此时 L 的取值范围是多少？

2. 已知短期生产中企业关于劳动的平均产量函数为 $AP_L = -L^2 + 6L + 180$，求：

（1）该企业的总产量 $TP_L$ 函数和边际产量 $MP_L$ 函数。

（2）如果企业的劳动投入数量为 $L = 12$，其是否处于短期生产的合理区间？为什么？

3. 已知某厂商的生产函数为 $Q = 3L^{\frac{3}{5}}K^{\frac{2}{5}}$，劳动的价格 $w = 3$，资本的价格 $r = 2$。求：

（1）当产量 $Q = 600$ 时，厂商最优的要素投入 $L$、$K$ 和最小成本 $minC$。

（2）当总成本 $C = 1\,500$ 时，厂商最优的要素投入 $L$、$K$ 和最大产量 $maxQ$。

（3）该生产函数的规模报酬情况。

4. 已知生产函数为：（a）$Q = \min\{2L,\ 5K\}$；（b）$Q = \dfrac{2LK}{L + K}$；（c）$Q = \dfrac{1}{2}LK^2$。求：

（1）当劳动的价格 $w = 1$，资本的价格 $r = 1$ 时，企业的生产扩展线方程。

（2）当产量 $Q = 2\,000$ 时，企业实现成本最小化的要素投入组合。

5. 假定某厂商短期生产的边际成本函数 $MC = 3Q^2 - 24Q + 100$，且生产 10 单位产量时的总成本 $TC = 1\,200$。求：

（1）总成本 $TC$、可变成本 $VC$、平均成本 $AC$ 和平均可变成本 $AVC$ 函数。

（2）平均可变成本 $AVC$ 的最小值。

（3）生产从边际报酬递增阶段转变为递减阶段时的产量值。

6. 假设某企业的生产函数为 $Q = 2L^{\frac{1}{2}}K^{\frac{1}{2}}$，劳动的价格 $P_L = 2$，资本的价格 $P_K = 1$。求：

（1）短期中，$K$ 为不变要素且 $K = 1$，$L$ 为可变要素，求企业的短期总成本 $TC$、平均成本 $AC$ 和边际成本 $MC$ 函数。

（2）长期中，$K$ 和 $L$ 均为可变要素，求企业的长期总成本 $LTC$、平均成本 $LAC$ 和边际成本 $LMC$ 函数。

### （六）论述题

1. 假设劳动为可变要素，资本为不可变要素，作图说明企业短期生产的三个阶段是如何划分的？哪一个阶段是企业短期生产的合理投入区间？为什么？

2. 结合图形比较分析下列情况下资本-劳动投入比的变化。

（1）假设企业的生产技术水平和产量不变，社会老龄化加剧使得劳动力资源大幅减少；

（2）假设要素价格和成本预算不变，技术进步使得企业的资本生产效率得到提高。

## 五、本章课后练习题答案及解析

### （一）名词解释

生产函数表示在技术水平不变的条件下，企业在一定时期内使用的各种生产要素数量与它们所能生产的最大产量之间的关系。

生产的短期是指生产者来不及调整全部生产要素的数量，至少有一种生产要素的数量固定不变的一段时期。

边际报酬递减规律是指在技术水平保持不变的条件下，当把一种可变的生产要素连同其他一种或几种不变的生产要素投入到生产过程之中，随着这种可变的生产要素投入量的逐渐增加，最初每增加1单位该要素所带来的产量增加量是递增的；但当这种可变要素投入量增加到一定程度之后，增加1单位该要素所带来的产量增加量是逐渐递减的。

等产量曲线是指在技术水平不变的条件下，由生产相同产量所需的生产要素的不同数量组合所描绘的一条曲线。

边际技术替代率表示在产出水平保持不变的条件下，增加1单位一种要素的投入量可以代替的另外一种生产要素的投入量。

生产扩展曲线表示在生产要素价格和其他条件不变的情况下，随着成本或者产量增加，按照企业的所有生产要素最优组合点描绘出来的一条曲线。

机会成本是指某项资源用于一种特定用途而不得不放弃掉的其他机会所带来的成本，通常由这项资源在其他用途中所能得到的最高收入加以衡量。

正常利润是指企业在竞争的长期环境中所能获得的利润，被视为与企业家才能相关的报酬。

隐性成本是指企业使用自己拥有但并非从市场上购买的生产要素的机会成本。

规模经济是指在企业扩大生产的过程中，如果产量扩大一倍，而生产成本的增加小于一倍。或企业通过规模的扩大，收益的增加会超过成本的增加。

### （二）单项选择题

1. C。企业的基本法定形式包括个人独资企业、合伙制企业、公司制企业等，私营企业不是企业的基本法定形式。

2. B。企业的生产要素包括劳动、资本、土地和企业家才能四种基本类型，时间不属于生产要素的基本类型。

3. D。生产理论中的短期和长期是根据生产者能否调整全部生产要素来划分的。

4. A。短期是指至少有一种生产要素数量固定不变的一段时期。

5. D。固定比例的生产函数为 $Q = A\min(L/a, K/b)$，则 $L$ 与 $K$ 的固定投入比例为 $a : b$。

6. C。对于柯布-道格拉斯生产函数 $Q = AL^{\alpha}K^{\beta}$，当 $\alpha + \beta > 1$ 时，其规模报酬递增。

7. C。当边际产量减少时，平均产量先增加到最大值再减少。

8. B。根据平均产量的定义即可得。

9. A。当从原点出发的射线与总产量曲线相切时，其斜率即平均产量最大。

10. D。当平均产量为正且递减时，边际产量递减且由正逐渐转为负。

11. B。边际产量曲线与平均产量曲线相交于平均产量的最大值点。

12. A。此时边际产量高于平均产量，增加1单位要素投入增加的产量超过平均水平，使得平均产量上升。

13. D。边际报酬递减规律的前提条件之一是保持其他要素投入量不变，而 D 选项与此矛盾。

14. C。根据边际报酬递减规律，当劳动投入达到一定程度后，边际产量与劳动投入量呈反向变动。企业减员增效是为了通过减少劳动投入而提高劳动的生产效率，即边际产量。

15. B。在劳动投入的第二阶段内，平均产量递减。

16. C。等产量曲线离原点越近，相应的产量越小。

17. A。该生产函数中要素为完全替代关系，劳动对资本的边际技术替代率为常数，$MRTS_{LK} = \dfrac{MP_L}{MP_K} = \dfrac{1}{3} < \dfrac{W}{r} = \dfrac{1}{2}$，因此最优解为角点解，$L=0$，代入 $C = WL + rK = 80$，得 $K = 20$。

18. D。固定比例生产函数与线性生产函数不满足边际技术替代率递减规律。

19. B。总成本不变，要素价格同比例上升，则等成本曲线斜率不变，截距变小。

20. A。在企业生产要素的最优组合上，劳动对资本的边际技术替代率等于劳动的价格与资本的价格之比。

21. B。此时劳动对资本的边际技术替代率为 2/3，小于劳动和资本价格之比 1，则应减少劳动，增加资本。

22. A。由于当前劳动对资本的边际技术替代率大于劳动和资本价格之比，则企业应增加劳动，减少资本，并减少成本支出，实现既定产量下的成本最小化。

23. C。企业在不同产量下实现成本最小化的生产要素组合即生产要素最优组合，其形成的曲线为生产扩展线。

24. D。题中为固定比例生产函数，最优要素组合需满足 $2L = K$，即为生产扩展线方程。

25. D。企业将自有资金用于生产经营所损失的利息是该决策的机会成本，也属于隐性成本和经济成本的一部分。

26. C。其创业的机会成本每月至少为 5 000+200 000×0.2% = 5 400（元）。

27. A。正常利润属于机会成本，是经济成本的一部分，因此经济利润不包括正常利润。

28. B。平均成本 =（100×9.8+30）÷（100+1）= 10（元）。

29. C。边际产量递减，则边际成本递增，即总成本曲线的斜率递增。

30. B。AC 曲线和 AVC 曲线之间的垂直距离等于 AFC，随产量的增加而变小。

31. D。当从原点出发的射线与总可变成本曲线相切时，平均可变成本最小，且等于边际成本。平均产量与平均可变成本呈反向变动，达到最大，且等于边际产量。

32. C。当 MC = AVC 时，平均量 AVC 最小。

33. A。当存在规模不经济时，LAC 曲线上升，LMC>LAC。

34. C。规模经济与规模不经济决定了 LAC 曲线呈 U 形，进而决定了 LMC 曲线呈 U 形。

35. B。在 LAC 曲线的最低点，LAC 曲线相切于最优生产规模的 SAC 曲线的最低点。

## （三）判断题

1. 错误。企业的目标并不一定总是追求利润最大化，其受到决策环境、企业组织结构等因素的影响，也可能追求销售收益最大化或增长最大化等其他目标。

2. 正确。一个特定的生产函数是以一定时期内生产技术水平保持不变为条件的。

3. 正确。经济学中的短期与长期是根据生产者能否调整全部生产要素的投入量来划分的。

4. 错误。根据边际报酬递减规律，边际产量需在要素投入增加到一定程度之后才会递减。

5. 错误。当边际产量为负时，要素投入量越多，总产量反而越少。

6. 正确。边际产量的递减先于平均产量，并经过平均产量的最高点。

7. 错误。边际产量为正时，总产量增加；边际产量为负时，总产量减少。

8. 正确。此时平均产量达到最大，对应着短期生产的合理投入区的起点。

9. 正确。短期中生产者的合理投入区间或决策区间是短期生产的第二阶段，即从可变投入要素的平均产量的最大值到其边际产量为零，此时总产量递增至最大值，边际产量为非负。边际产量为负意味着可变要素投入过多，总产量递减，因此理性的生产者不会选择在该阶段生产。

10. 正确。边际技术替代率递减意味着等产量曲线斜率的绝对值递减，曲线越来越平缓。

11. 错误。固定比例生产函数所对应的等产量曲线是一条由垂直段和水平段组成的折线。

12. 错误。当等产量曲线为特殊形式时，在要素最优组合点上两条曲线并不是相切关系。

13. 正确。生产扩展线上的任一要素组合均是企业在相应条件下的生产要素最优组合。

14. 正确。正常利润属于经济成本的一部分。

15. 错误。短期总成本曲线从纵轴上高度等于不变成本的点出发。

16. 错误。平均成本曲线的最低点在平均可变成本曲线的最低点的右上方，短期边际成本曲线先经过平均可变成本曲线的最低点，后经过平均成本曲线的最低点。

17. 正确。边际产量递减，边际成本与之反向变动而递增，即总可变成本曲线的斜率递增。

18. 错误。短期和长期边际成本曲线呈 U 形的原因分别是边际报酬递减规律和规模经济效应。

19. 错误。LAC 曲线仅在其最低点与对应的 SAC 曲线相切于 SAC 曲线的最低点。

20. 错误。长期边际成本曲线不是所有短期边际成本曲线的包络线。

## （四）简答题

1. 简述边际报酬递减规律的含义及其原因。

答题要点：边际报酬递减规律是指在技术水平和其他生产要素投入量保持不变的

条件下，随着一种可变生产要素投入量的增加，最初每增加 1 单位该要素所带来的产量增加量是递增的；但当其投入量增加到一定程度之后，增加 1 单位该要素的投入所带来的产量增加量是递减的。其原因在于，可变要素与不变要素投入量之间存在一个最佳组合比例，起初可变要素投入量较低，不变要素投入相对过剩，增加可变要素投入使得要素组合越来越接近最佳组合比例，不变要素得到更加有效的使用，因而可变要素的边际产量也会增加。在达到最佳组合比例之后，随着可变要素投入的继续增加，不变要素投入相对不足，使得要素组合越来越偏离最佳组合比例，从而可变要素的边际产量就会出现递减。

2. 简述边际技术替代率递减规律的含义及其原因。

答题要点：边际技术替代率递减规律是指在保持产量不变的条件下，随着一种生产要素数量的增加，每增加 1 单位该要素所能够替代的另外一种生产要素的数量递减，即一种要素对另外一种要素的边际技术替代率随着该要素的增加而递减。其原因可以用边际报酬递减规律来说明。以劳动 $L$ 和资本 $K$ 两种要素为例，劳动对资本的边际技术替代率可以表示为两种要素的边际产量之比，即：$\mathrm{MRTS}_{LK} = \dfrac{\mathrm{MP}_L}{\mathrm{MP}_K}$。一方面，在生产要素的合理投入区间内，所有生产要素的边际产量都服从递减规律。所以，随着劳动投入量的增加，劳动的边际产量递减。另一方面，为保持总产量不变，资本的投入量会相应地减少，从而资本的边际产量递增。因此，上式中分子不断减少，同时分母不断增加，使得劳动对资本的边际技术替代率递减。

3. 什么是等产量曲线？其通常有哪些特征？

答题要点：等产量曲线是在技术水平不变的条件下，由生产相同产量所需的生产要素的不同数量组合所描绘的一条曲线。等产量曲线通常有以下特征：①等产量曲线有无数条，每一条都代表着一个产量，且离原点越远，所代表的产量越大；②任意两条等产量曲线不相交；③等产量曲线向右下方倾斜；④等产量曲线凸向原点。

4. 简述规模报酬的几种类型及其数学判断形式。

答题要点：规模报酬分析的是企业的所有生产要素按相同比例变化时所带来的产量变化情况。假设企业的生产函数为 $Q = f(L, K)$，当所有生产要素同比例扩大 $\lambda$ 倍（$\lambda > 1$），相应的产量为 $\mu Q = f(\lambda L, \lambda K)$，则规模报酬的类型及其数学判断形式为：

（1）规模报酬递增：产量增加的倍数大于生产要素增加的倍数，即 $\mu > \lambda$。

（2）规模报酬不变：产量增加的倍数等于生产要素增加的倍数，即 $\mu = \lambda$。

（3）规模报酬递减：产量增加的倍数大于生产要素增加的倍数，即 $\mu < \lambda$。

5. 简述边际成本、平均成本与总成本曲线两两之间的关系。

答题要点：①边际成本是总成本的变动率，即总成本曲线上相应点的斜率。当边际成本递减时，总成本曲线增加的速度递减，曲线越来越平缓；当边际成本递增时，总成本曲线增加的速度递增，曲线越来越陡峭。②平均成本是从原点出发到总成本曲线上相应点的射线的斜率。当平均成本达到最小时，该射线与总成本曲线相切。③当边际成本低于平均成本时，平均成本曲线下降；当边际成本等于平均成本时，平均成本曲线达到最低点（边际成本曲线与平均成本曲线相交于平均成本曲线的最低点）；当边际成本高于平均成本时，平均成本曲线上升。

6. 简述短期平均成本曲线与长期平均成本曲线呈 U 形的原因。

答题要点：①短期平均成本曲线呈 U 形的原因是边际报酬递减规律。由于企业的边际成本与可变要素的边际产量呈反向变动，根据边际报酬递减规律，可变要素的边际产量先增后减，因而边际成本先减后增，再根据边际量与平均量的关系，短期平均成本曲线也呈先减后增的 U 形。②长期平均成本曲线呈 U 形的原因是规模经济效应。随着产量和规模的扩大，企业先经历规模经济阶段，使得要素投入和成本增加的倍数低于产量增加的倍数，从而长期平均成本下降；当企业规模扩大到一定程度之后，企业进入规模不经济阶段，使得要素投入和成本增加的倍数高于产量增加的倍数，从而长期平均成本上升。因而，长期平均成本曲线呈 U 形。

### （五）计算题

1. 已知生产函数为 $Q = -L^3 + 2KL^2 + 4K^2L$，假定企业目前处于短期生产且 $K = 10$。

（1）求短期生产中该企业关于劳动的总产量 $TP_L$ 函数、平均产量 $AP_L$ 函数和边际产量 $MP_L$ 函数。

（2）分别求出劳动的总产量 $TP_L$、平均产量 $AP_L$ 和边际产量 $MP_L$ 各自的最大值。

（3）当 $MP_L < AP_L$ 时，$AP_L$ 曲线怎么变化？此时 $L$ 的取值范围是多少？

解：（1）将 $K = 10$ 代入生产函数，即得劳动的总产量函数 $TP_L = -L^3 + 20L^2 + 400L$，

劳动的平均产量函数 $AP_L = \dfrac{TP_L}{L} = -L^2 + 20L + 400$，

劳动的边际产量函数 $MP_L = \dfrac{dTP_L}{dL} = -3L^2 + 40L + 400$。

（2）当 $MP_L = -3L^2 + 40L + 400 = 0$ 时，$TP_L$ 达到最大值，解得 $L = 20$ 或 $L = -20/3$（舍去），

将 $L = 20$ 代入 $TP_L$ 得 $TP_L$ 的最大值 $\max TP_L = -20^3 + 20 \times 20^2 + 400 \times 20 = 8\,000$，

当 $MP_L = AP_L$ 或 $\dfrac{dAP_L}{dL} = -2L + 20 = 0$，即 $L = 10$ 时，$AP_L$ 达到最大值。

将 $L = 10$ 代入 $AP_L$ 得 $AP_L$ 的最大值 $\max AP_L = -10^2 + 20 \times 10 + 400 = 500$。

当 $\dfrac{dMP_L}{dL} = -6L + 40 = 0$，即 $L = 20/3$ 时，$MP_L$ 达到最大值。

将 $L = 20/3$ 代入 $MP_L$ 得 $MP_L$ 的最大值 $\max MP_L = -3 \times \left(\dfrac{20}{3}\right)^2 + 40 \times \dfrac{20}{3} + 400 = \dfrac{1\,600}{3}$。

（3）根据边际量与平均量的关系，当 $MP_L < AP_L$ 时，$AP_L$ 曲线下降。

当 $MP_L = AP_L$，即 $AP_L$ 达到最大值时，$L = 10$。

则有当 $MP_L < AP_L$，即 $AP_L$ 下降时，$L > 10$，即 $L$ 的取值范围为 $L > 10$ 或 $(10, \infty)$。

2. 已知短期生产中企业关于劳动的平均产量函数为 $AP_L = -L^2 + 6L + 180$，求：

（1）该企业的总产量 $TP_L$ 函数和边际产量 $MP_L$ 函数。

（2）如果企业的劳动投入数量为 $L=12$，其是否处于短期生产的合理区间？为什么？

解：（1）$TP_L = AP_L \times L = -L^3 + 6L^2 + 180L$，

$MP_L = \dfrac{dTP_L}{dL} = -3L^2 + 12L + 180$。

（2）短期生产的合理区间是第二阶段，即从平均产量最大值到边际产量为零。

当平均产量达到最大值时，有 $MP_L = AP_L$ 或 $\dfrac{dAP_L}{dL} = -2L + 6 = 0$，解得 $L=3$。

当边际产量为零时，有 $MP_L = -3L^2 + 12L + 180 = 0$，解得 $L=10$（负值舍去）。

则短期生产的合理区间为 $3 \leqslant L \leqslant 10$，因此 $L=12$ 不处于短期生产的合理区间。

3. 已知某厂商的生产函数为 $Q = 3L^{\frac{3}{5}}K^{\frac{2}{5}}$，劳动的价格 $w=3$，资本的价格 $r=2$。求：

（1）当产量 $Q=600$ 时，厂商最优的要素投入 $L$、$K$ 和最小成本 $\min C$。

（2）当总成本 $C=1\,500$ 时，厂商最优的要素投入 $L$、$K$ 和最大产量 $\max Q$。

（3）该生产函数的规模报酬情况。

解：（1）$MP_L = \dfrac{\partial Q}{\partial L} = \dfrac{9}{5}L^{-\frac{2}{5}}K^{\frac{2}{5}}$，$MP_K = \dfrac{\partial Q}{\partial K} = \dfrac{6}{5}L^{\frac{3}{5}}K^{-\frac{3}{5}}$，

由最优要素组合条件 $MRTS_{LK} = \dfrac{MP_L}{MP_K} = \dfrac{w}{r}$，有 $\dfrac{\dfrac{9}{5}L^{-\frac{2}{5}}K^{\frac{2}{5}}}{\dfrac{6}{5}L^{\frac{3}{5}}K^{-\frac{3}{5}}} = \dfrac{3}{2}$，得 $L=K$。

结合 $Q = 3L^{\frac{3}{5}}K^{\frac{2}{5}} = 600$，解得：$L=K=200$，

此时最小成本：$\min C = 3L + 2K = 1\,000$。

（2）同上，由最优条件得 $L=K$，结合 $C = 3L + 2K = 1\,500$，

解得：$L=K=300$，此时最大产量：$\max Q = 3L^{\frac{3}{5}}K^{\frac{2}{5}} = 3L = 3K = 900$。

（3）令所有要素投入扩大的倍数为 $\lambda$（$\lambda > 1$），

则有 $Q' = 3(\lambda L)^{\frac{3}{5}}(\lambda K)^{\frac{2}{5}} = \lambda \cdot 3L^{\frac{3}{5}}K^{\frac{2}{5}} = \lambda Q$，因此该生产函数为规模报酬不变。

4. 已知生产函数为：（a）$Q = \min\{2L, 5K\}$；（b）$Q = \dfrac{2LK}{L+K}$；（c）$Q = \dfrac{1}{2}LK^2$。求：

（1）当劳动的价格 $w=1$，资本的价格 $r=1$ 时，企业的生产扩展线方程。

（2）当产量 $Q=2\,000$ 时，企业实现成本最小化的要素投入组合。

解：（1）对于一般形式的生产函数，企业的生产扩展线方程由最优要素组合条件

$\dfrac{MP_L}{MP_K} = \dfrac{w}{r}$ 即可得到。

（a）$Q = \min\{2L, 5K\}$ 为固定投入比例的生产函数，

其最优要素组合条件为 $Q = 2L = 5K$，则生产扩展线方程为：$K = 2/5L$。

（b）对于生产函数 $Q = \dfrac{2LK}{L+K}$，有：

$$MP_L = \frac{\partial Q}{\partial L} = \frac{2K(L+K) - 2LK}{(L+K)^2} = \frac{2K^2}{(L+K)^2},$$

$$\text{MP}_K = \frac{\partial Q}{\partial K} = \frac{2L(L+K) - 2LK}{(L+K)^2} = \frac{2L^2}{(L+K)^2},$$

代入 $\dfrac{\text{MP}_L}{\text{MP}_K} = \dfrac{w}{r}$ 并整理得 $\dfrac{K^2}{L^2} = \dfrac{w}{r} = 1$，则生产扩展线方程为：$K=L$。

（c）对于生产函数 $Q = \dfrac{1}{2}LK^2$，有：

$$\text{MP}_L = \frac{\partial Q}{\partial L} = \frac{1}{2}K^2, \quad \text{MP}_K = \frac{\partial Q}{\partial K} = \frac{1}{2}\cdot 2LK = LK,$$

代入 $\dfrac{\text{MP}_L}{\text{MP}_K} = \dfrac{w}{r}$ 并整理得 $\dfrac{K}{2L} = \dfrac{w}{r} = 1$，则生产扩展线方程为：$K=2L$。

（2）（a）当 $Q = \min\{2L, 5K\} = 2\,000$ 时，结合扩展线方程 $K=2/5L$，
有 $Q=2L=5K=2\,000$，

可得成本最小化的要素投入组合为：$L=1\,000$，$K=400$。

（b）当 $Q = \dfrac{2LK}{L+K} = 2\,000$ 时，结合扩展线方程 $K=L$，有 $\dfrac{2L^2}{L+L} = 2\,000$，

可得成本最小化的要素投入组合为：$L=2\,000$，$K=2\,000$。

（c）当 $Q = \dfrac{1}{2}LK^2 = 2\,000$ 时，结合扩展线方程 $K=2L$，有 $\dfrac{1}{2}L(2L)^2 = 2L^3 = 2\,000$，

可得成本最小化的要素投入组合为：$L=10$，$K=20$。

5. 假定某厂商短期生产的边际成本函数 $\text{MC} = 3Q^2 - 24Q + 100$，且生产 10 单位产量时的总成本 $\text{TC} = 1\,200$。求：

（1）总成本 TC、可变成本 VC、平均成本 AC 和平均可变成本 AVC 函数。

（2）平均可变成本 AVC 的最小值。

（3）生产从边际报酬递增阶段转变为递减阶段时的产量值。

解：（1）因为 $\text{MC} = \dfrac{\mathrm{d}TC}{\mathrm{d}Q}$，所以有：

$$\text{TC} = \int \text{MC}\,\mathrm{d}Q = \int (3Q^2 - 24Q + 100)\,\mathrm{d}Q = Q^3 - 12Q^2 + 100Q + \alpha$$

当 $Q=10$ 时，$\text{TC} = 1\,200$，代入上式得：$\alpha = 400$。

则 $\text{TC} = Q^3 - 12Q^2 + 100Q + 400$，

$\text{VC} = Q^3 - 12Q^2 + 100Q$，

$\text{AC} = \dfrac{\text{TC}}{Q} = Q^2 - 12Q + 100 + \dfrac{400}{Q}$，

$\text{AVC} = \dfrac{\text{VC}}{Q} = Q^2 - 12Q + 100$。

（2）当 $\text{AVC} = \text{MC}$ 或 $\dfrac{\mathrm{d}AVC}{\mathrm{d}Q} = 2Q - 12 = 0$ 时，AVC 达到最小值，

解得 $Q=6$，代入得 $\min\text{AVC} = 6^2 - 12 \times 6 + 100 = 64$。

（3）根据 $\text{MC} = \dfrac{W}{\text{MP}_L}$ 可知，边际成本与边际产量呈反向变动，当生产从边际报酬递

增阶段转变为递减阶段时，$MP_L$ 达到最大值，此时 MC 达到最小值。

由 $\dfrac{dMC}{dQ} = 6Q - 24 = 0$，解得此时的产量 $Q = 4$。

6. 假设某企业的生产函数为 $Q = 2L^{\frac{1}{2}}K^{\frac{1}{2}}$，劳动的价格 $P_L = 2$，资本的价格 $P_K = 1$。求：

（1）短期中，$K$ 为不变要素且 $K = 1$，$L$ 为可变要素，求企业的短期总成本 TC、平均成本 AC 和边际成本 MC 函数。

（2）长期中，$K$ 和 $L$ 均为可变要素，求企业的长期总成本 LTC、平均成本 LAC 和边际成本 LMC 函数。

解：（1）短期中 $K = 1$，代入生产函数得：$Q = 2L^{\frac{1}{2}}$，即 $L = \dfrac{Q^2}{4}$，

则有 $TC = 2L + K = \dfrac{Q^2}{2} + 1$，$AC = \dfrac{TC}{Q} = \dfrac{Q}{2} + \dfrac{1}{Q}$，$MC = \dfrac{dTC}{dQ} = Q$。

（2）长期中，企业的要素投入组合满足最优条件：$\dfrac{MP_L}{MP_K} = \dfrac{P_L}{P_K}$，

有 $\dfrac{2 \times \frac{1}{2}L^{-\frac{1}{2}}K^{\frac{1}{2}}}{2 \times \frac{1}{2}L^{\frac{1}{2}}K^{-\frac{1}{2}}} = \dfrac{K}{L} = 2$，

即 $K = 2L$，代入生产函数得：$Q = 2\sqrt{2}L$，则 $L = \dfrac{Q}{2\sqrt{2}} = \dfrac{\sqrt{2}Q}{4}$，

则 $LTC = 2L + K = 4L = \sqrt{2}Q$，$LAC = \sqrt{2}$，$LMC = \sqrt{2}$。

## （六）论述题

1. 假设劳动为可变要素，资本为不可变要素，作图说明企业短期生产的三个阶段是如何划分的？哪一个阶段是企业短期生产的合理投入区间？为什么？

答题要点：在假设生产技术水平和其他要素投入不变，只改变劳动投入的条件下，根据劳动的总产量 $TP_L$、平均产量 $AP_L$ 和边际产量 $MP_L$ 之间的关系，如图 3-4 所示，可将短期生产划分为三个阶段：

（1）第 I 阶段是 $0$-$L_1$，即从产量为零到 $AP_L$ 最大值（或 $MP_L = AP_L$）；阶段内 $AP_L$ 递增至最大值，$MP_L > AP_L$，$TP_L$ 递增，此时劳动 $L$ 投入不足。

（2）第 II 阶段是 $L_1$-$L_2$，即从 $AP_L$ 最大值（或 $MP_L = AP_L$）到 $TP_L$ 最大值（或 $MP_L = 0$）；阶段内 $AP_L$ 递减，$0 < MP_L < AP_L$，$TP_L$ 仍递增至最大值。

（3）第 III 阶段是 $L_2$-$\infty$，即 $TP_L$ 递减阶段，$MP_L < 0$，$AP_L$ 继续下降，此时劳动 $L$ 投入过多，理性企业将减少劳动投入，以增加总产量，生产退回至第 II 阶段。

第 II 阶段是企业短期生产的合理投入区间或决策区间。因为在第 I 阶段，继续增加劳动投入能提高平均产量，使总产量大幅增加，因此理性的企业不会停留在第 I 阶段；而在第 III 阶段，边际产量为负，增加劳动投入反而会使总产量下降，因此理性的企业也不会发展到第 III 阶段；而在第 II 阶段，虽然平均产量和边际产量都在下降，但

总产量还在增加直到最大值，此时企业既可以得到由第Ⅰ阶段增加劳动投入所带来的全部好处，又可以避免进入到第Ⅲ阶段导致总产量下降的局面，因此，理性的企业将在第Ⅱ阶段进行生产。

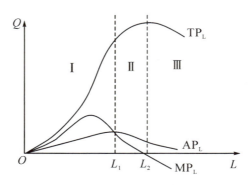

图 3-4　短期生产的三个阶段

2. 结合图形比较分析下列情况下资本-劳动投入比的变化。

（1）假设企业的生产技术水平和产量不变，社会老龄化加剧使得劳动力资源大幅减少；

（2）假设要素价格和成本预算不变，技术进步使得企业的资本生产效率得到提高。

答题要点：（1）如图 3-5 所示，假设在原来的要素价格和既定的产量 $Q$ 下，企业成本最小化的最优要素组合为 $A$ 点，相应的等成本线为 $C_1$，资本-劳动投入比为 $K_1/L_1$。当劳动力资源大幅减少使得劳动价格提高，等成本线的斜率绝对值变大，等成本线变得更为陡峭，此时企业成本最小化的最优要素组合变为 $B$ 点，相应的等成本线为 $C_2$，资本-劳动投入比变为 $K_2/L_2$，即资本-劳动投入比提高，更倾向于资本密集型生产。

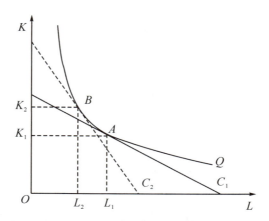

图 3-5　劳动价格的提高导致最优要素组合的变化

（2）如图 3-6 中（a）所示，假设在原来的生产技术和既定的成本 $C$ 下，企业产量最大化的最优要素组合为 $D$ 点，相应的等产量线为 $Q_d$，资本－劳动投入比为 $K_3/L_3$。由于资本的生产效率提高，则资本的边际产量提高，而劳动的边际产量不变，则劳动对资本的边际技术替代率下降，等产量曲线将变得更为平坦，如图 3-6 中（b）所示，从而最优要素组合变为 $E$ 点，相应的等产量线为 $Q_e$，资本–劳动投入比为 $K_4/L_4$，即资本–劳动投入比提高，更倾向于资本密集型生产。

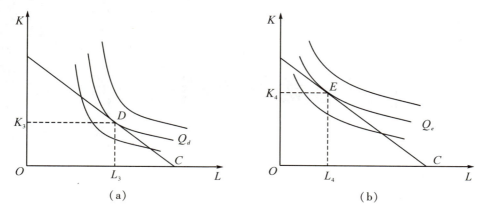

图 3-6　资本的边际产量提高导致最优要素组合的变化

# 第四章

# 完全竞争市场

## 一、本章知识结构图

本章知识结构图如图 4-1 所示。

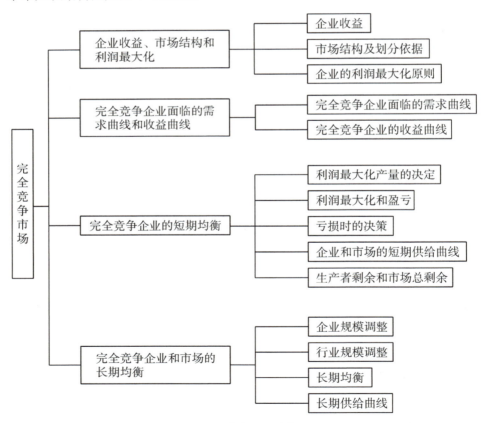

图 4-1　本章知识结构图

## 二、本章主要知识点梳理

### （一）企业收益、市场结构和利润最大化

#### 1. 企业收益

企业的总收益（简称收益）是企业销售产品之后所得到的收入，即等于产品的销售价格与销售数量的乘积。

假定企业的销售量和产量总是相等的，因此企业的收益可看成是价格与产量的乘积。若用 $R$、$P$ 和 $Q$ 分别表示收益、价格和产量，则企业的收益函数为：

$$R = P \times Q = P（Q）\times Q$$

其中，$P = P(Q)$ 被称为"企业（产品）面临的需求函数"，或者"对企业（产品）的需求函数"，简称为"企业的需求函数"。它反映了市场对企业的产品的需求，即企业的产品所面临的市场需求。

由收益函数的表达式，我们可以进一步求得"平均收益"和"边际收益"。平均收益等于收益（或总收益）与产量的比率。我们用 AR 表示平均收益，则有：

$$AR = \frac{R}{Q} = \frac{P(Q) \times Q}{Q} = P(Q)$$

因此，平均收益也是产量的函数，而且，它就等于企业的需求函数或价格。

边际收益是增加一单位产量所引起的收益的增量，即收益增量与产量增量之比的极限，或者收益函数对产量的一阶导数。用 MR 表示边际收益，则有：

$$MR = \frac{dR}{dQ} = \frac{dP(Q)}{dQ}Q + P(Q)$$

因此，边际收益也是产量的函数。

由此可见，企业的收益与企业所处的市场结构（或市场环境）密切相关：收益等于产品数量与产品价格的乘积，产品价格取决于产品的市场需求，产品的市场需求则依赖于市场的类型。

#### 2. 市场结构及划分依据

市场是由一些生产者和消费者为了买卖某种商品而结成的相互联系，也就是把买卖商品的各方联系在一起的纽带。

市场结构的划分依据分为以下几点：

第一是"买卖"。买卖双方的存在是市场存在的必要条件，而且，买卖双方的数量也是区分不同市场类型的最重要的根据之一。数量的多少会影响市场的运行，会导致不同的运行效率。

第二是"商品"。商品既可以是指某种特殊的商品，如大米、猪肉等，也可以是指许多不同商品的集合，如劳动、资本等。因为产出是多种多样的，每一种产出都与其他产出不相同。

第三是"联系"。市场是将买者和卖者联系起来的纽带。这种联系包括三个方面：首先是买者之间的联系。所有买者都应当对市场有一定程度的了解和一定程度的参与。其次是卖者之间的联系。所有卖者也应当对市场有一定程度的了解和一定程度的参与。

最后是买者和卖者之间的联系。市场把买卖双方"拉"到一起，让它们进行自由的交换，各取所需，实现自己的愿望。因此，市场是这三种联系的总合。作为这种联系的形式或者手段，市场则可以是多种多样的。

第四是进出市场的难易程度。有的市场进出比较容易，有的市场进出则相对困难，如进入会遇到严重的障碍，退出会遭受很大的损失。进出市场的难易程度对企业和市场的长期均衡有很大影响。

根据买卖双方人数、产品差异、进出限制等，我们可以将市场分为四种不同类型，具体如表4-1所示。

表4-1　市场结构及划分依据

| 市场类型 | 买卖双方人数 | 产品差异 | 进出限制 |
| --- | --- | --- | --- |
| 完全竞争 | 很多 | 无 | 无 |
| 垄断竞争 | 很多 | 有 | 无 |
| 寡头 | 少数几个买方或卖方 | 有或无 | 有 |
| 垄断 | 一个 | 无 | 有 |

根据市场份额的大小、产品差异的有无以及进出的难易程度等企业可以分成四种重要的类型，即完全竞争企业、垄断企业、垄断竞争企业和寡头企业，由此产生了四种相应的重要的市场类型，即完全竞争市场、垄断市场、垄断竞争市场和寡头市场。不同的企业类型和市场类型将对企业的收益函数以及利润最大化行为产生不同的影响。

3. 企业的利润最大化原则

利润指的是经济利润（或超额利润），而非作为机会成本一部分的正常利润。求解利润最大化可直接根据利润的定义来进行分析，由于利润＝收益−成本，用符号表示为：

$$\pi(Q) = R(Q) - C(Q)$$

式中，$\pi$、$R$ 和 $C$ 分别表示利润、收益和成本它们都是产量 $Q$ 的函数。根据公式，利润最大化，就是要设法找到一个合适的产量水平，使得在该产量水平上，收益和成本之间的差额达到最大。进一步，通过公式等边分别对产量求一阶导数，即可得到：

$$\pi'(Q) = MR(Q) - MC(Q)$$

式中，$\pi'$、MR 和 MC 分别表示边际利润、边际收益和边际成本。根据数学上的极值定理，一个函数取得最大值的必要条件是它的一阶导数等于零。这意味着，利润最大化的条件可以表示为：

$$\pi'(Q) = 0$$

或者

$$MR(Q) = MC(Q)$$

即边际利润等于零，或边际收益等于边际成本。因此，利润最大化，即求使得边际利润为零或者边际收益等于边际成本的产量水平。

## （二）完全竞争企业面临的需求曲线和收益曲线

1. 完全竞争市场的特征
（1）市场上有大量的买者和卖者，他们都是价格接受者。

（2）完全竞争企业生产的产品都是完全同质的。

（3）完全竞争企业进入或退出市场完全自由（资源具有完全流动性，能自由流向利润最大化企业，无效率企业将被市场淘汰）。

（4）信息完全（对称）：市场中的每个买者或卖者都掌握与自己的经济决策有关的一切信息。

2. 完全竞争企业面临的需求曲线

完全竞争企业是价格接受者，只能被动接受现行的市场价格，因而，它所面临的需求函数为：

$$P = P(Q) = P_0$$

式中，$P_0$ 是某个既定的市场价格，它不因完全竞争企业的产量改变而改变。

完全竞争企业面临的需求函数式的几何表示是一条位于市场价格上的水平线，如图 4-2 所示。图 4-2 中，横轴 $Q$ 表示某个完全竞争企业的产量，纵轴 $P$ 表示市场价格。设一开始时，市场价格为 $P_0$，该企业相应的产量为 $Q_0$。现在，企业考虑改变产量，例如，把产量从 $Q_0$ 增加到 $Q_2$，或者减少到 $Q_1$。由于这个行为不会对市场价格造成任何影响，故市场价格仍然保持在 $P_0$ 的水平上。这意味着，完全竞争企业面临的需求曲线是一条由市场价格决定的水平线。

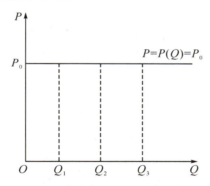

图 4-2　完全竞争企业面临的需求曲线

3. 完全竞争企业的收益曲线

根据完全竞争企业的需求函数，我们可以推导出对应的（总）收益函数为：

$$R = PQ = P_0 Q$$

因此，完全竞争企业的收益是其产量的线性函数，且与其产量成正比，斜率则由市场价格 $P_0$ 决定。参见图 4-3 中过原点且向右上方倾斜的曲线 $R = P_0 Q$。

完全竞争企业的平均收益 AR 和边际收益 MR 的计算公式为

$$\mathrm{AR} = \frac{R}{Q} = \frac{P_0 Q}{Q} = P_0$$

$$\mathrm{MR} = \frac{\mathrm{d}R}{\mathrm{d}Q} = \frac{\mathrm{d}P_0 Q}{\mathrm{d}Q} = P_0$$

因此，完全竞争企业的平均收益等于市场价格，边际收益也等于市场价格。这意味着，完全竞争企业面临的需求曲线、平均收益曲线和边际收益曲线正好重合。参见图 4-3 中的水平直线 $P_0 = \mathrm{AR} = \mathrm{MR}$。

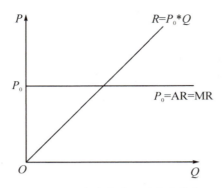

图4-3　完全竞争企业的收益曲线

### （三）完全竞争企业的短期均衡

1. 利润最大化产量的决定

在完全竞争的条件下，由于企业的产品的边际收益等于产品的市场价格，故利润最大化产量的条件为产品的边际收益等于产品的边际成本，等同于产品的市场价格等于产品的边际成本。

MR＝MC，是利润最大化或者亏损最小化的均衡条件，但完全竞争企业实现 MR＝MC 时，并不意味着企业一定能够获得利润。利润最大化，还需 $MR'(Q) < MC'(Q)$。

因此，MR＝MC 时，企业获得利润则一定是最大利润；企业损失时，一定是最小损失。

2. 利润最大化和盈亏

与利润最大化产量的决定不同，企业的生产到底是盈还是亏，不再取决于边际收益和边际成本的比较，而是取决于平均收益和平均成本的比较。在利润最大化的产量水平上，企业有三种可能的情况：第一种是盈利，此时平均收益大于平均成本；第二种是亏损，此时平均收益小于平均成本；第三种是不盈不亏，此时平均收益恰好等于平均成本。图4-4同时反映了这三种情况。图4-4中，MC 和 AC 表示某个完全竞争企业的边际成本和平均成本曲线。

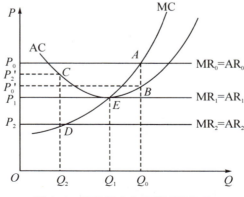

图4-4　利润最大化产量下的盈亏

（1）当产品价格 $P_0$ 高于平均成本曲线 AC 最低点时，即边际收益曲线和平均收益曲线为 $MR_0 = AR_0$，企业获得经济利润（超额利润），数量为 $(P'_0 - P_0)Q_0$，相当于矩形 $P_0ABP'_0$ 的面积。

（2）当产品价格 $P_1$ 等于平均成本曲线 AC 最低点时，即边际收益曲线和平均收益曲线为 $MR_1 = AR_1$，企业按利润最大化产量生产既不亏又不盈。企业此时虽不能得到经济利润，但刚好获得全部的正常利润。

（3）当产品价格 $P_2$ 低于平均成本曲线 AC 最低点时，即边际收益曲线和平均收益曲线为 $MR_2 = AR_2$，企业按利润最大化产量生产出现亏损，亏损的数量为 $(P'_2 - P_2)Q_2$，相当于矩形 $P'_2CDP_2$ 的面积。

综上所述，当产品的市场价格高于、低于和等于平均成本曲线的最低点时，企业按利润最大化产量生产的相应结果分别是盈利、亏损和不亏不盈。

3. 亏损时的决策

在利润最大化产量上生产时，如果出现亏损，那么企业就面临一个新的决策：是继续生产，还是决定停产？答案取决于停产是否会有损失，以及如果有损失，这个损失又有多大。如果没有任何损失，则停产当然就比继续生产好，因为停产的收益和成本此时都为 0，结果是不亏不盈，好于继续生产的亏损。

假定产品的市场价格分别为 $P_2$、$P_3$、$P_4$，从而边际收益曲线和平均收益曲线分别为 $MR_2 = AR_2$、$MR_3 = AR_3$ 和 $MR_4 = AR_4$。由于产品的市场价格都低于平均成本曲线 AC 的最低点 E，故企业生产利润最大化产量都会亏损。如图 4-5 所示，产品的市场价格分别高于、低于和等于平均可变成本曲线 AVC 的最低点 H 时，企业是否停产存在三种不同的决策。

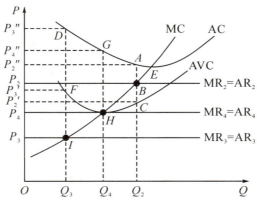

图 4-5　亏损情况下的生产和停产决策

（1）当产品的市场价格高于平均可变成本曲线最低点的 $P_2$ 时，即边际收益曲线和平均收益曲线为 $MR_2 = AR_2$，企业在利润最大化产量 $Q_2$ 上选择继续生产。继续生产可以减少损失，减少的损失量为 $(P_2 - P'_2)Q_2$，相当于矩形 $P_2BCP'_2$ 的面积。

（2）当产品的市场价格低于平均可变成本曲线最低点的 $P_3$ 时，即边际收益曲线和平均收益曲线为 $MR_3 = AR_3$，企业在利润最大化产量为 $Q_3$。企业最好是停产，停止生产可以减少损失，减少的损失量为 $(P'_3 - P_3)Q_3$，相当于矩形 $P_3FIP'_3$ 的面积。

（3）当产品的市场价格低于平均可变成本曲线最低点的 $P_4$ 时，即边际收益曲线和

平均收益曲线为 $MR_4 = AR_4$，企业在利润最大化产量为 $Q_4$。企业可以选择继续生产，也可以选择停产。继续生产的损失和停产的损失一致，等于 $(P''_4 - P_4)Q_4$，相当于矩形 $P''_4 GHP_4$ 的面积。

4. 企业和市场的短期供给曲线

（1）完全竞争企业的短期供给曲线

企业的供给曲线为在每一个给定的价格水平上，企业愿意并且能够提供给市场的产品数量。根据完全竞争企业的短期利润最大化条件可以推导它的短期供给曲线。完全竞争企业的短期利润最大化实际上有两个不同的条件：第一，当价格大于或等于平均可变成本曲线的最低点时，利润最大化产量由价格线与边际成本曲线的交点决定；第二，当价格小于平均可变成本曲线的最低点时，利润最大化产量等于0。

完全竞争企业的短期供给曲线是由两段相互不连接的曲线共同构成的，如图 4-6 所示，当价格高于或等于 $P_B$，从而平均收益大于或等于平均可变成本时，它是边际成本曲线上相应的部分（图 4-6 中 $B$ 点以上的粗线段 MC）；当价格低于 $P_0$，从而平均收益小于平均可变成本时，它是纵轴上相应的部分（如图 4-6 中的粗线段 $OP_8$）。

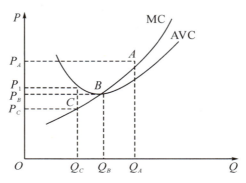

图 4-6　完全竞争企业的短期供给曲线

因此，当且仅当 $MC = MR = P \geqslant AVC_{最低点}$ 时，完全竞争企业才会组织生产；当 $MC = MR = P < AVC_{最低点}$ 时，完全竞争企业将停止生产，故位于 AVC 最低点以上的 MC 线就构成了单个完全竞争企业的短期供给曲线。由短期边际成本的性质可知，该供给曲线向上倾斜。

（2）完全竞争市场的短期供给曲线

完全竞争市场的短期供给曲线是所有完全竞争企业的短期供给曲线的水平相加。

5. 生产者剩余和市场总剩余

生产者剩余是生产者实际获得的价格与其边际成本之间的差值。市场总剩余是同一市场上，消费者剩余与生产者剩余之和。

（四）完全竞争企业和市场的长期均衡

在长期，生产者可以调整全部生产要素数量。第一，企业可以调整全部生产要素，即改变企业的生产规模，称为"企业规模调整"。企业通过选择最优的生产规模来实现长期的利润最大化。第二，行业可以调整全部生产要素，即新的企业可以进入，旧的企业可以退出，称为"行业规模调整"。行业可以达到最终的长期均衡状态。

1. 企业规模调整

在长期中，完全竞争企业将由 MR＝SMC 所确定的短期最优生产规模调整到由 MR＝LMC 所确定的长期最优生产规模上，从而获得不低于短期利润的长期利润。

2. 行业规模调整

企业的盈利或亏损会引起行业的规模调整。例如，如果企业能获得经济利润，那么新的企业就会进入该行业。相反，如果企业在经过所有可能的规模调整之后仍然无法避免亏损，那么它会选择退出。

因此，在长期中，企业的进入和退出调整着整个行业的规模。直到最后，在该行业中，所有的完全竞争企业都处于不盈不亏的状态。此时，不再有新的企业进入，也不再有老的企业退出，整个行业以及该行业中的所有完全竞争企业都达到了最终的均衡。

3. 长期均衡

长期利润最大化的条件如下：

（1）长期边际收益等于长期边际成本（长期利润最大化的条件）；

（2）长期平均收益等于长期平均成本（长期中不亏不盈的条件，企业进入或退出的平衡点）；

（3）长期边际收益和平均收益等于价格（完全竞争条件下，价格＝边际收益＝平均收益）。

因此，完全竞争企业的长期均衡条件是：

$$P = LMR = LAR = LMC = LAC$$
$$= SMR = SAR = SMC = SAC$$

4. 长期供给曲线

在完全竞争的条件下，如果产品价格的上升导致相应的要素价格上升，从而使企业长期平均成本曲线的最低点上升，则长期供给曲线就向右上方倾斜；反之，如果产品价格的上升导致要素价格下降，从而使企业长期平均成本曲线的最低点下降，则长期供给曲线就向右下方倾斜；最后，如果产品价格上升之后并未引起要素价格的变化，因而企业长期平均成本曲线的最低点没有变化，则长期供给曲线就是水平的。

## 三、本章课后思考题解答

1. 企业面临的需求和市场需求有什么区别与联系？

答：（1）区别：企业面临的需求不等同于市场的需求。市场需求是指对某个市场上全部产品的需求，而企业面临的需求则是对市场上某个企业的产品的需求。后者仅仅是前者的一个部分。

（2）联系：市场需求函数取决于消费者的行为，企业面临的需求函数不仅取决于消费者行为，常常还要取决于同一市场中其他企业的行为。同时，在垄断的情况下，企业面临的需求就是整个市场的需求。

2. 划分市场结构的依据有哪些？

答：划分市场结构的依据主要有四个方面：买卖双方的数量、商品的性质、市场主体之间相互联系的程度和进出市场的难易程度。根据上述四个方面的不同特点，我们可以划分出各种不同的市场类型：

（1）如果在一个市场上，买卖双方的人数很多，买卖的商品完全相同，市场参与者之间的联系非常密切，每个参与者都具有充分的信息，进出该市场不存在任何障碍，那么，这就是"完全竞争市场"。

（2）如果在这个市场上，由于存在着对进出的限制，只有一个卖主或者买主，那就是"垄断市场"。

（3）如果卖主和买主都很多，且对进出的限制很少，但买卖的产品却略有差异，那就是"垄断竞争市场"。

（4）如果卖主或者买主只有少数几个，那就构成了"寡头市场"。

3. 为什么说完全竞争企业改变产量的行为不会影响市场价格？

答：完全竞争企业改变产量的行为之所以不会影响市场价格，是由完全竞争企业的特点，特别是它的如下两个特点决定的：一是完全竞争企业的产量相对于整个市场而言微不足道，二是完全竞争企业的产品与同一市场中其他企业的产品毫无区别。

这两个特点意味着，对完全竞争企业来说，市场价格是一个既定的"参数"，不会因为完全竞争企业的行为而改变，即在现行的市场价格水平上，完全竞争企业可以多生产一点，也可以少生产一点，市场价格不会因此而下降或上升。在这种情况下，完全竞争企业就是所谓的"价格接受者"，只能被动地接受现行的市场价格。

4. 完全竞争企业在进行短期生产决策时，要解决哪几个相互联系的问题？

答：完全竞争企业在进行短期生产决策时，要回答如下三个相互关联的重要问题。

第一，利润最大化产量由什么决定？答案是，利润最大化产量由边际收益曲线和边际成本曲线的交点决定。

第二，在利润最大化产量上是盈是亏？答案是，在利润最大化产量上，如果平均收益大于平均成本，则企业盈利，否则就亏损。当平均收益恰好等于平均成本时，企业不亏不盈。

第三，如果在利润最大化产量上出现亏损，是否应当停产？答案是，在利润最大化产量上，如果平均收益大于平均可变成本，则即使亏损也要继续生产，否则，就应当停产。当平均收益恰好等于平均可变成本时，企业可以停产，也可以继续生产，结果没有区别。

5. 完全竞争企业在利润最大化产量上生产是否会亏损？为什么？

答：完全竞争企业在利润最大化产量上生产也可能会亏损。这是因为，在利润最大化产量上，完全竞争企业的平均成本可能大于平均收益（产品的市场价格）。在这种情况下，完全竞争企业即使按照利润最大化原则去进行生产，仍然会遭受亏损。

企业是否达到利润最大化并不等同于企业是盈还是亏。前者表示，企业在现有的条件下已经做到了最好，但是，由于客观条件的限制（如市场需求太低导致价格太低），即使企业做到了最好仍然有可能发生亏损。在发生亏损的情况下，利润最大化意味着，企业已经尽可能地把亏损降到了最小。此时的利润最大化等价于损失的最小化。

6. 在短期中，完全竞争企业停产会有多大的损失？为什么？

答：在短期中，完全竞争企业停产的损失就等于全部的固定成本，原因如下：

在短期中，完全竞争企业存在有所谓的"固定要素"和由此引起的"固定成本"。在存在固定要素和固定成本的情况下，停产会导致固定成本的损失。停产导致的固定成本的损失的大小取决于多方面的因素。为简单起见，通常假定所有的固定要素均无法转为它用，也无法在市场上变现。在这种情况下，停产的损失就等于全部的固定成本。

7. 为什么说在长期均衡状态中，长期利润最大化与最优的短期利润最大化是一致的？

答：在长期均衡状态中，长期利润最大化与最优的短期利润最大化是一致，原因如下：

一方面，如果短期利润最大化产量不等于长期利润最大化产量，则从长期来看，企业就没有实现利润的最大化，因而，企业必须进一步调整，直到最后调整到与长期的利润最大化产量相等。这意味着，在长期均衡状态中，企业选定的短期利润最大化产量一定等于长期利润最大化产量。

另一方面，长期利润最大化产量也必须等于最优的短期利润最大化产量。这是因为，所谓的长期利润最大化产量，就是在所有的短期利润最大化产量中，选择一个利润最大的短期利润最大化产量，而这就是所谓的"最优的短期利润最大化产量"。

8. 如何正确认识完全竞争假定和在该假定基础上建立起来的完全竞争理论？

答：对西方经济学中的完全竞争假定和在该假定基础上建立起来的完全竞争理论要从两个方面去看。

一方面，完全竞争是一种为了分析的方便而做出的理论假设。作为一种分析方法，其首先建立完全竞争的理论模型，然后再讨论更加现实一些的不完全竞争的各种情况，有一定的合理性，且在很多情况下也是必要的。此外，完全竞争模型本身也有一定的现实意义——它可以用来说明某些重要的经济现象，如市场的短期和长期供给曲线。

另一方面，在西方经济学中，完全竞争又被看成是一个社会的理想状态和应当追求的目标。西方学者普遍认为，现实社会中出现的许多问题如效率低下、分配不公等主要都是因为市场的不完全性。这是不正确的。

我们在分析完全竞争假定以及在此基础上建立的完全竞争理论时，必须注意到如下三点：第一，完全竞争假定不是资本主义现实的反映。第二，完全竞争的政策不能解决现实资本主义经济中出现的种种问题。第三，完全竞争状态不是社会主义市场经济的理想模式。

9. 设某企业的边际收益和平均收益恒相等，且当产量为 1 时，总收益为 0.5。试确定：

（1）总收益函数；

（2）边际收益函数；

（3）平均收益函数；

（4）企业的类型。

答：（1）根据题意可知 MR＝AR，即：

$$\frac{\mathrm{d}R}{\mathrm{d}Q} = \frac{R}{Q}$$

$$\Rightarrow \frac{\mathrm{d}R}{R} = \frac{\mathrm{d}Q}{Q}$$

两边求积分后有 $\ln R = \ln Q + \ln k = \ln(kQ)$（k 为积分常数），即 $R=kQ$。由于当 $Q=1$ 时，$R=0.5$，故可确定积分常数 $k=0.5$。于是，企业的总收益函数为 $R=0.5Q$。

（2）边际收益函数为 $\mathrm{MR} = \dfrac{\mathrm{d}R}{\mathrm{d}Q} = \dfrac{\mathrm{d}(0.5Q)}{\mathrm{d}Q} = 0.5$。

（3）平均收益函数为 $\mathrm{AR} = \dfrac{R}{Q} = \dfrac{0.5Q}{Q} = 0.5$。

（4）由于平均收益函数即价格等于常数，价格不因企业产量的变化而变化，故该企业是"完全竞争企业"。

10. 设某个完全竞争企业的短期总成本函数为 $C = 0.03Q^3 - 0.6Q^2 + 8Q + 20$。其产品的市场价格 $P$ 为 5。该企业在利润最大化产量上是盈还是亏？

答：由于短期总成本函数可得短期边际成本函数 $\mathrm{MC} = 0.09Q^2 - 1.2Q + 8$。

令 $\mathrm{MC}=P=5$，代入方程求最优，即：

$$0.09Q^2 - 1.2Q + 8 = 5$$

$$0.09Q^2 - 1.2Q + 3 = 0$$

$$(Q - 10)\left(Q - \frac{10}{3}\right) = 0$$

可得 $Q_1 = 10$，$Q_2 = 10/3$。由于总收益函数为 $R=PQ=5Q$，从而利润函数为：

$$\begin{aligned}
\pi &= R - C \\
&= 5Q - (0.03Q^3 - 0.6Q^2 + 8Q + 20) \\
&= -0.03Q^3 + 0.6Q^2 - 3Q - 20
\end{aligned}$$

由此可见，当 $Q_1 = 10$，$\pi_1 = -20$；当 $Q_2 = 10/3$ 时，$\pi_2 = -\dfrac{220}{9}$。由于 $\pi_1 > \pi_2$，故 $Q_1 = 10$ 是利润最大化产量。当企业生产利润最大化产量 $Q_1 = 10$ 时，利润为 $-20$，这意味着在利润最大化产量上企业是亏损的，亏损额为 20。

## 四、本章课后练习题

### （一）名词解释

企业收益　利润　完全竞争市场　边际收益　收支相抵点　停止营业点　生产者剩余　市场总剩余　企业规模调整　行业规模调整

### （二）单项选择题

1. 完全竞争市场的特征不包括（　　）。
   A. 大量买者和卖者　　　　　　　B. 产品同质
   C. 完全自由的市场进入和退出　　D. 卖者能够影响市场价格

2. 在完全竞争市场中，企业面临的需求曲线是（　　）。
   A. 向下倾斜的　　B. 垂直的　　C. 水平的　　　D. 向上倾斜的

3. 完全竞争企业的短期均衡产量在（　　　）实现。
   A. 平均成本等于边际成本　　　　　　B. 边际成本等于边际收益
   C. 平均收益等于边际收益　　　　　　D. 总成本等于总收益

4. 在完全竞争市场中，如果市场价格低于企业的平均可变成本，企业应该（　　　）。
   A. 暂时停产　　　B. 继续生产　　　C. 提高价格　　　D. 降低产量

5. 完全竞争企业的长期均衡条件是（　　　）。
   A. 平均成本等于边际成本　　　　　　B. 边际成本等于边际收益
   C. 平均成本等于市场价格　　　　　　D. 边际收益等于市场价格

6. （　　　）会导致完全竞争市场中的企业退出市场。
   A. 市场价格高于平均总成本　　　　　B. 市场价格等于边际成本
   C. 市场价格低于平均总成本　　　　　D. 市场价格等于平均可变成本

7. 在完全竞争市场中，成本不变行业的长期供给曲线的特征是（　　　）。
   A. 向右下方倾斜　　　　　　　　　　B. 向右上方倾斜
   C. 与横轴平行　　　　　　　　　　　D. 与纵轴平行

8. 在（　　　）的情况下完全竞争市场的企业即使面临亏损依旧选择继续生产。
   A. 市场价格高于平均可变成本但低于平均总成本
   B. 市场价格高于平均总成本
   C. 市场价格低于平均可变成本
   D. 市场价格等于边际成本

9. 在完全竞争市场中，短期供给曲线是由（　　　）所决定的。
   A. 平均总成本曲线下面的部分　　　　B. 平均可变成本曲线下面的部分
   C. 平均成本曲线上面的部分　　　　　D. 平均可变成本曲线上面的部分

10. 关于生产者剩余和市场总剩余的描述，（　　　）是正确的。
    A. 生产者剩余是总收益减去总成本
    B. 市场总剩余是生产者剩余和消费者剩余之和
    C. 生产者剩余和消费者剩余相等
    D. 市场总剩余是总收益加上总成本

11. 当 MR＝SMC，有 AR＝SAC，则该点为（　　　）。
    A. 停止生产点　　　B. 长期均衡点　　　C. 盈亏平衡点　　　D. 短期均衡点

12. 完全竞争企业在短期均衡处，有（　　　）。
    A. 经济利润大于零　　　　　　　　　B. 经济利润小于零
    C. 经济利润等于零　　　　　　　　　D. 均有可能

13. 假设某一完全竞争企业在 MR＝LMC＝LAC 时，意味着该企业（　　　）。
    A. 获得了经济利润　　　　　　　　　B. 实现长期均衡
    C. 实现短期均衡　　　　　　　　　　D. 应该停止生产

14. 下列关于完全竞争企业收益的说法，正确的是（　　　）。
    A. 完全竞争企业的 AR 曲线位于 MR 曲线的上方
    B. 完全竞争企业的 AR 曲线位于 MR 曲线的下方

C. 完全竞争企业的 AR 曲线与 MR 曲线重合

D. 都不对

15. 企业获得最大利润的条件是（      ）。

    A. MR>MC        B. MR＝MC        C. P>AC        D. TR>TC

16. 企业的收支相抵点是指（      ）。

    A. SMC 与 SAC 相交之点        B. SMC 与 AVC 相交之点

    C. SMC 与 AFC 相交之点        D. SAC 与 AVC 相交之点

17. 完全竞争行业内某一企业在当前产量水平上 SMC＝SAC＝AR＝2 元，则该企业（      ）。

    A. 没有获得最大利润        B. 只获得正常利润

    C. 获得了最少利润        D. 获得利润的情况不能确定

18. 完全竞争企业短期均衡点的位置一定在（      ）。

    A. SAC 曲线的上升段        B. AVC 曲线的上升段

    C. SMC 曲线的上升段        D. 以上说法都不对

19. 完全竞争企业总收益曲线的斜率（      ）。

    A. 等于零        B. 先递增，再递减

    C. 先递减，再递增        D. 为常数

20. 已知完全竞争企业的短期成本函数为 $STC = 0.2Q^3 - Q^2 + 10Q + 200$，若产品市场价格为 $P = 50$，则该企业（      ）。

    A. 存在超额利润        B. 只获得正常利润

    C. 有亏损，但应继续生产        D. 应停止生产

21. 某完全竞争企业使用 $L$ 和 $K$ 两种生产要素生产单一产品 X。已知 $MP_L = 4$，$MP_K = 16$，$P_L = 2$，$P_K = 4$，产品价格 $P_X = 1$，为实现利润最大化，该企业应该（      ）。

    A. 增加 L 的使用并减少 K 的使用

    B. 增加 K 的使用并减少 L 的使用

    C. 同时增加 L 和 K 的使用

    D. 同时减少 L 和 K 的使用

22. 某规模报酬不变的完全竞争企业每年获得 100 万元利润，则（      ）。

    A. 当利润开始降低时，该企业可以提高产品价格

    B. 在长期，该企业也可以获得相同的利润

    C. 在长期，当有新企业进入市场时，该企业将得不到利润

    D. 在长期，该企业可以通过增加一倍的投入获得加倍的利润

23. 某完全竞争企业使用 $L$ 和 $K$ 两种生产要素生产单一产品 X，长期均衡时，（      ）不一定正确。

    A. $MP_L/AP_L = MP_K/AP_K$        B. $P_L L + P_K K = P_X X$

    C. $MP_L/MP_K = P_L/P_K$        D. $MP_L L + MP_K K = X$

24. 某完全竞争企业产量为 200 单位，总销售收入为 300 万元，总成本为 200 万元，总固定成本为 50 万元，边际成本为 1.5 万元，则该企业应该（      ）。

A. 增加产量　　　　B. 降低产量　　　　C. 停止生产　　　　D. 保持现状

25. 完全竞争行业的长期供给曲线是（　　　）。

    A. LMC 曲线位于 LAC 最低点以上的部分

    B. LAC 曲线最低点的轨迹

    C. 所有企业 LMC 曲线的水平加总

    D. SAC 曲线最低点的轨迹

## （三）判断题

1. 完全竞争市场中的企业是价格接受者。　　　　　　　　　　　　　（　　　）
2. 完全竞争企业的边际收益等于市场价格。　　　　　　　　　　　　（　　　）
3. 企业在短期内无法调整其生产规模，只能调整劳动力等可变生产要素。（　　　）
4. 在完全竞争市场中，短期内企业总是能够实现经济利润。　　　　　（　　　）
5. 完全竞争市场中的企业在长期内可以自由进出市场。　　　　　　　（　　　）
6. 在完全竞争市场的长期均衡中，所有企业的经济利润为零。　　　　（　　　）
7. 在完全竞争市场的短期均衡中，企业的边际成本等于市场价格。　　（　　　）
8. 完全竞争市场的长期供给曲线总是水平的。　　　　　　　　　　　（　　　）
9. 完全竞争企业在短期内不应停止生产，即使市场价格低于平均可变成本。

                                                            （　　　）

10. 完全竞争市场中的企业长期不会因技术进步而改变均衡价格。　　（　　　）
11. 设完全竞争企业面临的需求曲线为 $P=a-bQ$，则 $b>0$。　　　　　（　　　）
12. 完全竞争市场的需求曲线是一条水平线。　　　　　　　　　　　（　　　）
13. 完全竞争企业的短期供给曲线是短期边际成本曲线。　　　　　　（　　　）
14. 完全竞争企业在实现短期均衡时均可获得经济利润。　　　　　　（　　　）
15. 在完全竞争企业的短期均衡处，若 AR<SAC，但 AR>AVC，则该企业亏损，应停止生产。　　　　　　　　　　　　　　　　　　　　　　　　　　　　（　　　）
16. 完全竞争企业实现短期均衡时，SMC 曲线与 AVC 曲线的交点被称为收支相抵点。

                                                            （　　　）
17. 完全竞争市场的长期供给曲线是该市场中每个企业供给曲线的水平加总。

                                                            （　　　）
18. 若 $MP_L=6$，$MP_K=12$，$P_L=3$，$P_K=6$，则完全竞争企业达到了利润最大化均衡。　　　　　　　　　　　　　　　　　　　　　　　　　　　　　　（　　　）
19. 完全竞争市场中，若每个企业在最初都得到超额利润，则随着新企业的进入，产品价格下降，每个企业的产量在最终的长期均衡时均会变小。　　　（　　　）
20. 当完全竞争市场处于长期均衡时，若产品价格继续下降，则所有企业将无法继续经营。　　　　　　　　　　　　　　　　　　　　　　　　　　　　　（　　　）

## （四）简答题

1. 简述完全竞争市场必须具备的四个条件。
2. 为什么说单个完全竞争企业改变产量的行为不会影响市场价格。

3. 比较完全竞争市场、垄断市场、竞争垄断市场和寡头市场，简述市场划分依据。

4. 根据长期生产者可以调整全部生产要素，简述完全竞争市场长期均衡的形成机制。

5. 在完全竞争市场条件下，企业的长期均衡是如何达到的？

### （五）计算题

1. 已知某完全竞争的成本不变行业中的单个企业的长期总成本函数 $LTC = Q^3 - 12Q^2 + 40Q$。试求：

（1）当市场商品价格是 $P = 100$，企业实现 $MR = LMC$ 时的产量、平均成本和利润。

（2）该行业长期均衡时的价格和单个企业的产量。

（3）市场的需求函数为 $Q = 660 - 15P$ 时，行业长期均衡时的企业数量。

2. 已知完全竞争市场上单个企业的长期成本函数为 $LTC = Q^3 - 20Q^2 + 200Q$，市场的产品价格为 $P = 600$。求：

（1）该企业实现利润最大化时的产量、平均成本和利润各是多少？

（2）该行业是否处于长期均衡，为什么？

（3）该行业处于长期均衡时每个企业的产量、平均成本和利润各是多少？

（4）判断（1）中的企业是处于规模经济阶段，还是处于规模不经济阶段？

3. 已知某完全竞争行业中的单个企业的短期成本函数为 $STC = 0.1Q^3 - 2Q^2 + 15Q + 10$。试求：

（1）当市场上产品的价格为 $P = 55$ 时，企业短期均衡的产量和利润。

（2）当市场价格低于多少时，企业必须停产？

（3）企业的短期供给函数。

4. 已知某完全竞争市场的需求函数为 $D = 6\,000 - 350P$，短期市场供给函数为 $S = 3\,000 + 150P$；单个企业在 LAC 曲线最低点的价格为 6，产量为 50；单个企业的成本规模不变。问：

（1）求市场的短期均衡价格和均衡产量。

（2）判断（1）中的市场是否同时处于长期均衡，求行业内的企业数量。

（3）如果市场的需求函数变为 $D^* = 8\,000 - 400P$，短期供给函数为 $S^* = 4\,700 + 150P$，求市场的短期均衡价格和均衡产量。

（4）判断（3）中的市场是否同时处于长期均衡，并求行业内企业数量。

（5）判断该行业属于什么类型。

（6）需要新加入多少企业，才能提供由（1）到（3）所增加的行业总产量。

5. 完全竞争行业的企业总成本函数为 $LTC = 0.1Q^3 - 10Q^2 + 300Q$，该产品的市场需求函数为 $Q_D = 10\,000 - 40P$。试求：

（1）该行业长期均衡时的价格以及企业的产量。

（2）在（1）情况下，企业利润和整个行业企业数量分别是多少？

6. 已知某完全竞争企业的短期成本函数为 $STC = Q^3 - 9Q^2 + 20Q + 120$。试求：

（1）当市场价格水平为 $P = 20$ 时，企业短期均衡的产量和利润。

（2）在（1）的情况下，企业是否还继续生产？为什么？

7. 某成本不变行业中完全竞争企业的长期成本函数为 $LTC = Q^3 - 50Q^2 + 750Q$，产品的市场需求函数为 $Q^D = 2\,000 - 4P$。其中，$Q$ 为企业产量，$Q^D$ 为行业产量，$P$ 为产品价格。问：

（1）该行业的长期供给曲线。

（2）行业长期均衡时的企业数量。

（3）若按价格 20% 对产品课征营业税，则新的均衡形成时企业的数量为多少。

（4）若取消税收，并再为每单位产品补贴 $S$ 元后，长期均衡状态下的企业数量增加了 3 家，试求 $S$ 的大小。

8. 假设完全竞争企业的生产总成本为 $TC = 10Q^2 - 20Q + 100$，其中 $Q$ 是产出水平。问：

（1）写出该企业的平均可变成本 AVC 和边际成本 MC。

（2）如果市场价格 $P = 80$，为实现利润最大化，它应生产多少产量？利润是多少？

（3）在短期内该企业是否可能关闭？请解释原因。

9. 假设某个完全竞争的企业，使用劳动和技术两种要素进行生产。短期内，劳动的数量可变，资本的数量保持不变。企业根据资本和劳动估计出的成本曲线为：

$LTC = 2Q^3/3 - 16Q^2 + 150Q$

$STC = 2Q^3 - 24Q^2 + 120Q + 400$

（1）企业预期的长期最低价格是多少？

（2）若要素价格保持不变，那么，在短期内，企业将继续经营的最低产品价格是多少？

（3）若产品价格为 120 元，那么，短期内企业将生产多少单位的产品？

10. 假设某完全竞争企业的成本函数为 $TC = Q^3 - 9Q^2 + 81Q + 25$，求：

（1）收支相抵价格和停止营业价格。

（2）若产品价格 $P = 81$ 元，求最佳产量和利润。

（3）确定企业的短期供给函数。

### （六）论述题

1. 在短期生产中，追求利润最大化的完全竞争企业一般会面临哪几种情况？试作图分析这几种情况。

2. 在完全竞争市场中，企业的供给曲线在短期和长期内是如何调整的？结合当前全球供应链的现实问题，说明这些调整对企业决策和市场表现的影响。

3. 请结合图形分析，完全竞争企业的短期供给曲线是如何形成的。

4. 分析完全竞争企业的短期均衡和长期均衡过程，并探讨其对我国制造业转型升级的启示。结合"中国制造 2025"战略，讨论我国制造业企业如何在市场竞争中提升企业和产业的国际竞争力。

## 五、本章课后练习题答案及解析

### （一）名词解释

企业收益是企业销售产品之后所得到的收入，即等于产品的销售价格与销售数量的乘积。

利润指的是经济利润（或超额利润），而非作为机会成本一部分的正常利润。

完全竞争市场是指不存在任何阻碍和干扰因素的市场情况，即没有任何垄断因素的市场结构。

边际收益是指增加一单位产量所引起的收益的增量。

收支相抵点是指企业既无超额利润，也无亏损的均衡点。

停止营业点是指企业平均收益等于平均可变成本，总不变成本即为停产损失，此时生产或不生产对企业无差异时的均衡点。

生产者剩余是生产者实际获得的价格与其边际成本之间的差值。

市场总剩余是同一市场上，消费者剩余与生产者剩余之和。

企业规模调整是指在长期，企业可以调整全部生产要素，即改变企业的生产规模，称为"企业规模调整"，即企业通过选择最优的生产规模来实现长期的利润最大化。

行业规模调整是指在长期，行业可以调整全部生产要素，即新的企业可以进入，旧的企业可以退出，称为"行业规模调整"，行业可以达到最终的长期均衡状态。

(二) 单项选择题

1. D。在完全竞争市场中，卖者是价格接受者，无法影响市场价格。

2. C。完全竞争市场中的单个企业面临的是一条水平的需求曲线，反映了价格固定。

3. B。完全竞争企业在短期内通过使边际成本等于边际收益来最大化利润。

4. A。当市场价格低于平均可变成本时，企业会暂时停产以减少亏损。

5. C。在长期均衡状态下，完全竞争市场中的企业的价格等于长期边际成本等于长期平均成本，只有选项 C 比较符合。

6. C。当市场价格低于企业的平均总成本时，企业就会退出市场。

7. C。在长时期内，成本不变行业的完全竞争市场的长期供给曲线通常是水平的，因为企业的进入和退出调整市场提供的总量。

8. A。当市场价格高于平均可变成本但低于平均总成本时，企业会继续生产以最小化亏损。

9. D。完全竞争市场中，短期供给曲线是由边际成本曲线中高于平均可变成本曲线的部分决定的。

10. B。市场总剩余是生产者剩余和消费者剩余的总和。

11. C。当 $AR = SAC$ 时，单位产品利润为零，总利润为零，企业处于短期的盈亏平衡点。

12. D。因为完全竞争企业短期均衡（$MR = MC$）时既有可能获得经济利润（超额利润），也可能只获得零利润，还可能亏损。

13. B。由完全竞争企业的长期均衡条件 $MR = LMC = LAC$ 得到。

14. C。根据完全竞争市场特征，完全竞争企业的边际收益、平均收益曲线均与其需求曲线重合。

15. B。根据企业利润函数 $\pi = TR - TC$，利润最大化的条件为 $MR = MC$。

16. A。由于完全竞争企业短期均衡条件为 MR＝AR＝SMC，则当 SMC＝SAC 时企业利润为零，即收支相抵点。

17. B。由于完全竞争企业 MR＝AR，当 AR＝SMC 时，企业实现了利润最大化，但 AR＝SAC＝2，故其利润最大化时 $\pi＝(2-2)\times Q＝0$，即利润为零，企业只有正常利润而无经济利润。

18. C。根据完全竞争企业短期供给曲线的划分，当且仅当 SMC＝MR＝P≥AVC$_{最低点}$时，完全竞争企业才会组织生产，故位于 AVC 最低点以上的 SMC 线（SMC 曲线的上升段）是短期供给曲线。

19. D。根据完全竞争市场的特征，企业无法决定市场价格，因此 MR＝P 为常数项。

20. B。由利润最大化的一阶条件 P＝MR＝SMC 得 SMC＝$0.6Q^2-2Q+10＝50＝$MR，求解利润最大化产量为 Q＝10，故该企业总收益和总成本均等于 400，则 $\pi＝$ TR－TC＝0，企业只有正常利润，但无超额利润。

21. C。根据利润最大化时要求 $P_L＝P_X\text{MP}_L$，$P_K＝P_X\text{MP}_K$。根据题意当前 L 的价格为 $2＜1\times4$，K 的价格为 $4＜1\times16$，根据边际报酬递减规律，企业要想使利润最大化条件成立，则应该同时增加 L 和 K 的使用。

22. C。根据完全竞争企业长期均衡条件 MR＝SMC＝LMC，企业长期利润为零。

23. A。根据利润最大化时要求 $P_L＝P_X\text{MP}_L$，$P_K＝P_X\text{MP}_K$，则选项 C 成立。又因为长期均衡时利润为零，即 $P_LL+P_KK＝P_XX$，选项 B 成立。由 $P_LL+P_KK＝P_XX$ 可知 $\dfrac{P_LL}{P_X}+\dfrac{P_KK}{P_X}＝X$，代入利润最大化条件得 $\text{MP}_LL+\text{MP}_KK＝X$，选项 D 成立。选项 A 只有在柯布道格拉斯生产函数时，即 L 和 K 的产出弹性相同且为 1/2 时，才成立，而生产函数类型过多，故选项 A 在其他条件下不成立。

24. D。根据题意 Q＝200，TR＝300，TC＝200，FC＝50，MC＝1.5，则 ATC＝$\dfrac{\text{TC}}{Q}＝1$，AVC＝$\dfrac{\text{TC}-\text{FC}}{Q}＝\dfrac{3}{4}$，MR＝AR＝P＝SMC＝1.5，即利润最大化条件满足，且生产存在超额利润，故该企业应该保持现状不变。

25. B。完全竞争市场的长期均衡一定在 LAC 曲线的最低点形成，根据包络定理，完全竞争行业的长期供给曲线是由 LAC 最低点所决定的市场价格与整个行业中所有企业的供给量之间的关系，只有选项 B 符合要求。

### （三）判断题

1. 对。在完全竞争市场中，单个企业不能影响市场价格，只能接受市场价格作为既定条件。

2. 对。在完全竞争市场中，企业面临水平的需求曲线，因此其边际收益（MR）与市场价格（P）相等。

3. 对。短期内，企业的固定资产如厂房和设备数量是不可变的，企业只能通过调整可变要素如劳动力来调整产量。

4. 错。短期内，企业可能会因价格低于平均总成本而遭受经济损失（亏损）。

5. 对。在长期，完全竞争市场没有进入和退出壁垒，企业可以自由进出市场。

6. 对。在长期均衡中，企业只能获得正常利润，即经济利润为零，因为任何非零经济利润都会吸引新的企业进入市场。

7. 对。当企业利润最大化时，边际成本（MC）等于市场价格（P），即 $MC = P$。

8. 错。长期供给曲线的形状取决于行业的规模经济、规模不经济等假设，其可能是水平的、向右上方倾斜的或向右下方倾斜的。

9. 错。企业若价格低于平均可变成本（AVC），将面临止亏的决策，即企业应当停止生产。

10. 错。技术进步会导致生产成本降低，进而可能会使市场上均衡价格下降，即使在完全竞争市场中也是如此。

11. 错。完全竞争企业面临的需求曲线为水平线 $P = MR = AR$。

12. 错。完全竞争企业面临的需求曲线为水平线，完全竞争市场的需求曲线由无数个完全竞争企业的需求决定，根据需求定理，其是一条向右下方倾斜的曲线。

13. 错。完全竞争企业的短期供给曲线是 SMC 曲线位于 AVC 最低点以上的部分。

14. 错。短期均衡时，完全竞争企业可能获得经济利润，也可能只获得正常利润（利润为零），也可能亏损（利润小于零）。

15. 错。由于 SAC>AR>AVC，尽管有亏损，但继续生产可以回收部分固定成本，则停止生产则要亏损所有固定成本，因此企业应选择继续生产。

16. 错。SMC 曲线与 AVC 曲线的交点被称为停止生产点。

17. 错。在长期中，行业规模调整可能影响生产要素价格，因此长期供给曲线不再是单个企业供给曲线的水平加总，而是 LAC 最低点所决定的市场价格与整个行业中所有企业的供给量的组合所构成。

18. 对。利润最大化条件为 $MP_L / MP_K = P_L / P_K$，根据题意 $6/12 = 3/6$，所以完全竞争企业满足利润最大化条件。

19. 对。根据长期均衡条件，当市场不断有新企业加入，产量将变小，直至 $MR = SMC = LMC = SAC = LAC$，长期利润为零。

20. 错。若产品价格低于市场均衡价格，则企业亏损，部分企业将会退出市场，使市场供给总量减少，从而均衡价格将上升。直至价格上升到 LAC 的最低点所对应的水平，新均衡重新形成。

### （四）简答题

1. 简述完全竞争市场必须具备的四个条件。

答题要点：完全竞争市场存在的四大条件是：①市场上有大量的买者和卖者，他们都是价格的接受者；②同一行业中的每个企业生产的产品是完全同质的；③企业进入或退出一个行业完全自由；④信息完全（信息对称）：市场中的每一个买者和卖者都掌握与自己的经济决策有关的一切信息。

2. 为什么说单个完全竞争企业改变产量的行为不会影响市场价格。

答题要点：其主要是由如下两个特点决定的：一是完全竞争企业的产量相对于整

个市场而言微不足道；二是完全竞争企业的产品与同一市场中其他企业的产品毫无区别。

这两个特点意味着，对完全竞争企业来说，市场价格是一个既定的"参数"，不会因为完全竞争企业的行为而改变，即在现行的市场价格水平上，完全竞争企业可以多生产一点，也可以少生产一点，市场价格不会因此而下降或上升。在这种情况下，完全竞争企业就是所谓的"价格接受者"，只能被动地接受现行的市场价格。

3. 比较完全竞争市场、垄断市场、竞争垄断市场和寡头市场，简述市场划分依据。

答题要点：市场结构划分依据分为以下几点：

第一是"买卖"。买卖双方的存在是市场存在的必要条件，而且，买卖双方的数量也是区分各种不同市场类型的最重要的根据之一。数量的多少会影响市场的运行，会导致不同的运行效率。

第二是"商品"。商品既可以是指某种特殊的商品，如大米、猪肉等，也可以是指许多不同商品的集合，如劳动、资本等。因为产出是多种多样的，每一种产出都与其他产出不相同。

第三是"联系"。市场是将买者和卖者联系起来的纽带。这种联系包括三个方面：首先是买者之间的联系。所有买者都应当对市场有一定程度的了解和一定程度的参与。其次是卖者之间的联系。所有卖者也应当对市场有一定程度的了解和一定程度的参与。最后是买者和卖者之间的联系。市场把买卖双方"拉"到一起，让他们进行自由的交换，各取所需，实现自己的愿望。因此，市场是这三种联系的总合。作为这种联系的形式或者手段，市场则可以是多种多样的。

第四是进出市场的难易程度。有的市场进出比较容易，有的市场进出则相对困难，如进入会遇到严重的障碍，退出会遭受很大的损失。进出市场的难易程度对企业和市场的长期均衡有很大影响。

根据买卖双方人数、产品差异、进出限制等，我们可以将市场分为四种不同类型，具体见表 4-2 所示。

表 4-2　市场结构及划分依据

| 市场类型 | 买卖双方人数 | 产品差异 | 进出限制 |
| --- | --- | --- | --- |
| 完全竞争 | 很多 | 无 | 无 |
| 垄断竞争 | 很多 | 有 | 无 |
| 寡头 | 少数几个买方或卖方 | 有或无 | 有 |
| 垄断 | 一个 | 无 | 有 |

根据市场份额的大小、产品差异的有无以及进出的难易程度等，企业可以分成四种重要的类型，即完全竞争企业、垄断企业、垄断竞争企业和寡头企业，由此产生了四种相应的重要的市场类型，即完全竞争市场、垄断市场、垄断竞争市场和寡头市场。不同的企业类型和市场类型将对企业的收益函数以及利润最大化行为产生不同的影响。

4. 根据长期生产者可以调整全部生产要素，简述完全竞争市场长期均衡的形成机制。

答题要点：在长期，生产者可以调整全部生产要素数量。第一，完全竞争企业可以调整全部生产要素，即改变企业的生产规模，称为"企业规模调整"。企业通过选择最优的生产规模来实现长期的利润最大化。第二，完全竞争行业可以调整全部生产要素，即新的企业可以进入，旧的企业可以退出，称为"行业规模调整"，行业可以达到最终的长期均衡状态。

（1）企业规模调整

在长期中，完全竞争企业将由 MR＝SMC 所确定的短期最优生产规模调整为由 MR＝LMC 所确定的长期最优生产规模上，从而获得不低于短期利润的长期利润。

（2）行业规模调整

企业的盈利或亏损会引起行业的规模调整。例如，如果企业能获得经济利润，那么新的企业就会进入该行业。相反，如果企业在经过所有可能的规模调整之后仍然无法避免亏损，则它就会选择退出。

因此，在长期中，企业的进入和退出调整着整个行业的规模。直到最后，在该行业中，所有的完全竞争企业都处于不盈不亏的状态。此时，不再有新的企业进入，也不再有老的企业退出，整个行业以及该行业中的所有完全竞争企业都达到了最终的均衡。

5. 在完全竞争市场条件下，企业的长期均衡是如何达到的？

答题要点：在完全竞争市场中，长期均衡是通过企业和行业的规模调整实现的。当企业获得正经济利润（超额利润）时，会有新企业进入市场，增加市场供给，最终使市场价格等于平均总成本，即 ATC＝P，且无企业享受超额利润。相反，若企业亏损，部分企业会退出市场，减少市场供给，最终使剩余企业的价格上升至长期总成本，达到零经济利润的长期均衡状态。因此，完全竞争企业的长期均衡条件是：

$$P = LMR = LAR = LMC = LAC = SMR = SAR = SMC = SAC$$

## （五）计算题

1. 已知某完全竞争的成本不变行业中的单个企业的长期总成本函数 $LTC = Q^3 - 12Q^2 + 40Q$。试求：

（1）当市场商品价格是 $P = 100$，企业实现 MR＝LMC 时的产量、平均成本和利润；

（2）该行业长期均衡时的价格和单个企业的产量；

（3）市场的需求函数为 $Q = 660 - 15P$ 时，行业长期均衡时的企业数量。

解：（1）由利润最大化原则 MR＝LMC，得到

$LMC = LTC' = 3Q^2 - 24Q + 40 = MR = P = 100$。

此时，$3Q^2 - 24Q - 60 = 0$ 解得：$Q = 10$ 或 $Q = -2$（舍去）；

$LAC = Q^2 - 12Q + 40 = 20$；利润＝$(P - LAC) Q = 800$。

因此，完全竞争企业实现利润最大化时的产量为 10，平均总成本为 20，利润为 800。

（2）要想行业满足长期均衡，则有 $P = LAC_{最低点}$。

求解 LAC 最低点，即 $LAC' = 2Q - 12 = 0$，

故 $Q = 6$ 时，LAC 达到最低点。

此时 $P =$ LAC$_{最低点}$ = LAC（6）= 4。

因此，该行业长期均衡时的价格为 4，单个企业的产量为 6。

（3）该行业长期均衡时，企业按照市场价格 $P = 4$ 供给商品。

此时市场供给等于市场需求，即 $Q = 660 - 15 \times 4 = 600$，单个企业的产量为 6，则企业数量为 $600/6 = 100$。

2. 已知完全竞争市场上单个企业的长期成本函数为 LTC $= Q^3 - 20Q^2 + 200Q$，市场的产品价格为 $P = 600$。求：

（1）该企业实现利润最大化时的产量、平均成本和利润各是多少？

（2）该行业是否处于长期均衡，为什么？

（3）该行业处于长期均衡时每个企业的产量、平均成本和利润各是多少？

（4）判断（1）中的企业是处于规模经济阶段，还是处于规模不经济阶段？

解：（1）完全竞争市场企业的边际收益 MR $= P = 600$，

单个企业长期边际成本 LMC $= 3Q^2 - 40Q + 200$，

实现利润最大化的条件为 MR $=$ LMC，即 $600 = 3Q^2 - 40Q + 200$，

解得 $Q = 20$ 或 $Q = -20/3$（舍去）。

此时对应的平均成本 LAC $=$ LTC$/Q = Q^2 - 20Q + 200$

$\qquad\qquad\qquad\qquad = 20 \times 20 - 20 \times 20 + 200 = 200$

利润 $= TR - TC = 600 \times 20 - （20^3 - 20 \times 20^2 + 200 \times 20）= 8\ 000$。

（2）完全竞争行业处于长期均衡时企业利润为 0，（1）中企业利润为 8 000，大于零，因此此时该行业没有实现长期均衡。

（3）行业处于长期均衡时价格为长期平均成本的最小值。

LAC $=$ LTC$/Q = Q^2 - 20Q + 200$，

LAC 对 $Q$ 的导数为 0 时，$LAC$ 出现极值，

即 LAC$'$（$Q$）$= 2Q - 20 = 0$，

求解得 $Q = 10$ 时，行业实现长期均衡，

此时每个企业的产量为 10，平均成本 LAC $= 10^2 - 20 \times 10 + 200 = 100$，均衡价格 $P =$ LAC $= 100$，

则利润 $=（P -$ LAC）$\times Q =（100 - 100）\times 10 = 0$。

（4）LAC 最低点时，$Q = 10$。

而（1）中企业利润最大化下产量 $Q = 20$，位置处于 LAC 最低点的右边。

即 LAC 曲线的上升阶段，所以企业处于规模不经济阶段。

3. 已知某完全竞争行业中的单个企业的短期成本函数为 $STC = 0.1Q^3 - 2Q^2 + 15Q + 10$。试求：

（1）当市场上产品的价格为 $P = 55$ 时，企业短期均衡的产量和利润；

（2）当市场价格低于多少时，企业必须停产？

（3）企业的短期供给函数。

解：（1）SMC $= 0.3Q^2 - 4Q + 15$，$P =$ MR $= 55$

短期均衡即利润最大化时 SMC $=$ MR，

那么 $0.3Q^2 - 4Q + 15 = 55$，

$0.3Q^2-4Q-40=0$

所以 $Q=20$ 或 $Q=-20/3$（舍去）

利润$=PQ-STC=55\times20-(0.1\times8\,000-2\times400+15\times20+10)=790$

所以，企业短期均衡时的产量为 20，利润为 790。

（2）企业停产须满足条件：市场价格 $P$ 低于 AVC 的最小值。

$AVC=SVC/Q=(0.1Q^3-2Q^2+15Q)/Q=0.1Q^2-2Q+15$，

当 AVC 达到最低点时，$AVC'=0.2Q-2=0$，所以 $Q=10$

此时 $AVC_{min}=0.1\times100-2\times10+15=5$，

所以，当市场价格低于 5 时，企业必须停产。

（3）企业的短期供给曲线为短期边际成本线 SMC 与 AVC 交点以上的部分，即位于 AVC 最低点以上的部分。

故当 $P<5$ 时，$Q^s=0$；当 $P\geqslant5$ 时，由 $MR=P=SMC=0.3Q^2-4Q+15$，

得 $Q_1{}^s=\dfrac{4+\sqrt{1.2P-2}}{0.6}$，$Q_2{}^s=\dfrac{4-\sqrt{1.2P-2}}{0.6}$

此时 $SMC'(Q_1^s)=0.6Q_1^s-4=\sqrt{1.2P-2}>MR'(Q_1^s)=0$，最大化的二阶条件满足，

而 $SMC'(Q_2^s)=-\sqrt{1.2P-2}<MR'(Q_2^s)=0$，最大化的二阶条件不满足，舍去。

企业的短期供给函数为 $Q^s=\begin{cases}\dfrac{4+\sqrt{1.2P-2}}{0.6}, & P\geqslant5\\0, & P<5\end{cases}$

4. 已知某完全竞争市场的需求函数为 $D=6\,000-350P$，短期市场供给函数为 $S=3\,000+150P$；单个企业在 LAC 曲线最低点的价格为 6，产量为 50；单个企业的成本规模不变。问：

（1）求市场的短期均衡价格和均衡产量。

（2）判断（1）中的市场是否同时处于长期均衡，求行业内的企业数量。

（3）如果市场的需求函数变为 $D^*=8\,000-400P$，短期供给函数为 $S^*=4\,700+150P$，求市场的短期均衡价格和均衡产量。

（4）判断（3）中的市场是否同时处于长期均衡，并求行业内企业数量。

（5）判断该行业属于什么类型。

（6）需要新加入多少企业，才能提供由（1）到（3）所增加的行业总产量。

解：（1）市场短期均衡时 $D=S$，所以 $6\,000-350P=3\,000+150P$，解得：$P=6$

把 $P=6$ 带入 $Q=S=3\,000+150P$ 得：$Q=3\,900$

（2）市场长期均衡时，$P=LAC$ 最低点$=6$，说明市场处于长期均衡；

行业内企业数量 $3\,900/50=78$。

（3）由 $D^*=S^*$ 得 $8\,000-400P=4\,700+150P$，解得 $P=6$。

把 $P=6$ 带入 $Q=S^*=4\,700+150P$ 得：$Q=5\,600$。

（4）由（3）知 $P=LAC_{最低点}=6$，因此，市场处于长期均衡，此时行业内企业数量为 $5\,600/50=112$。

（5）由于单个企业的成本规模不变，因此该行业属于成本不变行业，长期供给曲

线是一条水平线。

（6）需新加入 $112-78=34$ 家企业，才能提供由（1）到（3）所增加的行业总产量。

5. 完全竞争行业的企业总成本函数为 $LTC=0.1Q^3-10Q^2+300Q$，该产品的市场需求函数为 $Q_D=10\ 000-40P$。试求：

（1）该行业长期均衡时的价格以及企业的产量。

（2）在（1）情况下，企业利润和整个行业企业数量分别是多少？

解：（1）该行业长期均衡时的价格为长期平均成本的最小值，即 $P=LAC_{min}$。

由于 $LTC=0.1Q^3-10Q^2+300Q$，则 $LAC=0.1Q^2-10Q+300$，

令 $\dfrac{dLAC}{dQ}=0.2Q-10=0$，解得 $Q=50$，从而有

$P=LAC_{min}=0.1\times50^2-10\times50+300=50$。

（2）$\pi=TR-TC=(P-LAC)Q=(50-50)\times50=0$，

长期均衡时企业获得零利润。

$Q_D=10\ 000-40P=8\ 000$，

企业数量 $n=\dfrac{Q_D}{Q}=\dfrac{8\ 000}{50}=160$。

6. 已知某完全竞争企业的短期成本函数为 $STC=Q^3-9Q^2+20Q+120$。试求：

（1）当市场价格水平为 $P=20$ 时，企业短期均衡的产量和利润。

（2）在（1）的情况下，企业是否还继续生产？为什么？

解：（1）已知 $SMC=3Q^2-18Q+20$，$P=MR=20$

短期均衡时 $SMC=MR$，即 $3Q^2-18Q+20=20$

所以 $Q=6$ 或 $Q=0$（舍去）

代入 $STC（6）=132$

利润 $=TR-TC=PQ-STC=20\times6-132=-12$

（2）平均总成本 $ATC=\dfrac{STC}{Q}=Q^2-9Q+20+\dfrac{120}{Q}$

当产量 $Q=6$ 时，平均成本 $AC（6）=22$

平均可变成本 $AVC=\dfrac{SVC}{Q}=Q^2-9Q+20$

当产量 $Q=6$ 时，平均可变成本 $AVC（6）=2$

此时，$AVC<P<ATC$，价格低于平均总成本但大于平均可变成本，企业处于短期亏损但仍然继续生产的状态。

企业继续生产除了可以收回全部可变成本，还可以回收部分固定成本；如果不生产，则亏损全部固定成本。因此，在产量为6时，企业应继续生产。

7. 某成本不变行业中完全竞争企业的长期成本函数为 $LTC=Q^3-50Q^2+750Q$，产品的市场需求函数为 $Q^D=2\ 000-4P$。其中，$Q$ 为企业产量，$Q^D$ 为行业产量，$P$ 为产品价格。问：

（1）该行业的长期供给曲线。

（2）行业长期均衡时的企业数量。

（3）若按价格 20% 对产品课征营业税，则新的均衡形成时企业的数量为多少。

（4）若取消税收，并再为每单位产品补贴 $S$ 元后，长期均衡状态下的企业数量增加了 3 家，试求 $S$ 的大小。

解：（1）长期均衡时，完全竞争企业在 LAC 的最低点处生产。

由于 $LTC = Q^3 - 50Q^2 + 750Q$，则 $LAC = Q^2 - 50Q + 750$。

令 $\dfrac{dLAC}{dQ} = 2Q - 50 = 0$，解得 $Q = 25$，从而有 LAC（25）= 125。

由于该行业为成本不变行业，因此，该行业面临一条水平的长期供给曲线，为 $P = 125$。

（2）将 $P = 125$ 代入市场需求曲线求得行业总产量为 $Q^D = 1500$，长期均衡时单个企业产量为 $Q = 25$，则行业企业数量 $N = 1500/25 = 60$。

（3）对产品按价格课征 20% 的营业税意味着产品价格上升 20%，

因此行业新的供给曲线为 $P = 125 \times （1 + 20\%）= 150$，

长期均衡时行业的产量为 $Q^D = 2\,000 - 4 \times 150 = 1\,400$。

此时，单个产量不会改变产量，故均衡的企业数量为 $N = 1\,400/25 = 56$。

（4）政府对每单位产品补贴 $S$ 元，相当于产品价格下降了 $S$，

则新的行业长期供给曲线为 $P = 125 - S$，均衡形成时的行业总产量为 $Q = 2\,000 - 4 \times （125 - S）= 1\,500 + 4S$。

由于行业企业数量增加了 3 家，即为 63 家，则有 $1500 + 4S = 63 \times 25$，可得出 $S = 18.75$（元）。

因此，若取消税收，须补贴 18.75 元，才能使长期均衡的企业数量增加 3 家。

8. 假设完全竞争企业的生产总成本为 $TC = 10Q^2 - 20Q + 100$，其中 $Q$ 是产出水平。问：

（1）写出该企业的平均可变成本 AVC 和边际成本 MC。

（2）如果市场价格 $P = 80$，为实现利润最大化，它应生产多少产量？利润是多少？

（3）在短期内该企业是否可能关闭？请解释原因。

解：（1）根据总成本 $TC = 10Q^2 - 20Q + 100$ 可得：

平均可变成本 $AVC = \dfrac{VC}{Q} = 10Q - 20$，

边际成本 $MC = \dfrac{dTC}{dQ} = 20Q - 20$。

（2）当市场价格 $P = 80$，为实现利润最大化，须满足边际成本等于边际收益，

即 $MC = 20Q - 20 = 80$，解得 $Q = 5$。

利润：$\pi = TR - TC = PQ - （10Q^2 - 20Q + 100）= 150$

因此，当市场价格为 80 时，为实现利润最大化，企业应生产 5 个单位产量，利润为 150。

（3）完全竞争企业在价格小于平均可变成本时，会停止营业。

当产量为 5 时，价格为 80，平均可变成本 AVC（5）$= 10Q - 20 = 30$，即 $P \geqslant AVC$，

故短期中该企业不可能关闭。

9. 假设某个完全竞争的企业，使用劳动和技术两种要素进行生产。短期内，劳动的数量可变，资本的数量保持不变。企业根据资本和劳动估计出的成本曲线为：

$LTC = 2Q^3/3 - 16Q^2 + 150Q$

$STC = 2Q^3 - 24Q^2 + 120Q + 400$

（1）企业预期的长期最低价格是多少？

（2）若要素价格保持不变，那么，在短期内，企业将继续经营的最低产品价格是多少？

（3）若产品价格为120元，那么，短期内企业将生产多少单位的产品？

解：（1）在长期内，对于完全竞争企业而言，其达到均衡时必须满足条件：$P = LAC = LMC$。

则 $LAC = 2Q^2/3 - 16Q + 150 = LMC = 2Q^2 - 32Q + 150$。

解得：$Q = 12$。

所以，企业预期的长期最低价格为：$P = 2 \times 144 - 32 \times 12 + 150 = 54$。

（2）如果要素价格不变，短期内企业生产必须满足条件：$P \geqslant AVC_{min}$。

在短期平均可变成本最小处，有 $AVC = SMC$，

即：$2Q^2 - 24Q + 120 = 6Q^2 - 48Q + 120$。

解得：$Q = 6$，

所以 $P = AVC(6) = 6 \times 36 - 48 \times 6 + 120 = 48$。

因此，短期企业将继续经营的最低产品价格为 $P = 48$。

（3）如果产品价格为 $P = 120$（元），

则厂商的利润为：$\pi = 120Q - 2Q^3 + 24Q^2 - 120Q - 400$。

利润最大化的一阶条件为：$d\pi/dQ = 120 - 6Q^2 + 48Q - 120 = 0$。

解得：厂商的短期产量 $Q = 8$。

若产品价格为120元，那么，短期内企业将生产8个单位的产品。

（当然，采用 $P = SMC$，也可以快速解出该题。）

10. 假设某完全竞争企业的成本函数为 $TC = Q^3 - 9Q^2 + 81Q + 25$，求：

（1）收支相抵价格和停止营业价格。

（2）若产品价格 $P = 81$ 元，求最佳产量和利润。

（3）确定企业的短期供给函数。

解：（1）由于 $TC = Q^3 - 9Q^2 + 81Q + 25$，则 $ATC = TC/Q = Q^2 - 9Q + 81 + 25/Q$。

由于 $ATC' = 2Q - 9 - \dfrac{25}{Q^2} = 0$，可得 $Q = 5$，此时，收支相抵价格 $P = ATC_{min} = 66$。

因为 $AVC = Q^2 - 9Q + 81$，由于 $AVC' = 2Q - 9 = 0$，可得 $Q = 4.5$，此时，停止营业价格 $P = AVC_{min} = 60.75$。

所以，收支相抵价格为66元，停止营业价格为60.75元。

（2）已知完全竞争企业 $MR = P = 81$，$MC = 3Q^2 - 18Q + 81$，

企业满足利润最大化时，存在最佳产量，因此当 $MR = MC$ 时，可得最佳产量 $Q = 6$。

此时，$TR(6) = 486$，$TC(6) = 403$，利润 $= TR - TC = 83$。

若产品价格 $P$ 为 81 元，企业最佳产量为 6，利润为 83 元。

（3）由于 $MC=3Q^2-18Q+81$，根据完全竞争企业的均衡条件 $P=MC$，可得企业短期供给函数为 $P=3Q^2-18Q+81$（$Q\geqslant4.5$ 或 $P\geqslant60.75$）。

### （六）论述题

1. 在短期生产中，追求利润最大化的完全竞争企业一般会面临哪几种情况？试作图分析这几种情况。

答题要点：短期中完全竞争企业是在给定的价格和生产规模下，通过对产量的调整来实现 $MR=SMC$ 的利润最大化条件，具体分析如图 4-7 所示。

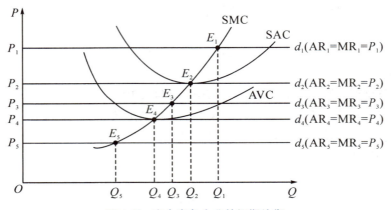

图 4-7　完全竞争企业的短期均衡

短期内在利润最大化的产量下可能面临五种情况：①$P>SAC$，企业获得超额利润；②$P=SAC$，收支相抵点，企业利润为零，但仍获得正常利润，继续生产；③$SAC>P>AVC$，存在亏损，但继续生产，除了可以收回全部可变成本外，还可收回部分固定成本；④$P=AVC$，生产仅能收回可变成本，生产与不生产结果一样，即停止营业点或关闭点；⑤$P<AVC$，生产不足以收回可变成本，停止生产。

2. 在完全竞争市场中，企业的供给曲线在短期和长期内是如何调整的？结合当前全球供应链的现实问题，说明这些调整对企业决策和市场表现的影响。

答题要点：在完全竞争市场中，短期供给曲线是与边际成本曲线相一致的部分，这部分位于平均可变成本曲线之上。企业在短期内通过调整生产要素的利用来应对市场价格的变化，从而实现利润最大化或减少亏损。然而，短期内企业无法改变其生产规模，只能在既有的生产设施和设备下调整产量。

长期来看，完全竞争市场的企业可以通过调整生产规模来达到长期均衡。企业根据市场价格和成本情况进行规模扩张或缩减，新的企业可能进入市场，而低效企业则会退出市场，最终市场达到新的均衡，价格趋于等于边际成本和平均成本。这形成了市场的长期供给曲线，它往往比短期供给曲线更具弹性。

结合当前全球供应链的现实问题，当供应链中断（如 COVID-19 大流行导致的供应链危机）时，企业面临的供给曲线会出现短期僵化，其难以迅速调整以应对供需变化。同时，在长期内，企业可能会通过重新配置供给链和寻找替代供应商，以增加其供应链的弹性和稳定性，从而在未来可能的供给冲击中保持竞争力。因此现实中的企业必须考虑短期应急对策和长期战略调整，以维持其市场地位和实现持续发展。

3. 请结合图形分析，完全竞争企业的短期供给曲线是如何形成的。

答题要点：完全竞争企业的短期供给曲线为在每一个给定的价格水平上，企业愿意并且能够提供给市场的产品数量。根据完全竞争企业的短期利润最大化条件推导它的短期供给曲线。完全竞争企业的短期利润最大化实际上有两个不同的条件：第一，当价格大于或等于平均可变成本曲线的最低点时，利润最大化产量由价格线与边际成本曲线的交点决定；第二，当价格小于平均可变成本曲线的最低点时，利润最大化产量等于 0。

在完全竞争的条件下，企业根据 $P=\text{MC}$ 确定在每一价格水平下能给其带来最大利润的产量，如图 4-8 所示。因此，平均可变成本曲线之上的边际成本曲线就是企业的短期供给曲线。由于边际报酬递减规律的作用，企业的边际成本递增，因而完全竞争企业的短期供给曲线是一条向右上方倾斜的曲线。

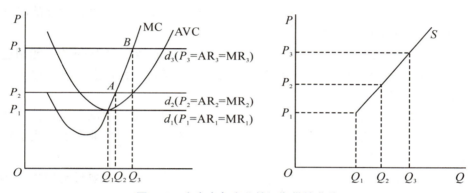

图 4-8　完全竞争企业的短期供给曲线

根据 $P=\text{MC}$ 的短期均衡条件，当商品的价格为 $P_1$ 时，完全竞争企业所选择的最优产量为 $Q_1$；当商品的价格为 $P_2$ 时，企业所选择的最优产量为 $Q_2$；当商品的价格为 $P_3$ 时，企业所选择的最优产量为 $Q_3$。在短期均衡点上，商品价格和企业的最优产量之间的对应关系可以明确地表示为以下的函数关系：$Q_s=f(P)$，此式是完全竞争企业的短期供给函数。此外，短期供给曲线之所以是高于平均可变成本曲线的那部分边际成本曲线，是因为边际成本曲线与平均可变成本曲线的交点即为完全竞争企业的停止营业点。

4. 分析完全竞争企业的短期均衡和长期均衡过程，并探讨其对我国制造业转型升级的启示。结合"中国制造 2025"战略，讨论我国制造业企业如何在市场竞争中提升企业和产业的国际竞争力。

答题要点：完全竞争企业的短期均衡和长期均衡过程对我国制造业转型升级具有重要启示。通过分析这一过程，我们可以深入理解市场竞争机制，为制造业企业提供战略指导。

首先，从短期均衡来看，完全竞争企业追求利润最大化，通过边际收益等于边际成本的原则来确定最优产量。这一过程启示我国制造业企业应当精准把握市场需求，合理控制生产成本，以实现短期效益的最大化。同时，企业需要关注盈亏平衡点和停止营业点，在市场波动时做出正确的生产决策。这要求我国制造业企业提高成本管理能力和市场分析能力，增强应对市场变化的灵活性。

从长期均衡角度看，完全竞争市场中的企业通过规模调整和行业进入退出，最终达到长期零经济利润的状态。这一过程启示我国制造业应当持续优化产业结构，淘汰落后产能，鼓励先进产能。同时，企业应当不断提升技术水平和管理效率，以应对长期的激烈竞争。这与"中国制造2025"战略提出的创新驱动、质量为先、绿色发展等理念高度契合。

结合"中国制造2025"战略，我国制造业企业可以从以下几个方面提升国际竞争力（注意以下仅为参考答案）：

（1）加大研发投入，推动技术创新。完全竞争理论表明，长期均衡下企业只能获得正常利润。因此，企业必须通过持续创新来获取竞争优势。我国制造业企业应当加大研发投入，重视关键核心技术的突破，推动产品和工艺的升级换代。

（2）优化产业结构，提高资源配置效率。完全竞争市场的长期均衡过程实际上是一个资源优化配置的过程。我国制造业应当加快淘汰落后产能，培育发展战略性新兴产业，推动产业链向中高端攀升。

（3）提升智能制造水平，实现数字化转型。"中国制造2025"强调智能制造的重要性。企业应当积极应用物联网、大数据、人工智能等新一代信息技术，提高生产效率和产品质量，降低生产成本。

（4）注重绿色发展，提高可持续竞争力。完全竞争理论虽然没有直接涉及环境因素，但长期来看，绿色发展是企业可持续竞争的关键。我国制造业企业应当加强节能减排技术的应用，发展循环经济，提高资源利用效率。

（5）加强国际合作，融入全球价值链。虽然完全竞争理论主要针对国内市场，但在经济全球化背景下，我国制造业企业应当积极参与国际分工，提升在全球价值链中的地位。这需要企业加强国际合作，提高产品和服务的国际化水平。

（6）培养高素质人才，提升人力资本。完全竞争理论强调企业间的同质性，但实际上人才是企业核心竞争力的重要源泉。我国制造业企业应当加强人才培养和引进，建立健全人才激励机制，为产业转型升级提供智力支持。

# 第五章

# 不完全竞争市场

## 一、本章知识结构图

本章知识结构图如图 5-1 所示。

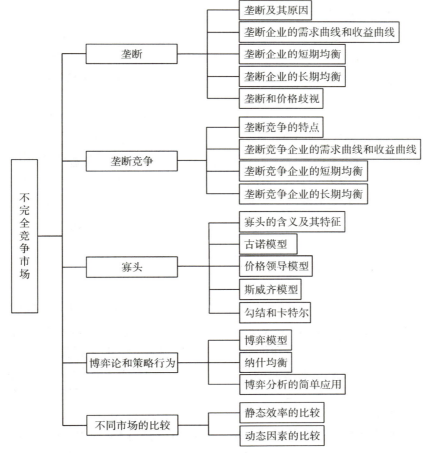

图 5-1　本章知识结构图

## 二、本章主要知识点梳理

### （一）垄断

#### 1. 垄断及其原因

垄断意味着在整个市场上"只此一家"。由于垄断企业是市场上独一无二的生产者，故它生产的产量在市场上的占有率为100%。按形成垄断的原因，我们可以把垄断分为四类，即资源垄断、特许垄断、专利垄断和自然垄断。

资源垄断：某种产品的生产必须要有某种关键性的资源，而这种关键性的资源又为某个企业所独有。

特许垄断：政府利用行政或法律的强制手段，把生产某种产品的权利给予某个企业，而不允许任何其他企业生产。

专利垄断：企业拥有生产某种产品的专利权。从专利的授予方面来看，其是一种特许垄断；从专利的性质方面来看，其是一种资源垄断。

自然垄断：与规模经济有关，生产的不变成本相当大，而可变成本和边际成本又相当小，需要充分大的产量才能使平均成本达到最低点。

#### 2. 垄断企业的需求曲线和收益曲线

垄断企业是整个市场中唯一的生产者，因此，对垄断企业的产品的需求就是整个市场的需求，垄断企业面临的需求函数就是整个市场的需求函数。垄断企业的需求曲线就是整个市场的需求曲线，向右下方倾斜，表明垄断企业可以通过产量的调整控制产品价格。

假定垄断企业面临的需求函数是线性的，则需求函数：$P = \alpha - \beta Q$。总收益函数：$R = \alpha Q - \beta Q^2$。平均收益函数：$AR = \alpha - \beta Q$。边际收益函数：$MR = \alpha - 2\beta Q$。

平均收益曲线与需求曲线完全重合，向右下方倾斜。边际收益曲线 MR 的纵截距与平均收益曲线（或需求曲线）一样，但斜率是后者的 2 倍。边际收益曲线 MR 与横轴的交点正好是平均收益曲线 AR 与横轴的交点的一半。边际收益是总收益曲线上相应点的切线的斜率，当边际收益大于、小于和等于 0 时，收益函数上升、下降和达到最大。

#### 3. 垄断企业的短期均衡

（1）利润最大化产量和价格

短期内，某些要素投入固定，无法进行调整，因此垄断厂商只能在固定生产规模下通过产量和价格的调整使 MR=SMC，从而获得短期最大利润。垄断厂商在短期内是在给定的生产规模下，通过产量和价格的调整来实现 MR=SMC 的利润最大化原则的。

在垄断条件下，为了实现利润的最大化，企业不仅要决定产量，还要决定价格。只有当产量和价格都被正确选定之后，垄断企业才可以说是满足了利润最大化的要求。

（2）盈亏状况

垄断厂商根据 MR=SMC 的原则，将产量和价格分别调整到 $P_0$ 和 $Q_0$，在均衡产量 $Q_0$ 上，垄断厂商可以获得超额利润，此时 AR>SAC；当 AR<SAC 时，垄断厂商也可以

亏损。此时垄断厂商需要根据 AR 与 AVC 的比较来决定是否继续生产：当 AR>AVC 时，垄断厂商则继续生产；当 AR<AVC 时，垄断厂商必须停产；而当 AR=AVC 时，则垄断厂商处于生产与不生产的临界点。

由此可得，垄断厂商短期均衡的条件是：MR=SMC，其短期利润可以大于零，或小于零，或等于零。

（3）垄断企业的供给曲线：不存在

对垄断厂商而言，它需要同时确定价格和产量使利润最大化条件 MR=SMC 成立，因此价格和供给量之间不再必然存在一一对应关系，故垄断厂商不存在具有规律性的短期供给曲线。因为垄断企业面临的需求曲线是向右下方倾斜的（不像完全竞争时那样为一条水平线）向右下方倾斜的需求曲线导致边际收益曲线不同于需求曲线），并进而导致在同一个价格水平上有不同的供给量与之对应。

由于所有的不完全竞争企业（包括垄断竞争企业和寡头企业）面临的需求曲线都是向右下方倾斜的，因此对于任意的不完全竞争企业，供给曲线都不存在。

4. 垄断企业的长期均衡

对垄断条件下的长期均衡亦可从"企业规模调整"和"行业规模调整"两个方面来分析。企业规模调整方面，垄断企业先通过调整企业规模来实现利润最大化条件 MR=LMR=LMC，从而决定长期利润最大化产量和价格，也是最优的短期利润最大化产量和价格。

而垄断行业规模调整只有退出没有进入。垄断企业在进行了所有的规模调整之后，如果仍然无法避免亏损，则自然就会退出，但如果获得了带有垄断性质的经济利润，却不会引起进入。垄断企业的长期均衡可能有两个结果——不亏不盈或盈利。当然，在垄断的情况下，后者是更加常见的现象。垄断企业的最终长期均衡条件为：

$$MR=LMR=LMC=MC^*，\quad AR=LAR\geqslant LAC=AC^*$$

无论在短期还是在长期中，垄断企业的利润最大化状态都是低效率的。因为向右下方倾斜的需求曲线导致相应的边际收益曲线低于需求曲线，进而边际成本小于价格。

5. 垄断和价格歧视

（1）价格歧视的含义及条件：所谓价格歧视，就是将相同成本的一种产品以不同的价格来出售。成功地实行价格歧视至少需要两个方面的条件：一是生产者之间不存在产品的竞争，二是消费者之间不存在产品的转售。

（2）一级价格歧视：垄断企业对每一单位的产品都按照消费者愿意接受的最高价格来出售，即将价格总是定在消费者的意愿支付水平上。

（3）二级价格歧视：是把全部的产品分成若干"堆"，对每一"堆"产品按消费者的边际意愿支付来定价。

（4）三级价格歧视：三级价格歧视针对的是具有不同的需求价格弹性的消费群体，并根据这些不同的需求价格弹性对这些消费群体收取不同的价格，特别是，对需求价格弹性较大的消费群体收取较低的价格，对需求价格弹性较小的消费群体收取较高的价格。

为了实现利润最大化，垄断企业必须保证它所制定的价格能够使得从不同消费群体得到的边际收益相等。

### （二）垄断竞争

#### 1. 垄断竞争的特点

在垄断竞争市场上，存在许多企业，其中每一个企业在整个市场中所占的份额都微不足道，而且它们所生产的产品略有差异。这里所说的差异，不仅包括商品的质量、规格、品牌，还包括购物环境、售后服务等。

垄断竞争企业改变产量的行为会对价格产生一定的影响。这是因为，一方面，尽管垄断竞争企业的产量占整个市场的"份额"很小，但这个很小的份额却是"独特"的有差异的产品。另一方面，垄断竞争企业的产品与同一市场上的其他产品之间存在着极高的"替代性"，而垄断企业的产品与其他企业的产品之间的替代性则要小得多。

#### 2. 垄断竞争企业的需求曲线和收益曲线

（1）需求曲线。垄断竞争企业面临的需求曲线向右下方倾斜，且介于完全竞争企业面临的需求曲线和垄断企业面临的需求曲线之间。垄断竞争企业具有两条需求曲线，即主观需求曲线 dd′ 和客观需求曲线 DD′。

主观需求曲线表示某一垄断竞争企业改变产品价格，而其他企业价格保持不变时，该企业的产品价格和需求量之间的关系的曲线。客观需求曲线表示某一垄断竞争企业改变产品价格，而其他企业的价格也相应发生变化时，该企业的产品价格和需求量之间的关系的曲线。客观需求曲线比主观需求曲线更加陡峭。

（2）收益曲线。垄断竞争企业的收益曲线应当由 dd′ 曲线来决定。这是因为，垄断竞争企业在整个市场上占的份额非常小，因而它的行为不会引起其他企业的反应。据此，垄断竞争企业在改变自己的价格（或产量）时，就可以合理地认为其他企业并不会因此而跟着改变价格（或产量）。换句话说，垄断竞争企业可以把其他企业的价格（或产量）视为固定不变的。于是，它所面临的需求曲线就是 dd′ 而非 DD′ 或其他曲线。

#### 3. 垄断竞争企业的短期均衡

在短期中，垄断竞争企业是在既定的生产规模上，通过价格和产量的调整来实现的短期利润最大化均衡条件。垄断竞争企业的短期均衡条件是：由 dd′ 曲线与 DD′ 曲线的交点所决定的现实产量恰好等于由边际收益曲线 MR 与边际成本曲线 MC 的交点所决定的利润最大化产量。短期均衡时，垄断竞争企业既可能存在超额利润，也可能存在亏损。

#### 4. 垄断竞争企业的长期均衡

长期中，垄断竞争企业可以选择最优的生产规模组织生产，也可以自由进出行业，因此实现长期均衡时，垄断竞争企业的利润必为零，当需求曲线下移到在利润最大化产量上与平均成本曲线相切时，就达到了最终的长期均衡。垄断竞争企业的最终长期均衡的条件是：

$$MR = LMR = LMC = MC^*, \quad AR = LAR = LAC = AC^*$$

### （三）寡头

#### 1. 寡头的含义及其特征

在寡头市场中，少数几个大的企业控制着全部或者大部分产品的生产和销售。形成寡头的原因也包括资源控制、政府特许、专利技术和规模经济等。在形成寡头的情况下，企业行为最重要的特点是相互依赖，即存在一个连续不断的"影响—反应"的链条，寡头企业最初行动的结果到底如何，要取决于其他企业的反应情况。

2. 古诺模型

古诺模型依据的一个重要假定是，其他企业的产量或价格不随寡头企业的改变而改变。在这种情况下，寡头企业面临的需求曲线可以很容易地从市场需求曲线中推导出来。假设每一个企业对对方的情况了如指掌，并总是在把对方的产量看成固定不变的情况下来决定自己的利润最大化产量。

3. 价格领袖模型

假定存在一个具有支配地位的大企业（寡头）和一群不居支配地位的小企业；改变价格的决定总是由居支配地位的大企业作出，其他小企业则紧随其后，即跟随大企业同时和同等程度地改变价格。大企业就是所谓的"价格领袖"，它为市场制定价格，并让其余的小企业在这一价格上出售任意数量的产品，自己则提供市场需要的剩余部分。这些小企业都是"完全竞争"的——它们的边际收益等于价格，并且在价格等于边际成本处进行生产。

4. 斯威齐模型

斯威齐模型亦称弯折的需求曲线模型，用于解释寡头市场上产品价格的向上刚性现象。即当某个寡头厂商降价时，其余厂商会立即将价格降至相同水平；而当其提高价格时，则行业中的其他寡头并不会改变自己的价格。因此寡头厂商面临着一条弯折的需求曲线。

5. 勾结和卡特尔

当若干个企业达成公开或正式的协议，试图控制整个市场的利润最大化产量和价格时，这些企业的总和就是所谓的"卡特尔"，即卡特尔是勾结在一起的一群企业，像一个垄断企业一样行动，追求总的利润的最大化。

### （四）博弈论和策略行为

1. 博弈模型

人们通常把类似寡头市场的环境叫作"策略性环境"。在该环境中，每一个人进行的决策和采取的行动都会对其他人产生影响。在策略性环境中进行策略性决策和采取策略性行动，就是所谓的"博弈"，而对如何进行博弈的专门研究就是所谓的"博弈论"。任何博弈都有三个基本的要素，即参与人、参与人的策略和参与人的支付。

2. 纳什均衡

所谓纳什均衡，指的是参与人的这样一种策略组合，在该策略组合上，任何参与人单独改变策略都不会得到好处。或者换个说法：如果在一个策略组合中，当所有其他人都不改变策略时，没有人会改变自己的策略，则该策略组合就是一个纳什均衡。在纳什均衡的定义中，"不会得到好处"是指参与人在改变策略之后支付不会增加。这包括两种情况：支付减少或者支付不变。

3. 博弈分析的简单应用

（1）卡特尔的不稳定性。由于在策略组合（合作，合作）上，企业 A 和企业 B 都有改变策略的动机，故它们之间的合作是不稳定的，它们的合作协议是不可靠的。两个企业均违背协议的结果导致最后采取的策略组合为（不合作，不合作），即仍然是纳什均衡。

（2）策略性贸易政策。将博弈论运用于分析国际分工和贸易问题的一个结果是所谓的策略性贸易政策的提出。

### （五）不同市场的比较

#### 1. 静态效率的比较

市场组织的类型直接影响着经济效率的高低：完全竞争市场的经济效率是最高的，其次是垄断竞争，再次是寡头垄断，而垄断市场的经济效率最低。即市场竞争程度越高，经济效率越高。长期均衡时，市场是否实行了边际成本定价准则，是判断该市场的资源配置效率是否达到了帕累托最优的重要标准。

#### 2. 动态因素的比较

引入技术进步的因素后，一方面，相对于完全竞争企业，不完全竞争企业的技术进步可能要更快一些；另一方面，不完全竞争企业更快的技术进步可能会抵消掉其静态的低效率还有余，从而使得它的综合的（同时包括静态效率和技术进步在内的）效率超过完全竞争企业。

## 三、本章课后思考题解答

**1. 在短期中，垄断企业是否会亏损？为什么？**

答：在短期中，垄断企业和完全竞争企业或其他企业一样，在利润最大化产量上也可能会亏损。在短期中，垄断企业是在给定的生产规模下，通过产量和价格的调整来实现利润最大化条件。造成垄断企业在短期中亏损的原因主要是两个方面：在给定的规模上成本过高，或者市场的需求过低。在这两种情况下，即使在利润最大化产量上，垄断企业的平均成本也可能大于平均收益，从而使垄断企业遭受亏损。如图 5-2 所示，根据利润最大化条件 $MR = MC$，其利润最大化产量为 $Q_0$，同时根据需求曲线决定价格和平均收益为 $P_0$，此时平均收益小于平均成本 $P_1$，企业处于亏损状态，亏损额为 $(P_1 - P_0) Q_0$。

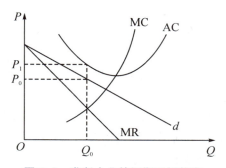

图 5-2　垄断企业的短期亏损状态

**2. 试比较垄断企业与完全竞争企业的最终均衡。**

答：在长期的最终均衡中，垄断企业的长期边际收益等于长期边际成本，长期平均收益大于或等于长期平均成本，短期边际收益等于最优（规模的）短期边际成本，短期平均收益大于或等于最优（规模的）短期平均成本，其经济利润为正或为零。

而在长期的最终均衡中，完全竞争企业的长期边际收益等于长期边际成本，长期平均收益等于长期平均成本，短期边际收益等于最优（规模的）短期边际成本，短期平均收益等于最优（规模的）短期平均成本，且它们都等于市场价格，其经济利润为零。

3. 谈谈你对自然垄断的看法。

答：自然垄断的形成常常与规模经济有关：某种生产的不变成本相对来说非常高，而可变成本及边际成本又相对非常低，结果平均成本随产量的增加而不断下降，一直下降到充分大的产量上才达到最低点。此处，充分大的产量是指在可盈利的价格下能够完全满足市场的需要。在这种情况下，如果有两个或两个以上的企业生产该产品，则它们都无法达到最低的成本。于是，为了减少成本，每个企业都将努力地增加各自的产量，并相应地降低价格，形成"价格战"。价格战胜利的企业就成为市场的垄断者。一旦形成垄断，该垄断企业就可以凭借垄断地位而根据利润最大化的要求来重新决定自己的产量和价格。

4. 为什么垄断竞争企业可以对价格施加一定的影响？

答：垄断竞争企业改变产量的行为会对价格产生一定的影响，这主要是因为：尽管从整个市场来看，垄断竞争企业的"份额"是"微不足道"的，但它生产的却是有差异的产品，所以垄断竞争企业具有一定的"垄断"性质，因而它提高价格之后，不会失去所有的购买者。于是，垄断竞争企业面临的需求曲线不再像完全竞争时那样为一条水平线，而是向右下方倾斜。当然，与垄断企业不同的是，由于垄断竞争企业的产品和同一市场中的很多其他产品仍然属于同一种类，相互之间存在着极高的替代性，故它提高价格之后仍然会失去大量的购买者，比真正的垄断企业会失去的购买者要多很多。因此，垄断竞争企业面临的需求曲线不会像垄断企业的需求曲线那样陡峭，相对会更为平坦。

5. 试比较垄断竞争企业与完全竞争企业、垄断企业的联系和区别。

答：联系方面，对于垄断竞争企业与完全竞争企业而言，两者所在的市场中均存在着大量的同行业竞争企业，单个企业的产量在市场中所占的份额都微不足道，且企业可以自由地进入或退出市场，没有进入和退出的障碍，企业在长期均衡中的经济利润为零；对于垄断竞争企业与垄断企业而言，两者均可以对价格施加一定程度的影响，其所面临的需求曲线均向右下方倾斜，且均被认为是缺乏经济效率的。

区别方面，垄断竞争企业、完全竞争企业和垄断企业在其产品与同一市场（或不同市场）中其他企业的产品的替代程度方面有较大区别。在完全竞争企业之间，因为产品是完全同质的，因而产品的替代性趋向于无穷大。对于垄断企业而言，因为其产品与其他企业是完全不同质的，因而其替代性为 0。而垄断竞争企业既具有一定的垄断性，也具有一定的竞争性。因为一方面该市场上的企业数量众多，且企业可以自由进出，具有竞争性；另一方面，因为其产品有差异性，进而具有垄断性，因此其产品的替代性介于前两种企业之间，既大于 0，但又不会大到无穷大。

6. 为什么同一个垄断竞争企业会面临各种不同的需求曲线？

答：同一个垄断竞争企业之所以会面临多种不同的需求曲线，主要是因为在垄断竞争市场中，企业之间的行为会产生相互影响，从而改变企业所面临的需求曲线。以某个典型的垄断竞争企业为例，由于垄断竞争企业在整个市场中所占的份额微不足道，所以它改变价格的行为通常不会引起其他企业也改变价格。在这种情况下，它改变价格既会改变原有顾客的购买数量，也会改变顾客的总量，从而引起产量的变动相对较多，可以得到一条典型垄断竞争企业的需求曲线，如图5-3中的dd′。

但是，垄断竞争企业改变价格不会引起其他企业改变价格并不意味着其他企业就不会改变自己的价格，而是完全可以由于其他方面的原因而改变价格。在这种情况下，典型垄断竞争企业改变价格的结果就不再是如上所说的需求曲线dd′。假设同一市场中的所有其他企业也都类似于这个典型垄断竞争企业。于是，它们也都将出于自身的原因，同时和同等程度地改变价格。此时，典型垄断竞争企业改变价格只能改变原有顾客的购买数量，而不会改变顾客的总量，从而引起产量的变动相对较少，则其面临的就是另外一条更加陡峭的需求曲线，如图5-3中的DD′。

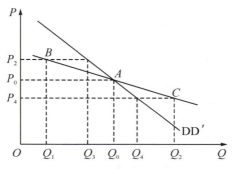

图 5-3　垄断竞争企业面临的需求曲线

7. 寡头企业与其他类型企业（如完全竞争企业、垄断企业、垄断竞争企业）最主要的区别是什么？

答：完全竞争和垄断竞争企业由于规模非常小，故在决定自己行动的时候，没有必要考虑该行动对其他企业的影响，从而没有必要考虑其他企业可能因此而有的反应；垄断企业由于在市场上"只此一家"，也没有必要考虑自己的行动对其他企业的影响。

而寡头企业与上述类型的企业则不同。寡头企业的行为最重要的特征就是相互影响。由于寡头企业相对于市场来说规模巨大，寡头企业的行为会在较大程度上改变整个市场的状况，从而影响同一市场中的其他企业；这些其他企业因而必定会对寡头企业的行为做出反应，它们的反应反过来又会再一次地改变市场的状况，从而改变寡头企业最初行动的效果。

8. 根据西方经济学，在长期中，之所以存在超额利润或经济利润，是因为存在各种各样的"进入障碍"。这种看法对吗？为什么？

答：在西方经济学看来，经济利润等于总收益减去经济成本，而经济成本包含了正常利润等机会成本或隐性成本，所以经济利润是在正常利润水平之上的那一部分利润，因而也通常被称为超额利润。同时，它假定了企业选择进出行业的标准是零经济利润。一旦某个市场出现正的经济利润或超额利润，如果不存在"进入障碍"，在长期中，就会吸引其他企业进入该市场，使得整个市场供给增加，市场价格和超额利润随之下降，这一过程将持续直到不再存在超额利润。比如，完全竞争和垄断竞争市场不存在"进入障碍"，因而在长期中只能获得零经济利润，而垄断市场因为存在"进入障碍"，因而在长期中可以获得超额利润。由此可见，上述说法具有其合理性。

但是，如果假定存在正的所谓的平均利润率，此时即使不存在"进入障碍"，正的经济利润也不一定会引起其他企业进入。如果这一利润低于平均利润，则还会引起其他企业退出；如果这一利润高于平均利润，其他企业的进入也不足以导致经济利润下降到零，而只会下降到平均水平。这样，在长期中，完全竞争企业和垄断竞争企业也能获得正的经济利润，即平均经济利润，而垄断企业和寡头企业则可以获得更高的垄断利润。

9. 假定某企业面临的需求函数是线性的。试证明：对该企业来说，价格减边际收益之差与产量的比率为常数。

证明：假设企业面临的需求函数为 $P = a - bQ$，其中 $a$ 和 $b$ 均是为正的常数，则总收益 $R = PQ = aQ - bQ^2$，边际收益 $MR = \dfrac{dR}{dQ} = a - 2bQ$，则有，$\dfrac{P - MR}{Q} = \dfrac{bQ}{Q} = b$。

因此，若企业面临的需求函数是线性的，则对该企业来说，价格减边际收益之差与产量的比率为常数。

10. 设某垄断企业的总成本函数为 $C = \dfrac{1}{3}Q^3 - 7Q^2 + 111Q + 50$，市场的需求函数为 $Q = 100 - P$。试求：

（1）利润最大化产量；

（2）利润最大化价格；

（3）利润最大化产量上的盈亏状况；

（4）经济利润（垄断利润）的大小。

答：（1）该市场的需求函数可表示为 $P = 100 - Q$，则垄断企业的边际收益为：$MR = 100 - 2Q$。

由总成本函数可得边际成本为：$MC = Q^2 - 14Q + 111$。

根据垄断企业的利润最大化原则 $MR = MC$，即 $100 - 2Q = Q^2 - 14Q + 111$，解得 $Q_1 = 1$（不满足利润最大化二阶条件 $\dfrac{dMR}{dQ} < \dfrac{dMC}{dQ}$，为利润最小化产量，舍去），$Q_2 = 11$。

即利润最大化产量为 11。

（2）当 $Q = 11$ 时，代入需求函数，可得利润最大化价格为 $P = 100 - Q = 89$。

（3）当 $Q = 11$ 时，平均成本 $AC = \dfrac{1}{3}Q^2 - 7Q + 111 + \dfrac{50}{Q} = \dfrac{2\,603}{33} < P = 89$，

因此，在利润最大化产量上，平均收益（价格）大于平均成本，企业盈利。

（4）当 $Q = 11$ 时，可得企业的经济利润：$\pi = (P - AC)Q = \left(89 - \dfrac{2\,603}{33}\right) \times 11 = \dfrac{334}{3}$。

## 四、本章课后练习题

### （一）名词解释

垄断　价格歧视　一级价格歧视　三级价格歧视　垄断竞争　寡头市场　价格刚性　卡特尔　策略性决策　纳什均衡

### （二）单项选择题

1. 对于垄断企业，以下说法错误的是（　　）。

　　A. 其需求曲线就是市场的需求曲线

　　B. 边际收益小于平均收益

　　C. 边际收益曲线与需求曲线重合

　　D. 在利润最大化产量上，价格高于边际成本

2. 当垄断企业的平均收益曲线为一条直线时，边际收益曲线的斜率绝对值是平均收益曲线斜率绝对值的（　　）。

　　A. 0.5 倍　　　　　B. 1 倍　　　　　C. 2 倍　　　　　D. 4 倍

3. 当垄断企业实现短期利润最大化时，（　　）。

　　A. P = MR = MC　　　　　　　　　B. P>MR = MC

　　C. P>MR = AC　　　　　　　　　D. P>MC = AC

4. 在短期均衡状态下，垄断企业的盈亏情况是（　　）。

　　A. 不盈不亏　　　　　　　　　B. 获得超额利润

　　C. 亏损　　　　　　　　　　D. 以上都有可能

5. 垄断企业的供给曲线（　　）。

　　A. 不存在

　　B. 是平均可变成本之上的边际成本曲线

　　C. 向右上方倾斜

　　D. 是边际成本曲线向右上方倾斜的部分

6. 垄断企业实现长期均衡的条件是（　　）。

　　A. MR = LMC = AR = LAC　　　　　B. MR = LMC，AR = LAC

　　C. MR = LMC，AR>LAC　　　　　D. MR = LMC，AR≥LAC

7. 一个垄断企业在长期中获得超额利润，是因为（　　）。

　　A. 其他企业无法进入该行业

　　B. 该企业的生产效率比完全竞争企业更高

　　C. 垄断企业可以任意制定价格

　　D. 垄断企业的需求曲线缺乏弹性，从而能获得更多收益

8. 以下选项中，属于二级价格歧视的是（　　）。

　　A. 按消费者的支付意愿收取不同的价格

　　B. 购买的数量越多，折扣越高

C. 景区门票对学生收取半价

D. 以上都不是

9. 对于需求价格弹性较大的消费群体，实施三级价格歧视的垄断企业将（　　）。

　　A. 收取较高的价格

　　B. 获得较低的边际收益

　　C. 获得与其他消费群体相同的边际收益

　　D. 以上都不对

10. 当垄断企业的边际收益为 8 元，需求价格弹性是 5 时，相应的垄断价格是（　　）元。

　　A. 5　　　　　　B. 6.4　　　　　　C. 8　　　　　　D. 10

11. 垄断企业对 A、B 两个市场实施三级价格歧视，两个市场的需求价格弹性分别为 2 和 4，则 A 市场的价格是 B 市场价格的（　　）倍。

　　A. 2/3　　　　　B. 3/2　　　　　C. 1/2　　　　　D. 2

12. 不完全竞争企业的利润最大化状态是低效率的原因是，产品价格（　　）边际成本。

　　A. 低于　　　　　B. 等于　　　　　C. 高于　　　　　D. 以上都不对

13. 垄断竞争市场和垄断市场的相似之处是（　　）。

　　A. 企业行为对价格的影响程度　　　B. 企业的需求曲线向右下方倾斜

　　C. 同一市场中企业的数量　　　　　D. 进入限制

14. 在垄断竞争企业短期均衡的产量上，（　　）。

　　A. 主观需求曲线 dd′ 与平均成本曲线相切

　　B. 平均成本曲线下降

　　C. 实际需求曲线 DD′ 相对应的 MR 曲线与 MC 曲线相交

　　D. 主观需求曲线 dd′ 与实际需求曲线 DD′ 相交，且其相对应的 MR 曲线与 MC 曲线相交

15. 垄断竞争企业在长期均衡状态下，其经济利润（　　）。

　　A. 为零　　　　　B. 为正　　　　　C. 为负　　　　　D. 以上都有可能

16. 长期均衡中，垄断竞争企业的价格等于（　　）。

　　A. 长期平均成本　　　　　　　　　B. 长期平均成本的最小值

　　C. 长期边际成本　　　　　　　　　D. 边际收益

17. 在垄断竞争企业的长期均衡产量上，（　　）。

　　A. 长期平均成本曲线上升　　　　　B. 价格高于长期平均成本的最小值

　　C. 长期平均成本曲线达到最低点　　D. 以上都对

18. 垄断竞争企业为获得最大利润可能采取的方式有（　　）。

　　A. 质量竞争　　　B. 品牌竞争　　　C. 售后服务竞争　　　D. 以上都是

19. 当垄断竞争企业处于长期均衡状态时，有（　　）。

　　A. LMC<LAC　　　　　　　　　　B. LMC＝LAC

　　C. LMC>LAC　　　　　　　　　　D. 以上都有可能

20. 寡头企业的产品（　　　）。

    A. 有差异　　　　　　　　　　B. 无差异

    C. 既可以有差异，也可以无差异　　D. 以上都不对

21. 根据古诺模型，当市场上只有两个寡头企业时，每个企业的产量是市场容量的（　　　）。

    A. 1/3　　　　　B. 1/2　　　　　C. 2/3　　　　　D. 1 倍

22. 在斯威齐模型中，拐折的需求曲线意味着边际收益曲线是（　　　）。

    A. 拐折的　　　B. 不确定的　　　C. 间断的　　　D. 连续的

23. 卡特尔面临的最大问题是（　　　）。

    A. 不能决定成员企业的产品价格　　B. 成员企业存在违约动机

    C. 无法分配成员企业的产量　　　　D. 部分成员企业的利润减少

24. 一个博弈的参与人的支付取决于（　　　）。

    A. 自己的策略　　　　　　　　　B. 他人的策略

    C. 自己与他人的策略　　　　　　D. 以上都不是

25. 关于以下两个企业是否合作的博弈（见表 5-1），有（　　　）。

表 5-1　寡头博弈：合作与不合作

| 企业 A | 企业 B | |
| --- | --- | --- |
| | 合作 | 不合作 |
| 合作 | 9, 5 | 5, 3 |
| 不合作 | 6, 2 | 7, 3 |

    A.（合作，合作）是纳什均衡　　　B.（不合作，不合作）是纳什均衡

    C. 以上都对　　　　　　　　　　D. 以上都不对

## （三）判断题

1. 自然垄断产生的一个主要原因是规模经济。　　　　　　　　　　　　（　　　）

2. 垄断企业的边际收益曲线、平均收益曲线与需求曲线完全重合。　　（　　　）

3. 因为垄断企业是产品价格的控制者，因此可以对产品任意定价。　　（　　　）

4. 在利润最大化的产量上，对于完全竞争企业，$P=MC$；而对于垄断企业，$P>MC$。

                                                    （　　　）

5. 垄断企业的边际成本曲线也是其供给曲线。　　　　　　　　　　　（　　　）

6. 长期均衡状态下，垄断企业通常能获得正的经济利润。　　　　　　（　　　）

7. 垄断企业实行一级价格歧视时，消费者剩余为零。　　　　　　　　（　　　）

8. 垄断企业实行三级价格歧视时，对需求价格弹性较小的消费群体定价较低。

                                                    （　　　）

9. 垄断竞争企业和完全竞争企业一样无法影响产品价格。　　　　　　（　　　）

10. 垄断竞争企业面临的需求曲线比垄断企业的需求曲线更平缓。　　（　　　）

11. 在垄断竞争企业的短期均衡产量上，相对平缓的需求曲线 dd 与相对陡峭的需

求曲线 DD 正好相交。 （　　）

    12. 垄断竞争企业在 LAC 曲线的最低点实现长期均衡。 （　　）

    13. 古诺模型中寡头企业的均衡产量介于完全竞争企业和垄断企业之间。 （　　）

    14. 在价格领导模型中，价格领导者制定价格时不需要考虑小企业的行为。

        （　　）

    15. 斯威齐模型能够解释寡头市场存在的价格"刚性"现象。 （　　）

    16. 卡特尔能够获得的总利润等于其成员单独行动时的总利润。 （　　）

    17. 如果某项协议是纳什均衡，则协议成员将会自觉遵守。 （　　）

## （四）简答题

1. 形成垄断的原因主要包括哪些？

2. "垄断企业可以任意提价"这一说法对吗？为什么？

3. 简述价格歧视的实行条件及分类。

4. 垄断竞争市场有哪些特征？

5. 简述卡特尔的含义及其具有不稳定性的原因。

## （五）计算题

1. 某垄断企业的平均收益函数为 $P = 100 - 0.5Q$，成本函数为 $TC = 0.5Q^2 + 20Q$。

（1）求该企业利润最大化的产量、价格和利润。

（2）若政府对企业生产的每单位产品征税 8 元，则该企业利润最大化的产量、价格和利润各是多少？

（3）若政府对消费者购买的每单位产品征税 8 元，结果又如何？

2. 假设某垄断企业面临的需求函数为 $Q = 75 - 0.5P$，成本函数为 $TC = Q^2 + 30Q$。

（1）求该企业利润最大化的产量、价格和利润。

（2）若政府通过采取限价政策，使其达到完全竞争市场所能实现的产量，则该限价应为多少？相应的产量和利润各是多少？

3. 某垄断企业生产的产品在两个分割的市场上销售，成本函数为 $TC = Q^2 + 20Q$，两个市场的需求函数分别为 $Q_1 = 100 - P_1$ 和 $Q_2 = 200 - 2P_2$。

（1）若该企业实行三级价格歧视，求利润最大化时两个市场的价格、销售量和总利润。

（2）若该企业在两个市场上实行统一价格，求利润最大化时的价格、销售量和总利润。

（3）比较（1）和（2）的结果，说明该企业是否有必要实行三级价格歧视？为什么？

4. 某垄断竞争企业的短期成本函数为 $STC = 0.001Q^3 - 0.2Q^2 + 15Q + 200$。同时该企业主观认为，他的产品价格每降低 1 单位，销售量将增加 20 单位，而该企业面临的实际需求曲线 DD′ 为 $Q = 200 - 10P$。试求：

（1）该企业的短期均衡产量、价格和主观需求曲线。

（2）该企业的短期均衡利润。

5. 某垄断竞争企业的长期成本函数为 $LTC = 0.01Q^3 - 0.5Q^2 + 16Q$，实际需求曲线为 $P = 20 - 0.5Q$。试求：

（1）该企业的长期均衡产量和均衡价格。

（2）该企业的主观需求曲线（假设为线性）。

6. 两个寡头厂商生产同质产品，市场需求曲线为 $P = 100 - 0.5(Q_1 + Q_2)$，$Q_1$ 和 $Q_2$ 分别为两个厂商的产量，它们的成本函数分别为 $C_1 = 40Q_1$ 和 $C_2 = 0.5Q_2^2$。试求：

（1）若两个厂商结成卡特尔，其产量、价格和利润分别是多少?

（2）若两个厂商同时进行产量决策，则其达到古诺均衡时的产量、价格和利润分别是多少?

## （六）论述题

1. 试比较分析完全竞争市场与完全垄断市场的长期均衡机制，并说明为什么各国政府都对垄断行为采取一定的限制。

2. 试论述垄断竞争企业所面临的两条需求曲线的含义及其相互关系。

# 五、本章课后练习题答案及解析

## （一）名词解释

垄断是指整个市场上只有一家企业来提供所有产品的市场组织。

价格歧视是指将相同成本的一种产品以不同的价格来出售。

一级价格歧视是指企业对每一单位的产品都按照消费者愿意接受的最高价格来出售。

三级价格歧视是指针对具有不同的需求价格弹性的消费群体，根据不同的需求价格弹性对这些消费群体收取不同的价格。

垄断竞争是指同一市场中有许多企业生产和销售有差异的产品的市场组织。

寡头市场是指少数几个大的企业控制着全部或者大部分产品的生产和销售的一种市场组织。

价格刚性是指成本和需求在一定范围之内的变化不会引起价格的变化。

卡特尔是指当若干个企业达成公开或正式的协议，试图控制整个市场的利润最大化产量和价格时，这些企业的总和就称为卡特尔。

策略性决策是指每个人都要根据其他人的可能反应来决定自己的决策。

纳什均衡是指任何参与人单独改变策略都不会得到好处的这样一种策略组合。

## （二）单项选择题

1. C。垄断企业的边际收益曲线位于需求曲线下方。

2. C。垄断企业的平均收益与价格相等，假设其函数为 $AR = P = \alpha - \beta Q$，则边际收益函数为 $MR = \alpha - 2\beta Q$，则后者斜率是前者的 2 倍。

3. B。对于垄断企业，$P > MR$，同时短期利润最大化需满足条件 $MR = MC$。

4．D。垄断企业在短期均衡状态下的盈亏情况与完全竞争企业一样，盈利、亏损或不盈不亏都可能发生。

5．A。由于垄断企业的需求曲线向右下方倾斜，从而导致边际收益曲线不同于需求曲线，因而不存在确切的供给曲线。

6．D。垄断企业实现长期利润最大化的条件为 $MR = LMC$，同时，垄断企业在长期中可能盈利或不盈不亏，即 $AR \geqslant LAC$。

7．A。垄断企业之所以在长期中能获得超额利润，是因为垄断市场存在进入限制。

8．B。二级价格歧视是对不同的消费数量的产品收取不同的价格。

9．C。为了实现利润最大化，垄断企业将会使得从各个消费群体得到的边际收益均等于边际成本。

10．D。根据 $MR = P\left(1 - \dfrac{1}{e_d}\right)$，代入得 $8 = \dfrac{4}{5}P$，解得 $P = 10$。

11．B。为实现利润最大化，需 $P_A\left(1 - \dfrac{1}{e_{dA}}\right) = P_B\left(1 - \dfrac{1}{e_{dB}}\right)$，则 $\dfrac{P_A}{P_B} = \left(1 - \dfrac{1}{e_{dB}}\right) \Big/ \left(1 - \dfrac{1}{e_{dA}}\right) = \dfrac{1 - 1/4}{1 - 1/2} = \dfrac{3}{2}$。

12．C。由于不完全竞争企业面临向右下方倾斜的需求曲线，从而导致价格高于相应的边际收益，而利润最大化条件为边际收益等于边际成本，故产品价格高于边际成本。

13．B。因为产品的差异性，垄断竞争企业可以对价格施加一定的影响，从而其需求曲线也和垄断企业的需求曲线类似，为向右下方倾斜，但相对更为平缓。

14．D。垄断竞争企业短期均衡的条件是由主观需求曲线 $dd'$ 与实际需求曲线 $DD'$ 的交点所决定的产量刚好等于 MR 曲线与 MC 曲线的交点所决定的利润最大化产量。

15．A。由于在垄断竞争情况下，在长期中企业可以自由进出，因此在长期均衡中企业经济利润必将为零。

16．A。垄断竞争企业在长期均衡中经济利润为零，则价格等于长期平均成本。

17．B。在垄断竞争企业的长期均衡产量上，长期平均成本曲线在其最低点的左边与需求曲线相切，因而价格高于长期平均成本的最小值。

18．D。垄断竞争企业生产的产品具有差异性，包括质量、品牌、售后服务等各方面的差异，正是这些差异性使得垄断竞争企业具有一定的"垄断"性质。

19．A。在垄断竞争企业的长期均衡点上，LAC 曲线下降，则有 LMC<LAC。

20．C。寡头企业的产品差异性无特定要求。

21．A。根据古诺模型，每个企业的产量是市场容量的 $1/(n + 1) = 1/3$。

22．C。根据需求曲线与边际收益曲线的关系即可推导得出。

23．B。当其他成员企业坚持卡特尔价格时，某个企业稍微降价便可以获得更多利润，因此卡特尔成员企业存在较大的违约动机。

24．C。在一个博弈中，每个参与人的策略都会对其他人产生影响。

25．C。借助相对优势策略的概念，可以找出（合作，合作）和（不合作，不合作）这两个纳什均衡。

## （三） 判断题

1. 正确。规模经济使得平均成本需下降到充分大的产量才达到最低点，为了减少成本，企业将通过价格战而努力增加产量，从而最终形成自然垄断。

2. 错误。垄断企业的平均收益曲线与需求曲线完全重合，但边际收益曲线与之不重合。

3. 错误。垄断企业虽然是价格的控制者，也需要根据利润最大化原则和需求曲线来确定价格，以实现利润最大化。

4. 正确。利润最大化产量满足 MR＝MC，对于完全竞争企业，P＝MR＝MC，而对于垄断企业，P＞MR＝MC。

5. 错误。由于垄断企业面临的需求曲线向右下方倾斜，且与边际收益曲线不再重合，因而垄断企业的供给曲线不存在。

6. 正确。由于垄断市场存在进入限制，垄断企业在长期均衡时通常也能获得正的经济利润，而不会引起其他企业进入。

7. 正确。实行一级价格歧视时，消费者对每一单位产品支付的价格刚好等于其愿意接受的最高价格，则消费者剩余为零。

8. 错误。实行三级价格歧视的垄断企业对需求价格弹性较小的消费群体定价较高。

9. 错误。垄断竞争企业由于产品具有差异性，因而可以在一定程度上影响产品价格。

10. 正确。由于垄断竞争企业之间的产品替代性大于垄断企业，当价格变动时，引起的需求量的变动将会更大，从而其需求曲线更加平缓。

11. 正确。垄断竞争企业的短期均衡条件是曲线 dd 与曲线 DD 的交点所决定的产量恰好等于利润最大化产量。

12. 错误。垄断竞争企业的长期均衡点在 LAC 曲线的最低点的左边。

13. 正确。古诺模型中寡头企业的均衡产量小于完全竞争企业，大于垄断企业的均衡产量。

14. 错误。价格领导者的需求曲线由市场需求曲线水平减去小企业的总供给曲线后得到，再根据这一需求曲线、边际收益曲线和边际成本曲线决定利润最大化的产量和价格。

15. 正确。斯威齐模型假设寡头企业在价格上"跟降不跟涨"，从而使得成本和需求在一定范围内的变化不会引起价格的变化。

16. 错误。卡特尔像一个垄断企业一样行动，因而能够获得垄断利润，且大于其成员单独行动时的总利润。

17. 正确。纳什均衡意味着所有参与者都处于均衡状态，没有人会单独改变自己的策略。

## （四） 简答题

1. 形成垄断的原因主要包括哪些？

答题要点：垄断市场意味着该市场上只有唯一一个企业生产和销售产品。形成垄断的原因主要包括以下几个方面：①资源垄断：某种产品的生产必须要有某种关键性的资源，而这种关键性的资源又为某个企业所独有。②特许垄断：政府利用行政或法律的强制手段，把生产某种产品的权利给予某个企业，而不允许任何其他企业生产。③专利垄断：企业拥有生产某种产品的专利权。从专利的授予方面来看，其是一种特许垄断；从专利的性质方面来看，其是一种资源垄断。④自然垄断：与规模经济有关，生产的不变成本相当大，而可变成本和边际成本又相当小，需要充分大的产量才能使平均成本达到最低点。

2. "垄断企业可以任意提价"这一说法对吗？为什么？

答题要点：这一说法不完全正确。垄断企业是整个市场中唯一的生产者，是产品价格的制定者，虽然从理论上来说可以任意提价，但是，垄断企业的价格和需求量也必将遵循市场规律，若产品定价过高，消费者的需求量就会降低，从而使企业的利润下降。因此，为了实现利润最大化，垄断企业需要根据 MR = MC 的利润最大化原则来决定其最优产量和价格。此外，政府对垄断企业的价格限制也制约了企业的任意提价行为。

3. 简述价格歧视的实行条件及分类。

答题要点：价格歧视是指将相同成本的一种产品以不同的价格来出售。成功地实行价格歧视至少需要两个方面的条件：一是生产者之间不存在产品的竞争，二是消费者之间不存在产品的转售。价格歧视可以分为三类：①一级价格歧视，是指垄断企业对每一单位产品都按消费者愿意接受的最高价格来出售。②二级价格歧视，是指对不同的消费数量段收取不同的产品价格。③三级价格歧视，是指对具有不同的需求价格弹性的消费群体收取不同的价格，特别是，对需求价格弹性较大的消费群体收取较低的价格，对需求价格弹性较小的消费群体收取较高的价格。

4. 垄断竞争市场有哪些特征？

答题要点：在垄断竞争市场上，存在许多企业，其中每一个企业在整个市场中所占的份额都微不足道，而且它们所生产的产品略有差异。这里所说的差异，不仅包括商品的质量、规格、品牌，还包括购物环境、售后服务等。垄断竞争企业改变产量的行为会对价格产生一定的影响。垄断竞争企业的产品与同一市场上的其他产品之间存在着极高的"替代性"。此外，企业可以自由进出。

5. 简述卡特尔的含义及其具有不稳定性的原因。

答题要点：当若干个企业达成公开或正式的协议，试图控制整个市场的利润最大化产量和价格时，这些企业的总和就是所谓的"卡特尔"，即卡特尔是勾结在一起的一群企业，像一个垄断企业一样行动，追求总的利润的最大化。卡特尔具有不稳定性的原因是，当其他成员企业均坚持卡特尔价格时，某个企业改变价格时其需求曲线将具有相当大的弹性，因此该企业稍微降价就可以大幅增加销售量，从而获得更多利润，因此卡特尔成员企业存在较大的违约动机，即卡特尔具有不稳定性。

（五）计算题

1. 某垄断企业的平均收益函数为 $P = 100 - 0.5Q$，成本函数为 $TC = 0.5Q^2 + 20Q$。

（1）求该企业利润最大化的产量、价格和利润。

（2）若政府对企业生产的每单位产品征税 8 元，则该企业利润最大化的产量、价格和利润各是多少？

（3）若政府对消费者购买的每单位产品征税 8 元，结果又如何？

解：（1）由平均收益函数即反需求函数可得，其边际收益函数为：$MR = 100 - Q$，

由总成本函数可得边际成本为：$MC = Q + 20$，

根据垄断企业的利润最大化原则 $MR = MC$，即 $100 - Q = Q + 20$，解得 $Q = 40$，

将其代入 $P = 100 - 0.5Q$，解得 $P = 80$，

此时利润 $\pi = PQ - TC = 80 \times 40 - 0.5 \times 40^2 - 20 \times 40 = 1\,600$。

（2）假设企业不含税的出厂价格为 $P'$，若政府对企业生产的每单位产品征税 8 元，则产品销售价格为 $P' + 8$，相应的平均收益函数为 $P' + 8 = 100 - 0.5Q$，即 $P' = 92 - 0.5Q$，边际收益函数为 $MR = 92 - Q$，由利润最大化原则 $MR = MC$，可解得 $Q = 36$，

则出厂价格 $P' = 92 - 18 = 74$，销售价格为 $P = P' + 8 = 82$，

此时企业利润 $\pi' = P'Q - TC = 74 \times 36 - 0.5 \times 36^2 - 20 \times 36 = 1\,296$。

（3）若政府对消费者购买的每单位产品征税 8 元时，假设企业不含税的出厂价格为 $P''$，则销售价格为 $P'' + 8$，其实质同第（2）问，因此其结果也与第（2）问相同。

2. 假设某垄断企业面临的需求函数为 $Q = 75 - 0.5P$，成本函数为 $TC = Q^2 + 30Q$。

（1）求该企业利润最大化的产量、价格和利润。

（2）若政府通过采取限价政策，使其达到完全竞争市场所能实现的产量，则该限价应为多少？相应的产量和利润各是多少？

解：（1）由需求函数可得 $P = 150 - 2Q$，其边际收益函数为：$MR = 150 - 4Q$，

由总成本函数可得边际成本为：$MC = 2Q + 30$，

根据垄断企业的利润最大化原则 $MR = MC$，即 $150 - 4Q = 2Q + 30$，解得 $Q = 20$，

将其代入 $P = 150 - 2Q$，解得 $P = 110$，

此时利润 $\pi = PQ - TC = 110 \times 20 - 20^2 - 30 \times 20 = 1\,200$。

（2）要达到完全竞争市场所能实现的产量，则需满足 $P = MC$，即 $150 - 2Q = 2Q + 30$，解得产量 $Q = 30$，则限价应为 $P = 150 - 2 \times 30 = 90$，

利润 $\pi = PQ - TC = 90 \times 30 - 30^2 - 30 \times 30 = 900$。

3. 某垄断企业生产的产品在两个分割的市场上销售，成本函数为 $TC = Q^2 + 20Q$，两个市场的需求函数分别为 $Q_1 = 100 - P_1$ 和 $Q_2 = 200 - 2P_2$。

（1）若该企业实行三级价格歧视，求利润最大化时两个市场的价格、销售量和总利润。

（2）若该企业在两个市场上实行统一价格，求利润最大化时的价格、销售量和总利润。

（3）比较（1）和（2）的结果，说明该企业是否有必要实行三级价格歧视？为什么？

解：（1）两个市场的反需求函数分别为 $P_1 = 100 - Q_1$ 和 $P_2 = 100 - 0.5Q_2$，

则有两个市场的边际收益函数分别为 $MR_1 = 100 - 2Q_1$ 和 $MR_2 = 100 - Q_2$，

边际成本函数 $MC = 2Q + 20 = 2(Q_1 + Q_2) + 20$，

实行三级价格歧视时利润最大化条件为 $MR_1 = MR_2 = MC$，

由 $MR_1 = MR_2$ 可得 $Q_2 = 2Q_1$，结合 $MR_1 = MC$，

有 $100 - 2Q_1 = 2(Q_1 + Q_2) + 20 = 6Q_1 + 20$，解得两个市场的销售量：$Q_1 = 10$，$Q_2 = 20$，

代入反需求函数可得两个市场的价格：$P_1 = 90$，$P_2 = 90$。

企业总利润 $\pi = P_1 Q_1 + P_2 Q_2 - (Q_1 + Q_2)^2 - 20(Q_1 + Q_2) = 1\,200$。

（2）若企业在两个市场上实行统一价格，则 $P_1 = P_2 = P$，

市场需求函数 $Q = Q_1 + Q_2 = 300 - 3P$，市场反需求函数为 $P = 100 - \dfrac{1}{3}Q$，

市场边际收益函数为 $MR = 100 - \dfrac{2}{3}Q$，

由利润最大化条件 $MR = MC$，有 $100 - \dfrac{2}{3}Q = 2Q + 20$，解得销售量：$Q = 30$，

此时价格 $P = 100 - \dfrac{1}{3} \times 30 = 90$，

企业总利润 $\pi = PQ - Q^2 - 20Q = 1\,200$。

（3）比较（1）和（2）的结果，可以发现该企业在两个市场实行三级价格歧视时的价格、销售量和利润与实行统一价格时的结果均相同，因而没有必要实行三级价格歧视，其原因是两个市场在每一价格水平上的需求价格弹性都相等。

对于市场 1，$Q_1 = 100 - P_1$，则 $e_{d1} = -\dfrac{dQ}{dP} \cdot \dfrac{P}{Q} = \dfrac{P}{100 - P}$，

对于市场 2，$Q_2 = 200 - 2P_2$，则 $e_{d2} = -\dfrac{dQ}{dP} \cdot \dfrac{P}{Q} = \dfrac{P}{100 - P}$。

4. 某垄断竞争企业的短期成本函数为 $STC = 0.001Q^3 - 0.2Q^2 + 15Q + 200$。同时该企业主观认为，他的产品价格每降低 1 单位，销售量将增加 20 单位，而该企业面临的实际需求曲线为 $Q = 200 - 10P$。试求：

（1）该企业的短期均衡产量、价格和主观需求曲线。

（2）该企业的短期均衡利润。

解：（1）由题意可设其主观需求曲线为 $Q = A - 20P$，即 $P = 0.05A - 0.05Q$，

则其边际收益函数为 $MR = 0.05A - 0.1Q$，

边际成本函数为 $MC = 0.003Q^2 - 0.4Q + 15$，

由实际需求曲线有：$P = 20 - 0.1Q$，

根据短期均衡条件：$MR = MC$，且主观需求曲线与实际需求曲线相交，

可得 $\begin{cases} 0.05A - 0.1Q = 0.003Q^2 - 0.4Q + 15 \\ 0.05A - 0.05Q = 20 - 0.1Q \end{cases}$，

联立解得均衡产量：$Q = 100$（负值舍去），

将 $Q = 100$ 代入实际需求曲线，可得均衡价格：$P = 10$，

将 $Q = 100$ 代入方程组任一方程式可得：$A = 300$，

则主观需求曲线为 $Q = 300 - 20P$。

（2）由成本函数和 $Q = 100$ 可得平均成本：$AC = 0.001Q^2 - 0.2Q + 15 + \dfrac{200}{Q} = 7$，

则短期均衡利润：$\pi = (P - AC)Q = (10 - 7) \times 100 = 300$。

5. 某垄断竞争企业的长期成本函数为 $LTC = 0.01Q^3 - 0.5Q^2 + 16Q$，实际需求曲线为 $P = 20 - 0.5Q$。试求：

（1）该企业的长期均衡产量和均衡价格。

（2）该企业的主观需求曲线（假设为线性）。

解：（1）由长期成本函数可得，长期平均成本函数为：$LAC = 0.01Q^2 - 0.5Q + 16$，

长期均衡时，$P = LAC$，则有：$20 - 0.5Q = 0.01Q^2 - 0.5Q + 16$，

解得均衡产量：$Q = 20$（负值舍去），

将其代入实际需求曲线，可得均衡价格：$P = 10$。

（2）在长期均衡点上，主观需求曲线与 $LAC$ 曲线相切，两者斜率相等，

其斜率为：$LAC' = 0.02Q - 0.5 = -0.1$，

则有主观需求曲线为：$P - 10 = -0.1(Q - 20)$，即：$P = 12 - 0.1Q$ 或 $Q = 120 - 10P$。

6. 两个寡头厂商生产同质产品，市场需求曲线为 $P = 100 - 0.5(Q_1 + Q_2)$ $Q_1$ 和 $Q_2$ 分别为两个厂商的产量，它们的成本函数分别为 $C_1 = 40Q_1$ 和 $C_2 = 0.5Q_2^2$。试求：

（1）若两个厂商结成卡特尔，其产量、价格和利润分别是多少？

（2）若两个厂商同时进行产量决策，则其达到古诺均衡时的产量、价格和利润分别是多少？

解：（1）卡特尔利润为 $\pi = [100 - 0.5(Q_1 + Q_2)](Q_1 + Q_2) - 40Q_1 - 0.5Q_2^2$，

根据利润最大化一阶条件有：$\begin{cases} 100 - (Q_1 + Q_2) - 40 = 0 \\ 100 - (Q_1 + Q_2) - Q_2 = 0 \end{cases}$，

解得：$Q_1 = 20$，$Q_2 = 40$，$P = 70$，

$\pi_1 = PQ_1 - C_1 = 600$，$\pi_2 = PQ_2 - C_2 = 2\,000$。

（2）古诺竞争时，$\pi_1 = [100 - 0.5(Q_1 + Q_2)]Q_1 - 40Q_1$，$\pi_2 = [100 - 0.5(Q_1 + Q_2)]Q_2 - 0.5Q_2^2$，

根据各自利润最大化一阶条件有：$\begin{cases} 60 - Q_1 - 0.5Q_2 = 0 \\ 100 - 0.5Q_1 - 2Q_2 = 0 \end{cases}$，

解得：$Q_1 = 40$，$Q_2 = 40$，$P = 60$，

$\pi_1 = PQ_1 - C_1 = 800$，$\pi_2 = PQ_2 - C_2 = 1\,600$。

## （六）论述题

1. 试比较分析完全竞争市场与完全垄断市场的长期均衡机制，并说明为什么各国政府都对垄断行为采取一定的限制。

答题要点：（1）完全竞争市场上有大量的买者和卖者，他们都是价格是接受者，因此完全竞争企业面临的需求曲线是一条水平线，且平均收益曲线、边际收益曲线与需求曲线重合。在既定的产品价格下，完全竞争企业在长期中可以选择最优生产规模和利润最大化产量，以满足长期利润最大化条件 $P = MR = LMC$。若在长期利润最大化产量上企业能够获得超额利润，则新企业将进入该市场，增加市场供给，使市场价格逐渐降低直到等于长期平均成本的最小值时，新企业不再进入；反之，若企业在长期利

润最大化产量上亏损，则部分企业将退出该市场，减少市场供给使市场价格逐渐上升直到等于长期平均成本的最小值，企业不再退出。最终，市场内所有企业均只能获得零经济利润，实现长期均衡，如图 5-4 所示，因此其长期均衡条件是 $P = AR = MR = LMC = MC^* = LAC = AC^*$。

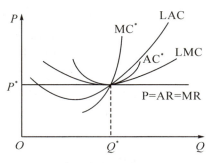

图 5-4　完全竞争企业的长期均衡

完全垄断市场只有一家企业，该垄断企业面临一条向右下方倾斜的需求曲线，且其边际收益曲线位于需求曲线下方，即 $P = AR > MR$。在长期中，垄断企业根据 $MR = LMC$ 的长期利润最大化条件确定最优生产规模和均衡产量，并由需求曲线确定均衡价格，则有 $P > MR = LMC$。此时，垄断企业如果仍然亏损，则会退出，如果获得超额利润，其他企业由于各种垄断限制的存在而无法进入，因此垄断企业在长期均衡中的经济利润可能为正或为零，且通常能获得正的经济利润，如图 5-5 所示，长期均衡条件为 $MR = LMC = MC^*$，$AR \geqslant LAC = AC^*$。

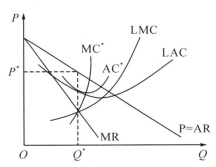

图 5-5　完全垄断企业的长期均衡（存在超额利润情况）

（2）由上可知，完全竞争企业在长期均衡时满足 $P = LMC = minLAC$，即产品生产的社会成本与社会价值相等，实现社会最优产量；同时，由于 $P = minLAC$，则只有最有效率的企业才能进行生产，从而实现资源的最优配置，且消费者能够以最低的价格购买产品，因而消费者福利也实现了最大化。

而垄断企业在长期均衡时有 $P > MR = LMC$，即产品生产带来的社会价值要高于其社会成本，因此其均衡产量低于社会最优产量，社会资源未得到充分利用；同时，垄断企业的均衡价格一般高于长期平均成本，且产量低于长期平均成本最低点的产量，即"效率产量"，因此垄断企业内部的生产资源也没有得到充分利用；此外，消费者必须付出比完全竞争市场更高的产品价格，因而会使消费者福利受到损害。由此，完全垄断市场的经济效率要低于完全竞争市场，所以各国政府通常都会对垄断行为采取一定的限制措施，以提高经济运行效率。

2. 试论述垄断竞争企业所面临的两条需求曲线的含义及其相互关系。

答题要点：垄断竞争企业面临两条需求曲线，即主观需求曲线 dd′和客观需求曲线 DD′，如图 5-6 所示。主观需求曲线表示某一垄断竞争企业改变产品价格，而同一市场中其他企业的产品价格保持不变时，该企业的产品价格和需求量之间的关系的曲线。客观需求曲线表示某一垄断竞争企业改变产品价格，而同一市场中其他企业的产品价格也发生相同变化时，该企业的产品价格和需求量之间的关系的曲线。

两条需求曲线的相互关系为：①主观需求曲线比客观需求曲线更加平坦，因为在主观需求曲线的假设下，其他企业均保持原来的价格不变，某垄断竞争企业的价格变化既会改变原有顾客的购买数量，也会因相对价格的变化而改变顾客的总量，而在客观需求曲线的假设下，其他企业的价格均发生相同的变化，则该企业价格变化只能改变原有顾客的购买数量，而无法改变顾客的总量。②当垄断竞争市场中的所有企业都以相同方式改变产品价格时，整个市场价格的变化会使得单个垄断竞争企业的主观需求曲线沿着客观需求曲线发生平移。③由于主观需求曲线表示单个垄断竞争企业单独改变价格时所预期的产量，而客观需求曲线表示每个垄断竞争企业在每一市场价格水平上实际面临的需求量，因此两条需求曲线相交则意味着垄断竞争市场的供求均衡状态。

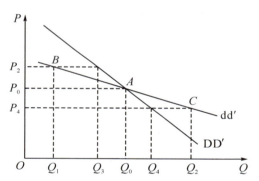

图 5-6　垄断竞争企业的主观需求曲线 dd′和客观需求曲线 DD′

# 第六章

# 生产要素市场和收入分配

## 一、本章知识结构图

本章知识结构图如图 6-1 所示。

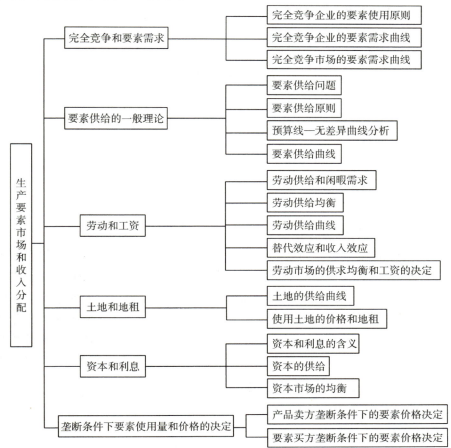

图 6-1　本章知识结构图

### （一）完全竞争和要素需求

**1. 完全竞争企业的要素使用原则**

在完全竞争的条件下，企业使用要素的边际收益为边际产品价值 $VMP = P \cdot MP$，使用要素的边际成本为要素价格 $W$，故完全竞争企业使用要素的原则为：

$$VMP = W，或者\ P \cdot MP = W$$

这是利润最大化的一般原则在完全竞争企业的要素使用量的决定问题上的具体运用。

**2. 完全竞争企业的要素需求曲线**

完全竞争企业的要素需求曲线反映了在其他条件不变时，完全竞争企业对要素的需求量与要素价格之间的对应关系。

$$VMP\ (L) = W$$

式中，$VMP\ (L)$ 表示要素的边际产品价值是要素使用量的函数。满足上式的 $L$ 是最优的要素使用量。

完全竞争企业的要素需求曲线就是其要素的边际产品价值曲线（见图 6-2）。

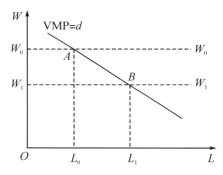

**图 6-2　完全竞争企业的要素需求曲线**

**3. 完全竞争市场的要素需求曲线**

完全竞争企业的要素需求曲线与其要素的边际产品价值曲线重合，但在考虑整个市场的要素需求曲线时，不能把单个的完全竞争企业的边际产品价值曲线看成是其要素需求曲线，从而也不能把它们的简单加总看成是完全竞争市场的要素需求曲线。在考虑整个市场时，需要得到经过多个企业相互作用之后的第 $i$ 个企业的"行业调整曲线"$d_i$，该曲线依然向右下方倾斜，但比边际产品价值曲线更加陡峭。此时整个完全竞争市场的要素需求曲线 $D$ 就是所有完全竞争企业的行业调整曲线的水平加总，即 $D = \sum_{i=1}^{n} d_i$。如果假设市场上的 $n$ 个完全竞争企业的情况完全相同，即 $d_1 = d_2 = \cdots = d_n$，则整个完全竞争市场的要素需求曲线就是：

$$D = \sum_{i=1}^{n} d_i = n \cdot d_i，\ 其中，d_i 为完全竞争企业\ i\ 的行业调整曲线\ (i = 1, 2, \cdots, n)。$$

## （二）要素供给的一般理论

### 1. 要素供给问题

经济学研究者一般从消费者的效应最大化行为出发来讨论其原始要素的供给量与要素价格之间的关系问题。我们可以把消费者的要素供给问题概括为：在一定的要素价格水平下，将其全部既定资源在要素供给和保留自用两种用途上进行分配以获得最大效用。

### 2. 要素供给原则

消费者在要素供给问题上的效用最大化条件是：作为要素供给的资源的边际效用与作为保留自用的资源的边际效用必须相等。

### 3. 预算线-无差异曲线分析

利用预算线和无差异曲线分析消费者的要素供给原则如图 6-3 所示，消费者需要在预算约束之下选择最优的消费 C 和自用资源 H 的组合，显然，预算线与无差异曲线 $U_1$ 的切点 $G^*$ 是最优组合。在最优点 $G^*$，有 $\dfrac{\mathrm{d}C}{\mathrm{d}H} = -W$，$\dfrac{\mathrm{MU}_H}{\mathrm{MU}_C} = W$。

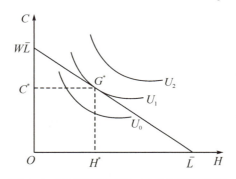

图 6-3　要素供给原则：无差异曲线分析

### 4. 要素供给曲线

基于预算线-无差异曲线分析，随着要素价格的上升，预算线将绕着初始状态点 $\bar{L}$ 顺时针旋转，它与既定的无差异曲线簇的切点不断变化，所有切点的集合为价格扩展线。价格扩展线反映了要素供给量如何随着要素价格的变化而变化，从而决定了要素供给曲线的形状。需要注意的是，要素的供给曲线既可以向右上方倾斜，也可能垂直于横轴，或者向右下方倾斜，我们需要根据不同的生产要素进行具体分析。

## （三）劳动和工资

### 1. 劳动供给和闲暇需求

消费者拥有的时间资源既定为 $T$，当消费者每天的劳动供给量为 $L$，全部时间资源中剩余的部分（$T-L$）就是消费者每天的闲暇时间。劳动供给是闲暇需求的反面，在时间资源总量给定的条件下，劳动供给的增加就是闲暇需求的减少。因此，劳动供给问题可以看成是消费者如何决定其固定的时间资源中闲暇所占的部分，或者如何决定其全部资源在闲暇和劳动供给两种用途上的分配。从实质上说，消费者并非是在闲暇和劳动二者之间进行选择，而是在闲暇和消费之间进行选择。

2. 劳动供给均衡

在消费者的最优劳动供给量上，劳动和消费的边际效用之比的相反数必须等于工资，即：

$$-\frac{\partial U/\partial L}{\partial U/\partial C} = W$$

3. 劳动供给曲线

劳动供给曲线并非总是向右上方倾斜，而是包括了一段"向后弯曲"的部分（见图6-4）。当工资较低时，随着工资的上升，消费者会被较高的工资吸引而减少闲暇，增加劳动供给。此时劳动供给曲线向右上方倾斜。但是，当工资已经处于较高水平时，此时如果继续增加工资，则劳动供给量可能非但不会增加，反而会减少。这意味着劳动供给曲线在较高的工资水平上可能向后弯曲。

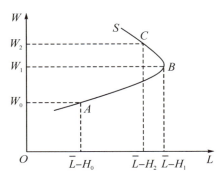

图6-4　消费者的劳动供给曲线

4. 替代效应和收入效应

运用价格变动的替代效应和收入效应，我们可以解释劳动供给曲线向后弯曲的原因。替代效应：随着闲暇的价格即工资上涨，闲暇这个商品相对于其他商品变得更加"昂贵"，消费者将减少对闲暇的需求。因此，与其他商品一样，替代效应使闲暇的需求量与闲暇价格反方向变化。收入效应：闲暇价格的上升意味着实际收入的上升，随着收入的增加，消费者对闲暇的需求增加，收入效应使得闲暇需求量与闲暇价格同方向变化。对作为劳动者的消费者来说，如果原来的工资水平较低，此时工资上涨的收入效应不一定能超过替代效应，因为此时的劳动供给量较小，由工资上升引起的劳动收入增量较为有限；但如果工资已经处于较高水平，此时劳动供给量也相对较大，则工资上涨引起的劳动收入增量就会很大，此时收入效应可能超过替代效应。于是，在较高的工资水平上，劳动供给曲线就呈现出向后弯曲的形状。

5. 劳动市场的供求均衡和工资的决定

向右下方倾斜的劳动需求曲线和向右上方倾斜的劳动供给曲线合起来决定了均衡的工资水平。如图6-5所示，劳动需求曲线 $D$ 和劳动供给曲线 $S$ 的交点决定了均衡工资 $W_0$ 和均衡劳动数量 $L_0$。总之，均衡的工资水平由劳动市场的供求曲线决定，且随这两条曲线的变化而变化，它随劳动供给曲线的右移而下降，随劳动需求曲线的右移而上升。

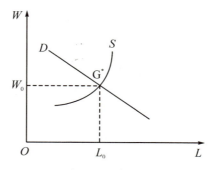

图 6-5　均衡工资的决定

### （四）土地和地租

1. 土地的供给曲线

如果不考虑自用土地的效用，由于土地所有者拥有的土地既定为 $\overline{M}$，故土地所有者将把全部的土地都供给市场，无论土地价格是多少。因此，土地供给曲线将在 $\overline{M}$ 的位置上垂直于横轴，如图 6-6 所示。

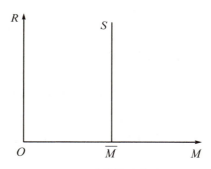

图 6-6　土地的供给曲线

2. 使用土地的价格和地租

在土地市场上，垂直的土地供给曲线与向右下方倾斜的土地需求曲线共同决定了使用土地的均衡价格，这个价格通常被称为"地租"。如图 6-7 所示，由于土地供给曲线是垂直的且固定不变，故地租的大小由土地的需求曲线决定：随着土地需求曲线的上升，地租将同比例地上升；反之，地租将同比例地下降。

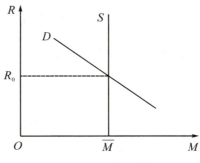

图 6-7　土地价格和地租

### （五）资本和利息

1. 资本和利息的含义

资本是由经济制度本身生产出来并被用作投入要素以便进一步生产更多的商品和服务的物品。一方面，作为生产服务的源泉，资本本身有一个市场价格，如车床、厂房等可在市场上按一定的价格出售。另一方面，作为生产服务，资本也有一个价格，即使用资本的价格，这个价格通常被称为利率。

2. 资本的供给

资本所有者的资本供给问题可以看成是如何将既定收入在消费和储蓄之间进行分配的问题。由于资本所有者进行储蓄从而增加资本拥有量的目的也是为了将来能够得到更多的收入从而进行更多的消费，故既定收入如何在消费和储蓄之间进行分配的问题，又可以进一步看成是如何在现在消费和未来消费之间进行选择，即不同时期的消费决策问题。

3. 资本市场的均衡

假定资本的自用价值为零，资本的短期供给曲线是一条垂线，资本的需求曲线向右下方倾斜。如图 6-8 所示，在短期中，向右下方倾斜的需求曲线 $D$ 和垂直的短期供给曲线 $S_1S_1$ 的交点决定的短期均衡利率为 $r_1$，资本数量为 $K_1$。在长期中，资本市场的均衡还要求储蓄与折旧相等，如果储蓄大于折旧，就会出现正的净投资，从而资本的数量增加；反之，如果储蓄小于折旧，则会出现负的净投资，资本的数量减少。如果在短期均衡状态（$r_1$，$K_1$）中储蓄大于折旧，这意味着短期资本供给曲线会从原来的 $S_1S_1$ 向右移动，此时储蓄不断下降，折旧相应增加，直到两者之间的差距缩小到零为止。假设短期资本供给曲线右移到 $S_0S_0$ 时储蓄和折旧恰好相等，那么，$S_0S_0$ 与资本需求曲线 $D$ 的交点（$r_0$，$K_0$）既表示资本市场的短期均衡，也是资本市场的长期均衡。

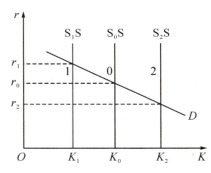

图 6-8　资本市场的均衡

### （六）垄断条件下要素使用量和价格的决定

1. 产品卖方垄断条件下的要素价格决定

卖方垄断企业的要素使用原则为：

$$MRP = W，或者\ MR \cdot MP = W$$

上式中，等号两边的边际收益产品和要素价格分别是卖方垄断条件下企业使用要素的边际收益和边际成本。

## 2. 要素买方垄断条件下的要素价格决定

在买方垄断条件下，企业使用要素的边际收益和边际成本分别等于要素的边际产品价值和边际要素成本。因此，买方垄断企业的要素使用原则可以表示为：$VMP = MFC$，其中 $MFC$ 为 $dC/dL$，表示增加使用一单位要素所增加的成本。

## 三、本章课后思考题解答

**1. 试说明生产要素理论在微观经济学以及整个西方经济学中的地位。**

答：从商品的角度分析，微观经济学可以分为"产品"理论和"要素"理论两个部分。产品理论关注产品的价格和数量的决定，要素理论讨论生产要素的价格和数量的决定。在西方经济学中，产品理论通常被看成是"价值"理论，要素理论通常被看成是"分配"理论。产品理论和要素理论，即价值理论和分配理论，则构成了整个微观经济学的一个相对完整的体系。

要素理论和产品理论是相互联系的。特别是，产品理论离不开要素理论。这是因为，首先，产品理论在讨论产品的需求曲线时，假定了消费者的收入水平为既定，但并未说明收入水平是如何决定的；其次，在推导产品的供给曲线时，假定了生产要素的价格为既定，但并未说明要素的价格是如何决定的。这两点都与要素理论有关。因此，要素理论可以看成是产品理论的自然的延伸和发展。

**2. 试论述生产者的要素使用原则和消费者的要素供给原则。**

答：不论是在完全竞争还是在不完全竞争的市场条件下，生产者在使用要素时均遵循利润最大化原则，其生产要素的使用原则均要求使用要素的边际成本和使用要素的边际收益相等。以完全竞争条件下的厂商为例，生产者使用要素的边际收益等于要素的边际产品和产品价格的乘积，被称为边际产品价值，而使用要素的边际成本等于要素价格。因此，完全竞争企业使用要素的原则表现为边际产品价值等于要素价格。类似地，产品卖方垄断企业的要素使用原则为边际收益产品等于要素价格，要素买方垄断条件下的厂商要素使用原则为边际产品价值等于边际要素成本，均要求厂商使用要素的边际成本与边际收益相等。

消费者在供给要素时遵循的是效用最大化原则，要求作为"要素供给"的资源的边际效用要与作为"保留自用"的资源的边际效用相等。要素供给的边际效用等于要素供给的边际收入与收入的边际效用的乘积。自用资源的边际效用是效用增量与自用资源增量之比的极限值，即增加一单位自用资源所带来的效用增量。

**3. 利润最大化产量和利润最大化的要素使用量有什么关系？**

答：利润最大化产量和利润最大化的要素使用量本质上是同一个问题。其原因在于，在企业的要素需求和产品供给之间存在着一定的关系：一般而言，如果要减少对要素的需求，则产品供给就会减少；如果要增加产品的供给，则需要增加对要素的需求。二者之间的关系就是生产函数，通过生产函数，企业关于使用要素的决策和关于生产产量的决策便可以"一一对应"，成为同一个决策：一旦企业决定了购买多少要素，它也就同时决定了应当生产多少产量；同样，一旦企业决定了生产多少产量，也就同时决定了应当购买多少要素。

4. 在什么情况下要素的供给曲线会向后弯曲或垂直？为什么？

答：一般要素的供给曲线向右上方倾斜，但一些特殊的要素会呈现出特殊的形状。劳动要素的供给曲线会呈现出向后弯曲的形状。表现为：当工资较低时，随着工资的上升，消费者会被较高的工资吸引而减少闲暇，增加劳动供给，此时劳动供给曲线向右上方倾斜。但是，当工资已经处于较高水平时，此时如果继续增加工资，则劳动供给量可能非但不会增加，反而会减少，这使得劳动供给曲线在较高的工资水平上可能向后弯曲。原因在于：劳动供给是闲暇需求的反面，劳动的价格即工资则是闲暇的价格。因此劳动供给量随工资变化的关系可以用闲暇需求量随闲暇价格变化的关系来说明，劳动供给量随工资上升而下降则等于闲暇需求量随闲暇价格上升而上升。闲暇价格变化造成闲暇需求量变化有两个原因，替代效应和收入效应。替代效应使得闲暇需求量与闲暇价格反方向变化，收入效应使得闲暇需求量与闲暇价格同方向变化。当工资即闲暇价格较低时，闲暇价格变化的收入效应较小，而当工资即闲暇价格较高时，闲暇价格变化的收入效应就较大，甚至可能超过替代效应。如果收入效应超过了替代效应，便会导致闲暇需求量随闲暇价格上升而上升，即劳动供给量随工资上升而下降，此时劳动供给曲线向后弯曲。

有一些要素的供给曲线会垂直于横轴。例如，一般认为，土地的供给曲线是垂直的。其垂直的原因在于：土地供给曲线垂直并非因为自然赋予的土地数量为固定不变，而是因为在西方经济学中，一般假定土地只有一种用途即生产性用途，而没有自用用途。推而广之，任意一种资源，如果只能用于某种用途，而无其他用处，则该资源对该种用途的供给曲线就是垂直的。

5. 在什么情况下要素的需求曲线和供给曲线不存在？为什么？

答：在要素市场上，如果买方是不完全竞争的，则需求曲线不存在；如果卖方是不完全竞争的，则供给曲线不存在。

图 6-9 说明了在要素市场上垄断买方的要素需求曲线不存在。要素供给曲线 $W(L)$ 和边际要素成本（增加一单位要素使用所增加的成本）曲线 MFC 是初始的情况，它们与边际产品价值曲线 VMP 共同决定了要素价格 $W_0$ 和要素需求量 $L_0$。假设要素供给曲线变动到 $W_1$，从而边际要素成本曲线变动到 $\text{MFC}_1$，它与 VMP 决定了新的要素价格 $W_0$ 和要素需求量 $L_1$。由图 6-9 可见，对应同一个要素价格 $W_0$，有两个不同的要素需求量 $L_0$ 和 $L_1$。可见，由于我们难以得到要素需求量与价格之间的一一对应的关系，于是垄断买方的要素需求曲线是不存在的。类似的结论也适用于不完全竞争条件下的要素卖方的供给曲线。

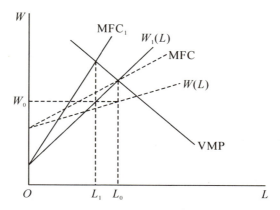

图 6-9　垄断买方的要素需求曲线

6. 谈谈你对资本市场均衡的看法。

答：资本市场均衡可以从短期均衡和长期均衡角度来进行理解。由于在短期中资本的数量不变，且自用价值为零，因此资本的短期供给曲线是一条垂线，资本的需求曲线向右下方倾斜。向右下方倾斜的需求曲线和垂直的短期供给曲线的交点决定了资本市场的短期均衡。但是，资本市场的短期均衡在长期中不一定也是均衡的。在长期中，资本市场的均衡还要求储蓄与折旧相等，如果储蓄大于折旧，则会出现正的净投资，资本的数量增加；如果储蓄小于折旧，则会出现负的净投资，资本的数量减少。因此，给定一个资本存量以及一个利率水平，该资本存量是否是均衡的，取决于相应的储蓄和折旧是否相等，只有当资本存量和利率水平恰好使得相应的折旧和储蓄相等时，资本存量才能实现长期均衡。

7. 买方垄断企业使用要素的原则是什么？它与完全竞争企业和卖方垄断企业的要素使用原则有什么不同？

答：买方垄断企业作为产品市场上的完全竞争者，其使用要素的边际收益为要素的边际产品价值 VMP；作为要素市场上的买方垄断者，该厂商面临向右上方倾斜的要素供给曲线，其使用要素的边际成本 MFC 不再等于要素价格，而是等于要素的边际产量和产品边际成本的乘积，其值一般要比要素价格更高。因此，买方垄断厂商使用要素的原则为 VMP = MFC。

在完全竞争的条件下，企业使用要素的边际收益等于要素的边际产量乘以产品的价格，即要素的边际产品价值 VMP；企业使用要素的边际成本则等于要素的市场价格 $W$。因此，完全竞争厂商使用要素的原则为 VMP = $W$。

在产品市场上，卖方垄断企业是价格制定者，其产品价格随产量的变化而变化，因此卖方垄断企业使用要素的边际收益可以表示为要素的边际产量乘以产品的边际收益，即边际收益产品 MRP；作为要素市场上的完全竞争者，企业使用要素的边际成本等于要素的市场价格 $W$。因此，卖方垄断厂商的要素使用原则为 MRP = $W$。

8. 试用马克思主义经济学的观点对西方经济学的分配理论进行分析和评价。

答：西方经济学的分配理论对我国的社会主义市场经济建设实践存在一定的借鉴意义，因为它解释了市场经济中的一些现象，如地租的大小主要取决于需求，劳动供给曲线可能会向后弯曲等等。此外，西方经济学对某种要素的边际生产率的计算对我国社会主义市场经济中要素的使用效率的评价也具有一定的可取之处。

但是，需要认识到的是，马克思主义经济学认为，在资本主义雇用劳动制度下，劳动者创造的新价值分为工资和剩余价值两大部分，资产阶级对剩余价值的剥削造成了资本主义制度下收入分配的两极分化。而西方经济学的分配理论是整个西方经济学中辩护色彩和庸俗性质最为明显的内容，它试图从多个角度来否认资本主义社会存在着剥削。例如，根据西方经济学的分配理论，在完全竞争条件下，企业使用要素的原则是使用要素的边际产品价值等于要素的价格，其中，要素的边际产品价值被看成是要素的"贡献"，要素价格则是要素得到的"报酬"。于是，完全竞争企业雇佣要素的原则又可以看成是：要素的报酬等于要素的贡献。如果这里的要素表示劳动，则意味着劳动的报酬恰好与其贡献相等。这就从根本上否认了剥削的存在。

9. 试证明：当从工作和休闲中得到的边际效用恰好相等时，亦即当 $MU_W = MU_L$ 时，个人对时间的分配达到了最优。换句话说，他从这种时间分配中得到的效用达到了最大。

答：假设个人拥有的时间总量为 $T$，其中用于工作的时间为 $L$，用于闲暇的时间为 $T - L$。个人从工作中得到的效用为 $U_W(L)$，从闲暇中得到的效用 $U_L(T - L)$，个人的总效用为：

$$U(L) = U_W(L) + U_L(T - L)$$

为了使总效用最大，上式对 $L$ 取一阶导数，另其一阶导数等于 $0$，则有：

$$\frac{dU}{dL} = \frac{dU_W(L)}{dL} + \frac{dU_L(T - L)}{dL} = \frac{dU_W(L)}{dL} + \frac{dU_L(T - L)}{d(T - L)} \cdot \frac{d(T - L)}{d(L)}$$

$$= \frac{dU_W(L)}{dL} - \frac{dU_L(T - L)}{d(T - L)} = 0$$

显然，$MU_W = \dfrac{dU_W(L)}{dL}$，$MU_L = \dfrac{dU_L(T - L)}{d(T - L)}$，$MU_W = MU_L$，个人从工作和休闲中得到的边际效用相等时，他从这种时间分配中得到的效用达到了最大。

10. 某企业在产品市场和要素市场都是完全竞争的，其生产函数为 $Q = 10L - 0.5L^2$，产品的价格为 5，工资水平为 10，求该企业对劳动 L 的最佳雇用量。

答：由确定可得：$P = 5$，$W = 10$

依据 $VMP = W$ 的原那么有：

$MP \cdot P = W$      $MP = 10 - L$      $P = 5$      $W = 10$

每一元钱的投入都等于产出的收益，边际产量乘以价格等于要素价格。

投一元钱产出得到产量 MP，可以卖出 $MP \cdot P$ 元，成本为 $W$，于是解 $MP \cdot P = W$ 当然从利润来求也一样，最后得 $L = 8$。

## 四、本章课后练习题

### （一）名词解释

边际产品价值    边际要素成本    地租    边际收益产品    劳动供给曲线

## （二）单项选择题

1. 已知完全竞争的要素市场上生产要素价格为4，某企业的产品价格为5，产品的边际收益为5，则该企业取得最大利润的生产要素的边际产量为（　　）。

    A. 1          B. 2          C. 0.8          D. 4

2. 假定某完全竞争企业只使用一种生产要素，生产单一产品且追求利润最大化，则该企业的要素需求曲线可由（　　）推出。

    A. MR          B. MC          C. MP          D. VMP

3. 生产要素的需求曲线向右下方倾斜的原因是（　　）。

    A. 要素的边际收益产品递减        B. 要素生产的产品的边际效用递减

    C. 要素生产产品的规模报酬递减      D. 要素生产产品的边际成本递减

4. 厂商对某生产要素的需求主要取决于（　　）。

    A. 使用该生产要素生产的产品需求状况

    B. 该要素的价格

    C. 该要素的供给

    D. 该要素的数量

5. 假定劳动力市场上，工资上升2%，厂商对劳动的需求降低1%，则该厂商对劳动力的需求弹性（　　）。

    A. 富有弹性      B. 缺乏弹性      C. 单位弹性      D. 无弹性

6. 假定劳动力市场上，工资上升1%，劳动者愿意增加2%的工作时长，则劳动力的供给弹性（　　）。

    A. 富有弹性      B. 缺乏弹性      C. 单位弹性      D. 无弹性

7. 人工智能的发展可能会对劳动产生替代，此时（　　）。

    A. 劳动供给曲线向左移动        B. 劳动供给曲线向右移动

    C. 劳动需求曲线向左移动        D. 劳动需求曲线向右移动

8. 如果不考虑自用土地的效用，土地的供给曲线为（　　）。

    A. 平行于价格轴的直线        B. 垂直于价格轴的直线

    C. 向右上方倾斜的直线        D. 向右下方倾斜的直线

9. 如果在短期均衡状态中储蓄大于折旧，这意味着短期资本供给曲线会（　　）。

    A. 向左移动      B. 向右移动      C. 不变      D. 不确定

10. 关于产品卖方垄断条件下，企业的要素使用原则的说法错误的是（　　）。

    A. $MRP = W$

    B. $MR \cdot MP = W$

    C. 企业使用要素的边际收益等于边际成本

    D. $VMP = W$

11. 要素买方垄断条件下，企业的要素使用原则为（　　）。

    A. $VMP = MFC$    B. $MRP = W$    C. $MR \cdot MP = W$    D. $VMP = W$

12. 为了在提高工资的同时避免失业增加，则需要（　　）。

    A. 劳动产品的需求富有弹性        B. 劳动产品的需求缺乏弹性

C. 劳动的需求富有弹性          D. 劳动的供给富有弹性

13. 如果 A 产品的需求弹性为 0.9，B 产品的需求弹性为 2，一般而言，在两种产品生产中对劳动的需求（     ）。

     A. A 产品劳动的需求弹性大于 B 产品劳动的需求弹性

     B. A 产品劳动的需求弹性小于 B 产品劳动的需求弹性

     C. A 产品和 B 产品对劳动的需求均富有弹性

     D. A 产品和 B 产品对劳动的需求均缺乏弹性

14. 如果劳动者对闲暇的需求减少，那么（     ）。

     A. 工资率上升，劳动的雇佣量增加

     B. 工资率下降，劳动的雇佣量增加

     C. 工资率上升，劳动的雇佣量减少

     D. 工资率下降，劳动的雇佣量减少

15. 假设某劳动者在工资为 30 元/小时，每周工资收入为 1 200 元，工资上升为 50 元/小时，每周工资收入为 1 500 元，此时可以推断（     ）。

     A. 替代效应大于收入效应        B. 收入效应大于替代效应

     C. 替代效应等于收入效应        D. 无法判断

### （三）判断题

1. 在要素市场上，所有不完全竞争企业的要素需求曲线均不存在。              （    ）

2. 完全竞争厂商的要素需求曲线比不完全竞争厂商的要素需求曲线更陡峭。

                                                           （    ）

3. 市场利率下降，对企业来说，资本的现值会增加。                 （    ）

4. 劳动的供给曲线向后弯曲的原因是由于工资上涨的替代效应大于收入效应。

                                                           （    ）

5. 其他要素的投入不变，一种生产要素不断增加，总产量会先减少后增加。

                                                           （    ）

6. 在竞争性劳动力市场上，如果法定最低工资高于均衡工资率，会导致劳动供给过剩而需求不足。                                      （    ）

7. 边际产品价值是完全竞争企业增加使用一单位要素所带来的收益的增加量。

                                                             （    ）

8. 一般而言边际收益产品曲线比边际产品价值曲线更加陡峭。         （    ）

9. 替代效应使闲暇的需求量与工资率同方向变化。               （    ）

10. 收入效应使得闲暇需求量与工资率同方向变化。             （    ）

### （四）简答题

1. 简述完全竞争厂商的要素使用原则。

2. 简述为什么劳动供给曲线向后弯曲。

3. 简述卖方垄断企业的要素使用原则。

4. 简述要素买方垄断条件下的企业要素使用原则。

5. 简述为什么土地的供给曲线垂直于横轴。

### （五）计算题

1. 假设劳动的边际产量为 $200/L$，资本的边际产量为 $100/K$，工资为 10 元，资本的价格为 20 元，产品的价格是 20 元，则一个完全竞争厂商需要多少资本和劳动？

2. 假设某厂商的短期生产函数为 $Q=35L+8L^2-L^3$。求：

（1）该企业的平均产量函数和边际产量函数。

（2）求企业短期生产的合理区间。

（3）假设企业生产的产品价格为 2，劳动工资率为 46，则完全竞争企业应该雇佣多少员工？

3. 假设劳动力需求函数 $Q_d=18-W$，$Q_s=-12+3W$，求：

（1）市场均衡时的工资率和就业人数；

（2）如果政府最低工资上升为 8 元，此时的劳动力需求为多少？

4. 某厂商的生产函数 $Q=4L+3L^2$，假定该厂商在要素市场为垄断厂商，所在产品市场为完全竞争市场，厂商生产产品仅使用劳动要素。劳动供给函数为 $L=0.5W-20$，产品的价格 $P=2$。求厂商在利润最大化时的 $L$、$Q$ 和 $W$。

5. 某厂商在产品市场和要素市场均是垄断厂商，其生产函数为 $Q=L$，产品的需求函数为 $Q=100-P$，工人的劳动供给函数为 $L=W-10$，试求厂商利润最大化时的 $Q$、$L$、$W$ 和 $P$。

### （六）材料分析题

党的二十大报告提出，"构建全国统一大市场，深化要素市场化改革，建设高标准市场体系"；党的二十届三中全会进一步指出，"完善要素市场制度和规则，推动生产要素畅通流动、各类资源高效配置、市场潜力充分释放"。试结合材料分析：

（1）经济学中有哪些最基本的生产要素。

（2）结合材料分析我国为什么要推动生产要素市场化改革。

（3）结合自己的理解，试分析我国应怎样推动要素市场化改革。

## 五、本章课后练习题答案及解析

### （一）名词解释

边际产品价值是指完全竞争企业增加使用一单位要素所带来的收益的增加量。它等于该要素的边际产量（MP）乘以产品的价格 $P$，即 $VMP=P \cdot MP$。

边际要素成本是指增加一个单位要素投入所增加的成本（MFC）。

地租是指土地价格，即一定时期内对土地这一生产要素在生产经营活动中发挥生产力的报酬。

边际收益产品是指厂商增加一单位要素使用所增加的收益，$MRP=MR \cdot MP$。

劳动供给曲线是指当工资较低时，随着工资的上升，消费者会被较高的工资吸引而减少闲暇，增加劳动供给，此时劳动供给曲线向右上方倾斜。但是，当工资已经处于较高水平时，此时如果继续增加工资，则劳动供给量可能非但不会增加，反而会减少，这意味着劳动供给曲线在较高的工资水平上会向后弯曲。

### （二）单项选择题

1. C。根据完全竞争厂商的要素使用原则 $VMP = MP \cdot P = W$，可得 $MP = 0.8$。

2. D。完全竞争企业的要素需求曲线可由 VMP 推出。

3. A。生产要素的需求曲线向右下方倾斜的原因是要素的边际收益产品 VMP 递减。

4. A。厂商对某生产要素的需求主要取决于使用该生产要素生产的产品需求状况。

5. B。工资上升 2% 引起劳动需求降低 1%，厂商的劳动力需求弹性小于 1，缺乏弹性。

6. A。工资上升 1% 引起劳动力供给增加 2%，则劳动力的供给弹性大于 1，富有弹性。

7. C。人工智能对劳动的替代会使劳动需求曲线向左移动。

8. A。如果不考虑自用土地的效用，土地的供给曲线为垂直于横轴，平行于价格轴的直线。

9. B。如果在短期均衡状态中储蓄大于折旧，这意味着短期资本供给曲线会向右移动。

10. D。D 选项为完全竞争企业的要素使用原则，其他选项为卖方垄断条件下的企业的要素使用原则。

11. A。在买方垄断条件下，企业使用要素的边际收益和边际成本分别等于要素的边际产品价值和边际要素成本。因此，买方垄断企业的要素使用原则可以表示为：$VMP = MFC$，其中 MFC 为 $dC/dL$，表示增加使用一单位要素所增加的成本。

12. B。当劳动产品的需求缺乏弹性时，工资的提高引起成本上升，但由于劳动产品缺乏需求弹性，因此产品的需求不会因价格的提高而大幅度减少，企业对劳动力的需求减少较为有限，失业不会增加太多。

13. B。一般而言，厂商所生产的不同产品的需求弹性决定了不同产品生产中对劳动的需求弹性，A 产品的需求缺乏弹性，B 产品的需求富有弹性，因此推断 A 产品劳动的需求弹性小于 B 产品劳动的需求弹性。

14. B。如果劳动者对闲暇的需求减少，则意味着劳动供给增加，在劳动需求不变的情况下，市场工资率下降，劳动的雇佣量增加。

15. B。在工资为 30 元/小时，劳动者工作时长 40，工资上升为 50 元/小时，劳动者愿意工作的时长为 30，此时可以推断工资上升的收入效应大于替代效应，使得劳动供给下降。

### （三）判断题

1. 正确。在要素市场上，由于无法得到要素价格与需求量之间——对应的关系，因此完全垄断、垄断竞争等不完全竞争企业的要素需求曲线不存在。

2. 错误。完全竞争厂商的要素需求曲线比不完全竞争厂商的要素需求曲线更平缓。

3. 正确。较低的利息率表明，在未来任何时期增加的收入量，现值较高，因此市场利率下降，对企业来说资本的现值会增加。

4. 错误。劳动的供给曲线向后弯曲的原因是由于工资上涨的收入效应大于替代效应。

5. 错误。其他要素的投入不变，一种生产要素不断增加，总产量会先增加后减少。

6. 正确。在竞争性劳动力市场上，法定最低工资高于均衡工资率会导致劳动供给过剩而需求不足。

7. 正确。边际产品价值是完全竞争企业增加使用一单位要素所带来的收益的增加量。

8. 正确。一般而言，由于 MR<P，边际收益产品曲线（MRP）位于边际产品价值曲线（VMP）下方，因此其倾斜程度比边际产品价值曲线更加陡峭。

9. 错误。替代效应使闲暇的需求量与闲暇价格即工资率反方向变化。

10. 正确。收入效应使得闲暇需求量与闲暇价格同方向变化。

## （四）简答题

1. 简述完全竞争厂商的要素使用原则。

答题要点：在完全竞争的条件下，企业使用要素的边际收益为边际产品价值 $VMP = P \cdot MP$，使用要素的边际成本为要素价格 $W$，故完全竞争企业使用要素的原则为：

$$VMP = W，或者 P \cdot MP = W$$

这是利润最大化的一般原则在完全竞争企业的要素使用量的决定问题上的具体运用。

2. 简述为什么劳动供给曲线向后弯曲。

答题要点：当工资较低时，随着工资的上升，消费者会被较高的工资吸引而减少闲暇，增加劳动供给。此时劳动供给曲线向右上方倾斜。但是，当工资已经处于较高水平时，此时如果继续增加工资，则劳动供给量可能非但不会增加，反而会减少。这意味着劳动供给曲线在较高的工资水平上可能向后弯曲。

3. 简述卖方垄断企业的要素使用原则。

答题要点：卖方垄断企业的要素使用原则为：$MRP = W$，或者 $MR \cdot MP = W$

上式中，等号两边的边际收益产品和要素价格分别是卖方垄断条件下企业使用要素的边际收益和边际成本。

4. 简述要素买方垄断条件下的企业要素使用原则。

答题要点：在买方垄断条件下，企业使用要素的边际收益和边际成本分别等于要素的边际产品价值和边际要素成本。因此，买方垄断企业的要素使用原则可以表示为：$VMP = MFC$，其中 MFC 为 $dC/dL$，表示增加使用一单位要素所增加的成本。

5. 简述为什么土地的供给曲线垂直于横轴。

答题要点：土地的供给曲线是垂直的。这里需要注意的是：第一，土地供给曲线垂直并非因为自然赋予的土地数量为（或假定为）固定不变。第二，土地供给曲线垂直是因为假定土地只有一种用途即生产性用途，而没有自用用途。第三，任意一种资源，如果只能（或假定只能）用于某种用途，而无其他用处，则该资源对该种用途的供给曲线就一定垂直。

### （五）计算题

1. 假设劳动的边际产量为 $200/L$，资本的边际产量为 $100/K$，工资为 10 元，资本的价格为 20 元，产品的价格是 20 元，则一个完全竞争厂商需要多少资本和劳动？

解：根据完全竞争厂商的要素需求原则 $MP_L \cdot P = P_L$

$200/L \cdot 20 = 10$，$L = 400$；

$P \cdot MP_K = P_K$，$100/K \cdot 20 = 20$，$K = 100$

由此可得，完全竞争厂商需要的资本为 100 元，劳动为 400。

2. 假设某厂商的短期生产函数为 $Q = 35L + 8L^2 - L^3$。求：

（1）该企业的平均产量函数和边际产量函数。

（2）求企业短期生产的合理区间。

（3）假设企业生产的产品价格为 2，劳动工资率为 46，则完全竞争企业应该雇佣多少员工？

解：（1）平均产量函数：$AP(L) = L = 35 + 8L - L^2$

边际产量函数：$MP(L) = Q'(L) = 35 + 16L - 3L^2$

（2）首先需要确定生产要素 L 投入量的合理区间。

在生产要素 L 投入量的合理区间的左端，有 $AP = MP$，于是，有 $35 + 8L - L^2 = 35 + 16L - 3L^2$。解得 $L = 0$ 和 $L = 4$。$L = 0$ 不合理，舍去，故取 $L = 4$。

在生产要素 L 投入量的合理区间的右端，有 $MP = 0$，于是，有 $35 + 16L - 3L^2 = 0$。$(5 + 3L)(7 - L) = 0$，解得 $L = -5/3$ 和 $L = 7$。$L = -5/3$ 不合理，舍去，故取 $L = 7$。

由此可得，生产要素 L 投入量的合理区间为 $[4, 7]$。

（3）$MP \cdot P = W$（$35 + 16L - 3L^2$）$\times 2 = 46$，解得：$L = 6$（$L = -2/3$，不合理，舍去）

可得，完全竞争厂商应雇佣的劳动数量为 6。

3. 假设劳动力需求函数 $Q_d = 18 - W$，$Q_s = -12 + 3W$，求：

（1）市场均衡时的工资率和就业人数；

（2）如果政府最低工资上升为 8 元，此时的劳动力需求为多少。

解：（1）联立 $Q_d = 18 - W$，$Q_s = -12 + 3W$，得 $W = 7.5$，$Q = 10.5$

可得，市场均衡时的工资率为 7.5，就业人数为 10.5。

（2）当 $W = 8$，代入需求函数，此时的劳动力需求为 $Q_s = 10$。

由此可得，政府上调最低工资为 8 元时的劳动力需求为 10。

4. 某厂商的生产函数 $Q = 4L + 3L^2$，假定该厂商在要素市场为垄断厂商，所在产品市场为完全竞争市场，厂商生产产品仅使用劳动要素。劳动供给函数为 $L = 0.5W - 20$，产品的价格 $P = 2$。求厂商在利润最大化时的 $L$、$Q$ 和 $W$。

解：$VMP = MP \times P = 2(4 + 6L) = 8 + 12L$

$TC = WL = (40 + 2L)L = 40L + 2L^2$，$MFC = 40 + 4L$

根据 $VMP = MFC$，则有 $8 + 12L = 40 + 4L$，可得 $L = 4$，

因此，$Q = 16 + 3 \times 16 = 64$

$W = 40 + 8 = 48$

综上，厂商在利润最大化时的 $L$ 为 4，$Q$ 为 64，$W$ 为 48。

5. 某厂商在产品市场和要素市场均是垄断厂商，其生产函数为 $Q = L$，产品的需求函数为 $Q = 100 - P$，工人的劳动供给函数为 $L = W - 10$，试求厂商利润最大化时的 $Q$、$L$、$W$ 和 $P$。

解：一方面，由于 $Q = 100 - P$，则 $P = 100 - Q$，$TR = PQ = 100Q - Q^2$，$MR = 100 - 2Q$

另一方面，由于 $L = W - 10$，则 $W = L + 10$，又由于 $Q = L$，则 $TC = WL = (L + 10) L = L^2 + 10L = Q^2 + 10Q$

可得 $MC = 2Q + 10$

利润最大化时，厂商的边际收益等于边际成本，$MR = MC$，$100 - 2Q = 2Q + 10$，则 $Q = 45/2 = 22.5$

此时，$L = Q = 22.5$，$W = L + 10 = 32.5$，$P = 100 - Q = 100 - 22.5 = 77.5$

综上，厂商利润最大化时的 $Q$ 和 $L$ 均为 22.5，$W$ 为 32.5，$P$ 为 77.5。

### （六）材料分析题

党的二十大报告提出，"构建全国统一大市场，深化要素市场化改革，建设高标准市场体系"；党的二十届三中全会进一步指出，"完善要素市场制度和规则，推动生产要素畅通流动、各类资源高效配置、市场潜力充分释放"。试分析：

（1）经济学中有哪些最基本的生产要素；

（2）结合材料分析我国为什么要推动生产要素市场化改革；

（3）结合自己的理解，试分析我国应怎样推动要素市场化改革。

答题要点：（1）一般而言，经济学中最基本的生产要素有劳动、资本、土地和企业家才能等。劳动指的是人类的劳动力，包括体力劳动和脑力劳动；资本是指用于生产的资金和资产，如机器、设备、建筑物等；土地包括土地本身以及土地上的自然资源，如水、矿产、森林等；企业家才能主要指企业家的创新、组织和管理能力。除了上述四大传统生产要素以外，数据要素多被认为是新的生产要素。

（2）此题可以从提高资源配置效率、释放市场潜力、激发市场活力、提升劳动生产率、促进社会公平等方面来进行分析。资源配置效率方面，要素市场化改革能够通过价格机制更有效地分配资源，使资源向最需要的地方流动，从而提高资源配置效率；市场潜力和市场活力方面，要素市场化改革能够打破垄断，促进竞争，使市场更加活跃，有利于新企业和新技术的出现，也有利于市场潜力的充分释放；在劳动生产率提升方面，要素市场化改革可以有效促进劳动力的自由流动，使劳动力能够更有效地配置到生产率更高的部门和地区，从而提升生产率；在促进社会公平方面，要素市场化改革通过完善竞争机制、减少流动阻碍，使资源分配更加公平，有助于缩小贫富差距，促进社会公平。

（3）此题可以分别从促进劳动、资本、土地、企业家才能和数据等要素市场化改革角度进行阐述。在劳动力要素市场化改革方面，我国应进一步深化户籍制度改革，畅通劳动力流动渠道，激发人才创新活力等；在资本要素市场化改革方面，我国应增加金融服务供给，发展多层次股权市场，完善地方金融监管和风险管理等；在土地要素市场化改革方面，我国应深化土地管理制度改革，优化产业用地供应，盘活存量用地，建立健全城乡统一的建设用地市场等；在企业家才能要素方面，我国要完善产权保护制度，优化营商环境，深化国有企业改革，激发和保护企业家精神，营造良好的市场环境等；在数据要素方面，我国应完善数据开放共享，建立数据流通交易规则，加强数据安全保护，促进数据要素的有效利用，促进数字技术与资本等其他要素的深度融合等。

# 第七章

# 一般均衡和效率

## 一、本章知识结构图

本章知识结构图如图 7-1 所示。

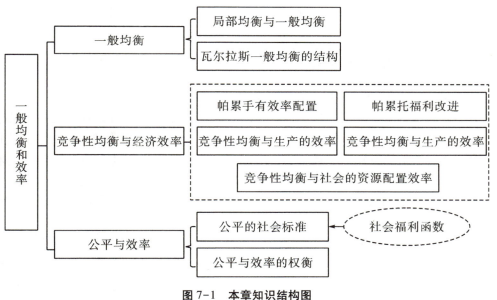

图 7-1 本章知识结构图

## 二、本章主要知识点梳理

### （一）一般均衡

1. 局部均衡与一般均衡

局部均衡是英国著名经济学家马歇尔提出的一种关于市场均衡的分析方法，又被称作"孤立市场"的分析方法。

在局部均衡分析中，某一市场商品的需求和供给仅仅被看作它本身价格的函数，其他商品的价格则假定不变，这些不变的其他商品的价格仅仅影响所研究商品的供给曲线的位置，所研究的市场供求曲线的交点决定了该市场商品的均衡价格与均衡数量。

一般均衡是法国著名经济学家瓦尔拉斯最早提出的。他认为，整个市场体系的所有市场是一个相互联系的整体，一个市场的价格和供求关系的变动，势必影响构成该市场体系的所有市场的价格和供求关系。因此，我们必须从整个市场体系中各市场间的相互联系、相互影响的视角来分析和研究市场均衡问题。

2. 瓦尔拉斯一般均衡的结构

瓦尔拉斯一般均衡模型假定经济是由家庭和企业两组不同的经济活动者构成的。家庭代表对产品的需求方面，同时又是生产要素的供给者；企业则代表产品的供给方面，同时又是生产要素的需求者。这一市场机制强调了三个基本特征：

特征 1：这是一个分散化（私人化）的决策过程，它强调每个消费者和每个生产者为了达到各自的目标，即消费者的效用最大化和生产者的利润最大化，而进行独立的消费和生产决策，不存在中央计划者的统一资源配置。

特征 2：它强调在这个私人化的资源配置过程中，价格体系这一信号的重要性，众多分散的消费者和生产者只是根据价格信号来配置资源，其他非价格信号在资源配置中的作用被忽视了。

特征 3：市场体系的一般均衡强调了最终的价格体系要能够出清 $n$ 个市场，即在 $n$ 个市场上的需求和供给要相等。

## （二）竞争性均衡与经济效率

1. 经济效率的标准：帕累托有效资源配置

在全社会资源总量既定的情况下，某一资源配置是帕累托有效资源配置，是指在该资源配置状态下，如果想要增加某一个人的福利，必须以牺牲其他人的福利为代价。

如果存在着对原有资源配置的一个再配置，可以在不影响他人境况的条件下来改善某些人的福利状况，则称资源的配置是对原有配置的帕累托福利改进。

西方经济学把帕累托有效率配置作为判断经济效率的标准。实现了帕累托有效率配置，就是达到了经济效率；反之，就是没有达到经济效率。

2. 竞争性均衡与交换的效率

在竞争性市场上，每个作为价格接受者的消费者如果按照市场给予的价格，按照各自效用最大化的方式进行选择，市场机制将保证最终的资源配置一定是帕累托有效率配置，这一结论被经济学家称为福利经济学第一定理的消费版本，即每一个竞争性均衡配置都是帕累托有效率配置。

3. 竞争性均衡与生产的效率

在生产的竞争性市场上，竞争性的要素市场机制最终会将社会中的所有要素配置到生产契约线上，即最终的要素配置是帕累托有效率配置，即为福利经济学第一定理的生产版本。

4. 竞争性均衡与社会的资源配置效率

依赖于竞争性要素和产品市场机制，社会最终可以使资源配置实现帕累托有效率，这也是统一了消费者和生产者的福利经济学第一定理。斯密在《国富论》中认为，个人在自由竞争的市场上追求私利的活动，将在市场这只"看不见的手"的指引下，最终实现全社会经济福利的最大化。竞争性的市场经济体制，将保证个体理性和集体理性是统一的。

### （三）公平与效率

#### 1. 公平的社会标准

功利主义和罗尔斯主义均表达了关于不同经济行为人的福利比较和不同伦理判断。功利主义函数认为公平的资源配置应该是努力使该社会福利函数最大化，即使得最大多数人的福利最大化是一个公平社会的追求目标：$W = \alpha_1 U_1 + \alpha_2 U_2 + \cdots + \alpha_n U_n$，式中$U_1，\cdots，U_n$是个体的效用函数，$\alpha_1，\cdots，\alpha_n$是社会赋予个体 1 到 $n$ 的权重。罗尔斯的社会福利函数认为公平的社会应该能够最大化境遇最差人的福利，这种社会福利函数更多关注福利水平最低的人的效用。社会福利函数公式为：$W = \min\{U_1，U_2，\cdots，U_n\}$。不管是功利主义还是罗尔斯主义，都隐含着通过政府干预资源配置的适宜性。

#### 2. 公平与效率的权衡

福利经济学第二定理认为：在一定的条件下，任何帕累托有效率的资源配置都是可以通过竞争性市场获得的，只是需要调整初始禀赋的位置。为了获得社会适宜的公平结果，不应该干预竞争的结果，而应该干预竞争的起点。

## 三、本章课后思考题解答

1. 试说明瓦尔拉斯提出的"拍卖人"假定的必要性。

答：为说明每个市场价格是怎样逐渐地调整到使商品和生产要素的需求量和供给量都能够相等，瓦尔拉斯假定，在市场上存在一个"拍卖人"，他的作用是在市场上高声喊出某商品或生产要素的不同价格，然后进行交易，并不断调整修正，直到供给和需求相等的均衡为止。瓦尔拉斯均衡论和一般均衡论都依赖于"拍卖人"假定，以此保证均衡价格的存在。

2. 利用埃奇沃斯盒状图解释交换契约线的含义。

答：埃奇沃斯盒状图是用来分析在消费的产品或投入的生产要素在数量上固定的情况下交换活动与消费活动的情况。交换契约线是指在埃奇沃斯盒状图中两个消费者的所有无差异曲线切点的轨迹。此时，两个消费者的边际替代率相等，交换契约曲线上的每一个点是帕累托有效的。若两个消费者的边际替代率不相等，则说明不是帕累托有效的，存在帕累托改进的可能。

3. 解释帕累托有效率状态和帕累托福利改进之间的关系。

答：（1）帕累托有效率状态是福利经济学中讨论实现生产资源的最优配置的理论。如果对于某种既定的资源配置状态，任何改变都不可能使至少一个人的状况变好而又不使任何其他人的状况变坏，则这种资源配置状态为帕累托有效率状态。只有同时满足交换的帕累托有效率、生产的帕累托有效率，以及生产和交换的帕累托有效率，才能说达到了帕累托有效率状态。

（2）帕累托福利改进是指在没有实现帕累托有效率之前，社会可以调整资源配置使之达到帕累托有效率标准，这是一个通过市场机制实现资源最有效配置的过程，我们可以把这个改进资源配置效率的过程称为帕累托福利改进。

（3）帕累托福利改进与帕累托有效率状态的关系：如果某种既定的资源配置状态为帕累托有效率状态，则不存在任何帕累托福利改进的可能；如果某种既定的资源配置状态还存在帕累托福利改进的可能，则这种状态就不是帕累托有效率状态。

4. 解释一般均衡的定义并比较一般均衡与局部均衡的不同。

答：一般均衡是指在一个经济体系中，所有市场的供给和需求同时达到均衡的状态。根据一般均衡理论，某种商品的价格不仅取决于它自身的供给和需求状况，而且还受到其他商品的价格和供求状况的影响。因此，某种商品的价格和供求均衡，只有在所有商品的价格和供求都同时到达均衡时，才能实现。

一般均衡模型相对于局部均衡模型而言，更为复杂但能更全面地考察经济现象，使得我们更加清晰地了解市场之间的相互作用与联系。一般均衡与局部均衡的差异在于一般均衡考虑所有市场供给和需求的均衡状况，而局部均衡只考虑单一市场的均衡条件。

5. 若商品 A 的生产函数为 $Y = L^{0.2}K^{0.8}$，商品 B 的生产函数为 $Y = 2L^{0.6}K^{0.4}$；生产这两种商品所需的生产要素各有 100 单位，且只用于生产这两种商品。试求该经济的生产契约线。

答：生产契约线由 $\mathrm{MRTS}_{LK}^A = \mathrm{MRTS}_{LK}^B$ 得到。

$$\mathrm{MRTS}_{LK}^A = \frac{\mathrm{d}K}{\mathrm{d}L} = \frac{K_A}{4L_A}, \quad \mathrm{MRTS}_{LK}^B = \frac{\mathrm{d}K}{\mathrm{d}L} = \frac{3K_B}{2L_B}, \quad \text{两者相等，} \frac{K_A}{4L_A} = \frac{3K_B}{2L_B}$$

$$\begin{cases} L_A + L_B = 100 \\ K_A + K_B = 100 \end{cases}, \quad \text{代入得} \frac{K_A}{2L_A} = \frac{3(100 - K_A)}{100 - L_A} = \frac{300 - 3K_A}{100 - L_A}, \quad \text{这就是生产契约线。}$$

6. 由 A、B 两个消费者及 X、Y 两个产品构成的经济中，消费者 A 的效用函数为 $U_A = XY$，消费者 B 的效用函数为 $U_B = 40(X + Y)$，X、Y 的存量为（120，120）。试求该经济的效用转化边界。

答：设配置给 A 的产品为（X，Y），则配置给 B 的量即为（120-X，120-Y）。此时，$U_A = XY$，$U_B = 40(240 - X - Y)$。由此解得：$U_A = X(240 - X - U_B/40)$。

帕累托最优状态是指，在一个人效用水平不变的条件下使另一个人的效用最大化。令 $U_B$ 不变，则 A 的效用 $U_A$ 极大化的条件为：$\mathrm{d}U_A/\mathrm{d}X = 240 - U_B/40 - 2X = 0$，解得：$X = 120 - U_B/80$，将上式代入 $U_A = X(240 - X - U_B/40)$，解得：$U_B = 9\,600 - 80U_A^{1/2}$，即为该经济的效用转化边界。

7. 消费者 1 有 100 单位商品 X，消费者 2 有 80 单位商品 Y，两者的效用函数都是 $U = 12XY$。请回答以下问题：

（1）交换契约线是什么？

（2）计算使市场的最终配置满足帕累托有效率条件的市场价格体系，以及此时两位消费者各自消费的商品数量。

答：（1）交换契约线由 $\mathrm{MRS}_{XY}^1 = \mathrm{MRS}_{XY}^2$ 得到。其中

$$\mathrm{MRS}_{XY}^1 = \frac{\mathrm{MU}_X}{\mathrm{MU}_Y} = \frac{12Y_1}{12X_1}, \quad \mathrm{MRS}_{XY}^2 = \frac{\mathrm{MU}_X}{\mathrm{MU}_Y} = \frac{12Y_2}{12X_2}, \quad 由 \ \mathrm{MRS}_{XY}^1 = \mathrm{MRS}_{XY}^2 \ 得 \ \frac{Y_1}{X_1} = \frac{Y_2}{X_2}, \quad 又有$$

$X_1 + X_2 = 100$, $Y_1 + Y_2 = 80$, 代入得 $\dfrac{Y_1}{X_1} = \dfrac{80 - Y_1}{100 - X_1}$, 解得：$4X_1 = 5Y_1$，即为交换契约线。

（2）消费者 1 的最优化问题是：

$\max U_1(X_1,\ Y_1) = 12X_1Y_1$
$s.\ t. \quad P_XX_1 + P_YY_1 = 100P_X$ ，解得：$X_1^* = 50$，$Y_1^* = 50P_X/P_Y$。

$\max U_2(X_2,\ Y_2) = 12X_2Y_2$
$s.\ t. \quad P_XX_2 + P_YY_2 = 80P_Y$ ，解得：$X_2^* = 40P_Y/P_X$，$Y_2^* = 40$。

满足帕累托有效率条件的市场价格体系是 $X_1^* + X_2^* = 50 + 40P_Y/P_X = 100$，以及 $Y_1^* + Y_2^* = 50P_X/P_Y + 40 = 80$。解得 $5P_X = 4P_Y$。此时，消费者 1 的消费组合为 $X_1^* = 50$，$Y_1^* = 40$。消费者 2 的消费组合为 $X_2^* = 50$，$Y_2^* = 40$。

8. 试解释为何当 MRS > MRT 时经济不会是有效率的。

答：边际转换率 MRT 表示从一种商品生产转换为另一种商品生产的难易程度，即为了多生产一单位 X 产品，社会不得不减少的 Y 产品生产的数量，它反映了产品转换的机会成本。在生产可能性曲线上，边际转换率表现为生产可能性曲线的斜率的绝对值。根据生产和交换的帕累托最优状态条件，有 MRS = MRT。当消费者的边际替代率大于边际转换率时，商品在消费者中间就不会是有效率的分配。因为在一个有效率的经济中，不仅厂商要按照最小化成本来生产产品，而且消费者也要按照效用最大化的原则来消费产品。边际替代率衡量消费者对两种商品的支付意愿之比，边际转换率衡量厂商生产两种商品的边际成本之比，只有当两者相等时经济才是有效率的。

9. 试分析一般均衡理论和斯密"看不见的手"的原理之间有何共通之处。

答：一般均衡理论主要讨论当影响某一个市场上的供给和需求的因素发生变动后，能否存在一系列价格，使得所有的市场同时处于均衡状态的问题。斯密"看不见的手"的原理表明个人在自由竞争的市场上追求个人利益的行为最终将带来个人和全社会的经济福利最大化。一般均衡理论和斯密的"看不见的手"原理都强调市场机制在资源配置中的有效性。在自由市场中，通过价格机制和个人追求自身利益的行为，可以实现资源的有效配置和社会福利的最大化。

10. 试运用马克思主义的观点说明资本主义经济不能像一般均衡理论所描述的那样使所有市场的供给和需求同时达到均衡状态的原因。这一问题的根源在何处？

答：一般均衡理论以私有制作为制度前提，个体的理性决策通过市场机制的自发调节作用可以达到整个市场的均衡和稳定运行。然而，在当今资本主义社会，资本、生产资料和劳动产品越来越集中在少数资本家手里，生产不断社会化，生产资料的私有制和社会化大生产的矛盾成为资本主义的基本矛盾。正是因为资本主义的基本矛盾导致其无法像一般均衡理论所描述的那样使所有市场的供给和需求同时达到均衡状态，使其经常处于不平衡的状态中，所以资本主义社会只能通过周期性的经济危机来恢复平衡。

这一问题的根源是资本主义私有制。资本主义私有制决定资本主义基本矛盾的存在。资本主义基本矛盾使资本主义经济经常处在不平衡状态，最终导致经济危机的发生。一般均衡理论所描述的所有市场的供给和需求同时达到均衡状态是不切实际的。

## 四、本章课后练习题

### （一）名词解释

一般均衡　帕累托有效率配置　帕累托福利改进　生产可能性曲线
社会福利函数

### （二）单项选择题

1. 一般均衡理论试图说明的问题是（　　　）。
    A. 单个产品或单个要素市场的均衡
    B. 劳动市场的均衡
    C. 产品和货币市场的均衡
    D. 所有产品市场和要素市场的均衡

2. 一般均衡理论认为，每一种产品的市场需求是（　　　）。
    A. 该商品价格的函数　　　　　　　B. 该商品成本的函数
    C. 整个价格体系的函数　　　　　　D. 整个成本体系的函数

3. 下面（　　　）情况是帕累托最优。
    A. 收入分配均衡
    B. 不使社会中的某些成员福利变差就无法使其他成员福利改善
    C. 企业内部化其所有外部性
    D. 不损害他人福利而改善部分人的福利

4. 生产契约曲线上的点表示（　　　）。
    A. 生产者获得了最大利润
    B. 生产者支出了最小成本
    C. 通过生产要素的重新配置提高了总产量
    D. 以上都不对

5. 竞争市场实现了"看不见的手"，那么（　　　）。
    A. 经济运行在效用可能性曲线上　　B. 经济运行在生产可能性曲线上
    C. 资源配置是帕累托有效的　　　　D. 以上都对

6. 一个社会要达到最高的经济效率，得到最大的经济福利，进入帕累托最优状态必须（　　　）。
    A. 满足交换的边际条件：$(MRS_{XY})_A = (MRS_{XY})_B$
    B. 满足生产的边际条件：$(MRTS_{LK})_X = (MRTS_{LK})_Y$
    C. 满足替代的边际条件：$MRT_{XY} = MRS_{XY}$
    D. 同时满足上述三个条件

7. 导出（　　　）必须作出道德或价值的判断。

A. 转换曲线                           B. 消费契约曲线

C. 社会福利曲线                   D. 效用可能性边界

8. 若对于消费者甲来说，以商品 X 替代商品 Y 的边际替代率为 4；对于消费者乙来说，以商品 X 替代 Y 的边际替代率为 3，则有可能发生（　　）。

A. 乙用 X 向甲交换 Y             B. 乙用 Y 向甲交换 X

C. 甲和乙不会交换商品          D. 以上均不正确

9. 在资源不变的情况下，若技术水平提高，则生产可能性曲线的位置将会（　　）。

A. 向左移动                             B. 向右移动

C. 不发生任何改变             D. 不能确定

10. 在福利经济学交换效率分析中，若运用埃奇沃斯盒装图模型、两个消费者为甲和乙，初始资源配置处于甲和乙无差异曲线的交点，则下列（　　）是错误的。

A. 存在帕累托改进，甲的效用提高，乙的效用不变

B. 存在帕累托改进，乙的效用提高，甲的效用不变

C. 存在帕累托改进，甲与乙的效用均提高

D. 不存在帕累托改进

## （三）判断题

1. 在所有的市场结构中都将会实现帕累托最优状态。             （　　）

2. 任何一种商品的供给与需求实际上不仅取决于该商品本身的价格，还取决于许多其他商品的价格。                                               （　　）

3. 帕累托最优是指资源配置状态的改变，至少使一个人状态变好而没有任何其他人的状况变坏的状态。                                      （　　）

4. 将社会资源平均分配是帕累托有效的。                      （　　）

5. 在埃奇沃斯盒状图中，若两条无差异曲线相切，则存在互惠交换的可能。                                                 （　　）

6. 竞争均衡是帕累托有效的，这能说明亚当·斯密的"看不见的手"原理。                                          （　　）

7. 由交换契约曲线推导出效用可能性曲线，后者向右上方倾斜。   （　　）

8. 罗尔斯的社会福利函数为 L 线形社会无差异曲线，注重提高社会上状况最差的那些人的生活水平。                                       （　　）

9. 最大社会福利出现在效用可能性曲线与社会无差异曲线的切点上。    （　　）

10. 由多数投票决定的社会偏好不具备传递性。                  （　　）

## （四）简答题

1. 什么是福利经济学第一定理？

2. 一个经济体使用 L 和 K 两种资源，生产衣服的 $MRTS_{LK} = 4$，而生产食物的 $MRTS_{LK} = 3$，判断该社会现有的生产状况是否有效率？为什么？如何改进？

3. 当经济资源配置达到帕累托最优时，是否意味着收入的平等分配？为什么？

### （五）计算题

甲有 300 单位商品 X，乙有 200 单位商品 Y，两人的效用函数均是 $U(x, y) = xy$，推导出所有满足帕累托最优的状态。两人通过交换达到帕累托最优，求出社会的价格体系，并求出交换后的交换结果。

### （六）论述题

1. "人们追求效用最大化，会用自己所有的收入进行消费。"这就是所谓的瓦尔拉斯定律。然而，现实中人们并没有花完自己所有的收入，这是否说明人们并非追求当期效用最大化？请阐述理由。

2. 简述生产和交换的帕累托最优条件推导过程。

## 五、本章课后练习题答案及解析

### （一）名词解释

一般均衡是指整个经济中的价格体系恰好使所有商品的供给和需求同时达到均衡的状态。

帕累托有效率配置是指在该资源配置状态下，如果想要增加某一个人的福利，必须以牺牲其他人的福利为代价。

帕累托福利改进是指如果存在着对原有资源配置的一个再配置，可以在不影响他人境况的条件下来改善某些人的福利状况，则称资源的配置是对原有配置的帕累托福利改进。

生产可能性曲线是指在生产技术和要素供给不变的前提下，生产 X 和 Y 两种产品的最大产量组合所形成的轨迹。生产可能性曲线上的每一点都满足 $\text{MRTS}_{LK}^{X} = \text{MRTS}_{LK}^{Y}$。

社会福利函数是指社会所有个人的效用水平的函数，即 $W = W(U_1, U_2, \cdots, U_n)$。

### （二）单项选择题

1. D。一般均衡是将所有相互联系的市场作为一个整体来进行研究，每个商品的供需不仅取决于该商品的价格，还与其他相关商品的价格相关，是价格体系的函数。只有当所有产品市场和要素市场同时达到均衡时，市场才达到一般均衡。

2. C。在一般均衡分析中，每个商品的需求与供给均取决于整个价格体系。

3. B。帕累托最优是指不可能在不损害他人福利前提下改善某人福利。

4. C。生产契约曲线上的点表示通过生产要素的重新配置提高了总产量。

5. D。竞争市场实现了"看不见的手"，即资源配置是帕累托有效的，经济运行均在效用可能性曲线和生产可能性曲线上。

6. D。帕累托最优状态必须同时满足交换、生产与替代的边际条件。

7. C。社会福利函数（社会福利曲线）涉及道德或价值的判断。

8. A。消费者甲认为 1 个商品 X 可以替代 4 个商品 Y，消费者乙认为 1 个商品 X 可以替代 3 个商品 Y，消费者甲可以用 3 个商品 Y 去交换消费者乙的 1 个商品 X，从而在消费者乙效用不变的条件下，消费者甲增加 1 个商品 Y 的边际效用，因此消费者甲将用商品 Y 交换消费者乙的商品 X。

9. B。在资源不变的情况下，若技术水平提高，则生产可能性曲线的位置将会向右移动。

10. D。若初始资源配置处于甲和乙无差异曲线的交点处，则存在帕累托改进。

### （三）判断题

1. 错误。只有在完全竞争市场且在一定的假设条件下，理论上才能够实现帕累托最优状态。

2. 正确。瓦尔拉斯的一般均衡理论指出，任何一种商品的供给和需求实际上不仅取决于该商品本身的价格高低，而且取决于许多其他商品的价格，是价格体系的函数。

3. 正确。帕累托最优是指资源配置状态的改变，至少使一个人状态变好而没有任何其他人的状况变坏的状态。

4. 错误。帕累托有效是指在不使一方境况变坏的情况下，就不能使另一方的境况变好，它是一种无可改进的状态。平均分配社会资源未必是不可改进的。

5. 错误。在埃奇沃斯盒装图中，若两条无差异曲线相切，交换符合帕累托最优。不存在互惠交换的可能。

6. 正确。"看不见的手"原理是指，在自由竞争的市场中，个体为了追求自身利益最大化，通过市场机制的自发调节，最终达到资源配置的最优化，即帕累托有效状态。

7. 错误。由交换契约曲线推导出效用可能性曲线，后者向右下方倾斜。

8. 正确。罗尔斯社会福利函数更多关注福利最低的人的效用。

9. 正确。最大社会福利出现在效用可能性曲线与社会无差异曲线的切点上。

10. 正确。可参考阿罗不可能定理与孔多塞的"投票悖论"。譬如，一个社会中有三个投票人 A、B 和 C，在三个公共方案 X、Y 和 Z 中选择一个进行投票。每个人对三种方案的偏好顺序不同，假设 A 的偏好为 X＞Y＞Z，B 的偏好为 Y＞Z＞X，C 的偏好为 Z＞X＞Y。在此情况下，按照多数投票胜出规则，易得出：X＞Y，Y＞Z 且 Z＞X。这就形成了一个循环，即社会偏好不具备传递性。

### （四）简答题

1. 什么是福利经济学第一定理？

答题要点：福利经济学第一定理是指所有市场均衡都是帕累托有效的。即若所有的个人和企业都是以自我利益为中心的价格接受者，则其在市场中形成的竞争性均衡是帕累托最优的。

2. 一个经济体使用 L 和 K 两种资源，生产衣服的 $MRTS_{LK} = 4$，而生产食物的 $MRTS_{LK} = 3$，判断该社会现有的生产状况是否有效率？为什么？以及如何改进？

答题要点：该经济体的生产是没有效率的，因为达到生产帕累托有效的条件是生产衣服和食物的 MRTS$_{LK}$ 要相等。实现帕累托改进可以通过生产食物的部门用劳动与生产衣服的部门用资本进行交换。生产食物部门 1 单位劳动可以替代 3 单位资本，而生产衣服部门 1 单位劳动可以替代 4 单位资本。若生产食物部门用 1 单位劳动与生产衣服的部门交换 3.5 单位资本，双方均提升福利，是帕累托改进。

3. 当经济资源配置达到帕累托最优时，是否意味着收入的平等分配？为什么？

**答题要点**：当经济资源配置达到帕累托最优时，并不意味着收入的平等分配。实现帕累托最优状态，必须满足三个必要条件：任何两种产品的边际替代率对所有的消费者相等；任何两种要素的边际技术替代率对所有生产者都相等；任何两种产品的边际转换率等于边际替代率。然而这三个帕累托最优条件并没有考虑收入分配问题。实际上，存在无穷多个同时满足所有三个帕累托最优条件的经济状态，其中甚至包括收入分配极端不平等的情况。

### （五）计算题

甲有 300 单位商品 X，乙有 200 单位商品 Y，两人的效用函数均是 $U(x, y) = xy$，推导出所有满足帕累托最优的状态。两人通过交换达到帕累托最优，求出社会的价格体系，并求出交换后的交换结果。

**解**：设甲乙两人的消费组合为 $(X_甲, Y_甲)$，$(X_乙, Y_乙)$。需要满足的约束条件为

$$\begin{cases} X_甲 + X_乙 = 300 \\ Y_甲 + Y_乙 = 200 \end{cases} (1)，交换的帕累托有效配置需满足 MRS^甲_{XY} = MRS^乙_{XY}，\quad 即$$

$\dfrac{MU^甲_X}{MU^甲_Y} = \dfrac{MU^乙_X}{MU^乙_Y}$，简化得 $\dfrac{Y_甲}{X_甲} = \dfrac{Y_乙}{X_乙}$ (2)，联立 (1) (2) 解得 $\dfrac{Y_甲}{X_甲} = \dfrac{200 - Y_甲}{300 - X_甲}$，即 $Y_甲 = \dfrac{2}{3}X_甲$，此即为交换契约曲线。

令 X 的价格为 1，Y 的价格为 $P$，使甲效用最大化需满足

$$\begin{cases} \dfrac{Y_甲}{X_甲} = \dfrac{1}{P} \\ Y_甲 + PY_甲 = 300 \end{cases}，\quad 解得 X_甲 = 150，Y_甲 = \dfrac{150}{P}。由于 Y_甲 = \dfrac{2}{3}X_甲 可得 Y_甲 = 100，P =$$

1.5，此时乙达到效用最大化。同理使乙的效用最大化需满足

$$\begin{cases} \dfrac{Y_乙}{X_乙} = \dfrac{1}{P} \\ X_乙 + PY_乙 = 200P \end{cases}，\quad 解得 X_乙 = 150，Y_乙 = 100。$$

因此，社会价格体系中 X 的价格为 1，Y 的价格为 1.5。交换结果为 $X_甲 = 150$，$Y_甲 = 100$；$X_乙 = 150$，$Y_乙 = 100$。甲用 150 单位 X 交换乙的 100 单位 Y。

### （六）论述题

1. "人们追求效用最大化，会用自己所有的收入进行消费。"这就是所谓的瓦尔拉斯定律。然而，现实中人们并没有花完自己所有的收入，这是否说明人们并非追求当期效用最大化？请阐述理由。

答题要点：在现实生活中，人们没有花完所有的收入，而常常进行储蓄或者投资，这并不违反瓦尔拉斯定律。因为人们的生活是长期的，所追求的效用最大化是整个生命周期的总的最大化，所以人们的消费会根据他自己一生的全部预期收入来安排他的消费支出，而不仅仅局限于当期收入。此外，人们对当期收入的支配，除了进行消费，还可以进行投资，从而在将来获得更多的收入。另外，人们留下遗产给后代，说明人们不单单考虑最大化自己的福利，还会考虑到后代的福利水平。

2. 简述生产和交换的帕累托最优条件推导过程。

答题要点：①构造两要素及两个生产者的埃奇沃斯盒状图。②加进两个生产者的等产量曲线。③由等产量曲线切点轨迹可得生产的契约曲线。④生产的契约曲线上的点表示最优产出组合。⑤由生产的契约曲线推导出生产可能性曲线。⑥在生产可能性曲线上选任意一点，构造一个交换的埃奇沃斯盒状图。⑦加进两个消费者的无差异曲线。⑧由无差异曲线切点的轨迹可得交换的契约曲线。⑨交换的契约曲线上任意一点都满足交换的帕累托最优。⑩交换的契约曲线上有一点的边际替代率 MRS = 生产可能性曲线上点的边际转换率 MRT。⑪此时，交换的契约曲线上这个点满足生产和交换的帕累托最优。

# 第八章

# 市场失灵和微观经济政策

## 一、本章知识结构图

本章知识结构图如图 8-1 所示。

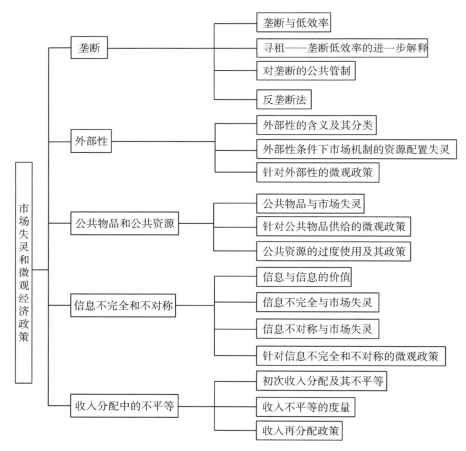

图 8-1 本章知识结构图

## 二、本章主要知识点梳理

### （一）垄断

#### 1. 垄断与低效率

垄断厂商长期均衡时的垄断价格高于边际成本，表明消费者愿意为增加额外一单位产量所支付的数量超过了生产该单位产量所引起的成本。因此，市场存在有帕累托改进的余地（见图 8-2）。

只要市场不完全竞争，企业面临的需求曲线向右下方倾斜，企业的利润最大化原则就是边际收益等于边际成本，而不是价格等于边际成本，当价格大于边际成本时，市场就会出现低效率的资源配置状态。

在现实中，由于垄断企业和消费者之间以及消费者本身之间难以达成满意的一致意见，因此垄断产量不会发生在帕累托有效效率状态 $Q^{**}$ 上，即潜在的帕累托改进难以实现，整个经济偏离帕累托有效率状态，出现低效率。

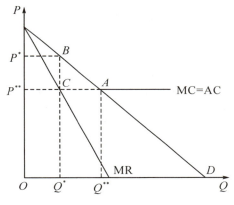

图 8-2 垄断与低效率

#### 2. 寻租——垄断低效率的进一步解释

20 世纪 60 年代后期以来，西方经济学界开始认识到，垄断不仅仅偏离帕累托有效率状态，存在所谓的福利损失，更重要的是垄断诱发了寻租。所谓寻租，是指试图获得一种可以赚取经济利润的垄断的活动。寻租者以两种形式追求其目标：购买垄断和创造垄断。一个垄断企业可以通过占有一部分消费者剩余而获得经济利润。因此，企业便千方百计谋求和维持垄断地位，以获取经济利润，并为此花费一定的费用，这就是寻租活动。

寻租活动的经济损失表现在如下几个方面：第一，寻租造成经济资源配置的扭曲，阻止了更有效的生产方式的实施。第二，寻租本身白白耗费社会的经济资源，使本来可以用于生产性活动的资源浪费在这些于社会无益的活动上。第三，导致其他层次的寻租活动。

#### 3. 对垄断的公共管制

递增成本下的管制：如果政府的目的是提高效率，则其应当将价格定在等于边际成本的水平上，从而实现帕累托最优，但垄断厂商仍然可以得到一部分经济利润；如果政府制定一个零经济利润的价格，那么边际成本就会大于价格，这会导致价格太低、产量太高，偏离了帕累托最优。

递减成本下的管制：如果政府管制价格等于边际成本，则达到帕累托效率，但垄断厂商的平均收益小于平均成本，从而出现亏损，需要政府补贴垄断厂商；如果制定零经济利润的价格即 $P=AC$，则该价格会高于边际成本。

4. 反垄断法

反托拉斯法遵循这样两个途径：①以促进形成竞争的市场结构为目标；② 以管理市场传导从而减少或消除垄断行为为目标。概括地说，反托拉斯法试图走一条促进社会满意的市场绩效的道路，形成有效率的市场结构，并对市场活动加以适当的管理

## （二）外部性

1. 外部性的含义及其分类

外部性是指人们的经济活动对他人造成的影响，而这些影响又未被计入市场交易的成本或价格之中。外部性又称外在效应或邻居效应。

根据影响的正负效果，外部性分为正外部性和负外部性：正外部性（又称积极的外部性）指的是经济行为主体的生产和消费行为给他人带来利益，又未获得补偿。负外部性（又称消极的外部性）指的是经济行为主体的生产和消费行为给他人带来损失，又未支付抵偿损失的成本。

根据行为主体的类型，外部性分为生产的外部性和消费的外部性：生产的外部性是指经济行为主体的生产活动使其他生产者增加（或减少）成本，但又未补偿（或收费）的情形。消费的外部性是指经济行为主体的消费行为引起其他消费者利益的增加或减少。

2. 外部性条件下市场机制的资源配置失灵

存在外部性的情况下，市场机制配置资源达不到帕累托有效率状态，即"看不见的手"在资源配置上失灵。一般而言，在正外部性的情况下，私人活动的水平常常低于社会所要求的最优水平；在负外部性的情况下，私人活动的水平高于社会所要求的最优水平。

3. 针对外部性的微观政策

纠正外部性导致的市场失灵的政策有以下几种：非市场方式的命令与控制政策——政府直接管制资源的配置；以市场为基础的规制方式——政府为私人机构提供激励内在化外部性（如纠正性税收和补贴）；科斯定理——交易费用为零或较低条件下的谈判以及交易费用较高条件下的产权界定。

科斯定理：在市场交易成本为零的条件下，有关损害的任何决策，对资源配置毫无影响。科斯进一步证明，如果交易成本不为零而是正数，只要产权明确界定，双方也会通过契约寻找到成本最低的制度安排。科斯定理的出现进一步加强了亚当·斯密的"看不见的手"原理的作用，按照这个定理，只要产权明确界定，那么外部影响也不能导致不适当的资源配置。

### （三）公共物品和公共资源

**1. 公共物品与市场失灵**

市场中的经济物品有很多类型，我们可以根据以下两个特点对其进行分类：一是排他性，即是否可以阻止他人使用该物品；二是竞争性，即一个人的使用是否会减少其他人对该物品的使用数量。根据排他性和竞争性的有无及其强弱，经济物品可以分为四种类型，如表8-1所示。

表8-1 四种类型的物品

| | | 排他性 | |
|---|---|---|---|
| | | 有 | 无 |
| 竞争性 | 有 | 私人物品（衣服、食物、家具、拥挤的收费道路） | 公共资源（公海中的鱼、环境、拥挤不收费的道路） |
| | 无 | 俱乐部物品（有线电视、无线网络、不拥挤的收费道路） | 公共物品（国防、预警系统、不拥挤的不收费道路） |

私人物品是指具有高度排他性和高度竞争性的物品。

公共物品是指在消费中既无排他性又无竞争性的物品。

公共资源是指具有竞争性但没有排他性的物品。

俱乐部物品是指在消费上具有高度排他性但不具有竞争性的物品。

公共物品的非排他性和非竞争性使其存在"搭便车"问题。所谓"搭便车"，是指免费享用公共物品的行为。

**2. 针对公共物品供给的微观政策**

公共物品的非竞争性和非排他性使得政府介入公共物品的供给成为必要，政府可以依靠税收来提供公共物品。政府提供公共物品也要按照经济学的成本收益原则，需要应用成本收益分析来确定生产和提供公共物品的数量。如果生产和提供某一数量的某种公共物品的收益大于成本，便可以生产和提供这一数量的该种公共物品；反之，便不能提供这一数量的该种公共物品。

**3. 公共资源的过度使用及其解决政策**

公共资源具有竞争性但没有排他性，因此公共资源在使用中具有较大的外部性，造成"公地悲剧"，即公共资源的过度使用问题。

解决公共资源过度使用的微观政策：第一，管制和征收庇古税。管制就是对公共资源使用按照集体决策规定最优使用数量。征收庇古税就是对每一个使用公共资源的个体按照产生的数量征收一定的比例税。第二，界定产权。界定产权就是将公共资源的各类权利明确界定给各主体。

### （四）信息不完全和不对称

**1. 信息与信息的价值**

信息是一种很有价值的资源，也是一种商品，和普通商品不同，信息在"质"和"量"上又有其独特的性质。首先，从"质"的方面看，信息类似于公共物品，不具有竞争性，因为信息可以被很多人同时利用。其次，从"量"的方面看，确定信息的价值大小也不像普通商品那样简单，因此人们通常采用预期收益的变化来确定某一信息的价值。

在现实经济中，信息常常是不完全的，甚至是很不完全的。在信息不完全的情况下，市场机制有时就不能很好地起作用。

2. 信息不完全与市场失灵

信息不完全不仅是指绝对意义上的不完全，即由于认知能力的限制，人们不可能知道在任何时候、任何地方所发生的或将要发生的任何情况，而且指相对意义上的不完全，即市场经济本身不能够生产出足够的信息并有效地配置它们。信息不完全会引起市场失灵。

3. 信息不对称与市场失灵

信息不对称是指交易双方的不同经济主体对交易对象掌握的信息多少不一样。信息不对称问题会导致市场无效率。信息不对称分为两类：第一类是隐藏性特征的信息不对称，即一方能够观察到另一方不能观察到的一些商品或服务的特征；第二类是隐蔽行为的信息不对称，即交易的一方能够采取影响对方却不被对方观测到的行为。

4. 针对信息不完全和不对称的微观政策

解决信息不完全和不对称的方法如下：信号传递——减轻市场失灵的程度；效率工资——激励机制；风险共担——主体行为影响多方收益。

### （五）收入分配中的不平等

1. 初次收入分配及其不平等

在市场经济条件下，初次收入分配主要是通过市场机制形成的。根据微观经济学的收入分配理论，要素的第一次分配按照边际生产力原则。市场价格制度造成"富裕中贫困"的现象，或"收入分配极为不均"的现象，都表明市场价格机制形成的初次收入分配存在收入分配不平等的可能，有时甚至是严重的不平等。

2. 收入不平等的度量

为了研究收入分配中的不平等情况，美国统计学家洛伦兹提出了著名的洛伦兹曲线。根据洛伦兹曲线定义的基尼系数可以度量收入分配的不平等程度。

在收入不平等的情况下，洛伦兹曲线是一条向右远离平等分配线的曲线，距离平等分配线越远，收入分配越不平等。

基尼系数是根据洛伦兹曲线推导出来的表示社会中收入分配不平等程度的系数。其计算公式为

$$G = \frac{A}{A + B}$$

式中，$G$ 为基尼系数，$A$ 为平等分配曲线与洛伦兹曲线之间的面积，$B$ 为洛伦兹曲线与折线之间的面积，如图 8-3 所示。一国基尼系数的一般情形是介于 0 和 1 之间。如果其基尼系数越接近于 1，就说明该国的收入分配越趋向于不平等；如果其基尼系数越接近于 0，就说明该国的收入分配越趋向于平等。

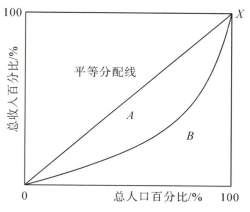

图 8-3　洛伦兹曲线与基尼系数

### 3. 收入再分配政策

为改善初次收入分配不平等的状况，政府通常实行收入再分配政策，其包括以下两个方面：第一，社会保障制度，包含提供退休收入、医疗保险等；第二，收入援助计划，包含对养育孩子的贫困家庭进行援助，以及补偿保障收入计划。

## 三、本章课后思考题解答

### 1. 分析垄断的低效率。

答：西方经济学认为，垄断会造成经济的低效率；并认为垄断的低效率是造成市场失灵的根本表现。我们可以通过比较垄断市场和完全竞争市场的价格和产量进行比较，来分析垄断的低效率。

首先分析完全竞争市场的价格和产出的长期均衡。假定完全竞争市场的长期供给曲线为一条水平直线，如图 8-4 中的 $S_c$ 所示。由于该产业是一个成本不变的产业，所以完全竞争市场的长期供给曲线表示产出水平相等的边际成本和平均成本。整个市场在市场需求曲线和市场供给曲线相交的 $a$ 点达到均衡，价格为 $P^*$，产出量为 $Q^*$。需求曲线表明消费者从每个产出水平中获得的边际效用。在价格和产出量的均衡水平上，生产最后 1 单位产出的社会边际成本（如水平的供给曲线所表明的）恰好等于消费者获得的归之于该单位商品的边际效用（如市场需求曲线所表明的）。由于消费者按价格 $P^*$ 能够购买 $Q^*$ 单位的商品（产出），所以，消费者便享有了由三角形 $adP^*$ 所表示的全部消费者剩余。消费者剩余也是全社会的净利益。

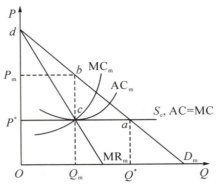

图 8-4　垄断和低效率

再分析垄断市场的情形。假定该产业中只有一个企业。市场的需求曲线便是企业的需求曲线。所以，垄断企业可以按照能够销售的数量确定其销售价格。由于垄断企业的需求曲线是向下倾斜的，其边际收益曲线便是一条处于需求曲线之下的向下倾斜的曲线，如图 8-4 中的 $MR_m$ 所示。假定垄断企业和竞争产业都按相同长期不变的平均成本生产，那么垄断企业在长期将通过寻求边际成本等于边际收益的企业规模来实现利润最大化。该企业规模反映在图 8-4 的平均成本曲线 $AC_m$ 和边际成本曲线 $MC_m$ 上。边际成本曲线和边际收益曲线相交于 $c$ 点（表明边际成本和边际收益相等），决定垄断企业产出量为 $Q_m$，并决定该产量的价格为 $P_m$。

由于现在消费者按价格 $P_m$ 消费 $Q_m$，所以他们获得的消费者剩余是三角形 $bdP_m$。但与此同时，与完全竞争情况下相比，垄断企业获得超额利润，数量为四边形 $bP_mP^*c$ 的面积。结果，整个社会的净福利就是消费者剩余与企业超额利润二者之和，恰好为四边形 $bdP^*c$ 的面积。与完全竞争行业相比，社会福利减少了三角形 $abc$ 的面积。

将上述两种情况相比很容易发现，垄断企业，就产出水平而言，其效率远低于竞争产业，因为其产出量大大低于竞争产业。其减少产出量，会给社会造成净福利损失，如图 8-4 中的三角形 $abc$（西方经济学称之为福利三角形）所示。

2. 比较没有监管和有监管的自然垄断企业的产量和价格的决定。

答：（1）没有监管的自然垄断企业的利润最大化。

图 8-5 描述了自然垄断企业的需求和成本条件。一个自然垄断企业通常面临巨大的资本成本，例如，铺设铁轨、建设发电厂、安装煤气管道、安装输电线路、提供地方电话服务或有线电视信号等，都面临巨大的资本成本。在图 8-5 中，自然垄断企业在按照边际成本等于边际收益的利润最大化规则（边际成本曲线 LMC 与边际收益曲线 MR 相交）生产产量 $Q$，并确定价格 $P$，赚取由上面的阴影矩形所表示的经济利润。问题在于，自然垄断企业的产量和价格的选择，如果按照社会福利条件衡量是缺乏效率的，因为消费者所支付的价格高于生产产品的边际成本。价格高于边际成本使得分配于该种产品的资源不足。

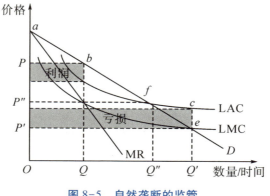

图 8-5　自然垄断的监管

（2）政府监管下的自然垄断企业价格和产量的决定。

政府对自然垄断企业实行监管，有按边际成本确定价格和按平均成本确定价格两种定价方式。但前者将使自然垄断企业造成亏损。如图 8-5 所表明的，由于政府规定垄断企业要同需求相适应，生产出价格等于边际成本的产出水平，自然垄断企业被迫把其产出量扩展到由边际成本曲线和需求曲线相交点（$e$ 点）决定的产出量 $Q'$，并确定价格 $P'$。消费者喜欢这一结果，因为价格比自然垄断企业自由追求最大化利润时低很多，从而获得较多的福利（因为消费者剩余从三角形 $abP$ 扩大到 $aeP'$）。但是，这样一来却造成了自然垄断企业的亏损，因为在产出水平 $Q'$，监管价格 $P'$ 低于自然垄断企业的平均成本，结果造成亏损，如图 8-5 下面的矩形阴影。为使自然垄断企业免于亏损，政府修正其监管政策，确定等于平均成本的监管价格。在图 8-5 中，需求曲线和长期平均成本曲线相交于 $f$ 点，决定产出量 $Q''$ 和价格 $P''$。相对于没有监管的情形强化了经济福利，但受到监管的自然垄断企业仅能获得正常利润。消费者支付该产出的边际价值（边际效用价值，亦即自然垄断企业的边际收益）高于自然垄断企业的边际成本，因此，社会福利尚有提高的余地。

（3）政府对自然垄断企业的补贴。

政府也可以通过对遭受亏损的自然垄断企业实行补贴来维持其按边际成本确定监管价格，使自然垄断企业维持在赚取正常利润的水平。例如，美国对地铁和公共汽车确定的收费典型低于提供服务的平均成本，其差额由政府予以补贴。例如，华盛顿地区的地铁系统每年从联邦政府获得 2 000 万美元的补贴。补贴所带来的问题是，为了提供补贴，政府必须提高税收或借更多的债，或放弃某些其他领域的支出。

3. 请将下列物品分类为私人物品、公共物品、公共资源和俱乐部物品并解释理由。

（1）健康保险

（2）拥挤的收费道路

（3）有线电视

（4）一个城市的蚊虫控制项目

（5）图书馆馆藏的电子书

答：（1）健康保险是私人物品。私人物品是指具有高度排他性和高度竞争性的物品。

（2）拥挤的收费道路是私人物品。私人物品是指具有高度排他性和高度竞争性的物品。

（3）有线电视是俱乐部物品。俱乐部物品是指在消费上具有高度排他性但不具有竞争性的物品。

（4）一个城市的蚊虫控制项目是公共物品。公共物品是指在消费中既无排他性又无竞争性的物品。

（5）图书馆馆藏的电子书是公共资源。公共资源是指具有竞争性但没有排他性的物品。

4. 什么是信息不对称？有哪两种类型的信息不对称？

答：信息不对称是指交易双方的不同经济主体对交易对象掌握的信息多少不一样。信息不对称问题会导致市场无效率。信息不对称分为两类：第一类是隐藏性特征的信息不对称，即一方能够观察到另一方不能观察到的一些商品或服务的特征；第二类是隐蔽行为的信息不对称，即交易的一方能够采取影响对方却不被对方观测到的行为。

5. 为什么逆向选择会发生在医疗保险市场上？

答：保险市场的道德风险问题是由于这样的情形而发生的，即一旦人们购买了保险，他们的行为就可能改变，就是说，他们会有新的不同的要求。一些进行了健康保险的人可能比没有进行健康保险的人更不注意自己的健康。当一个人的行为改变使发生不利后果的可能性增加的时候，便产生道德风险。

在保险的例子中，保险购买者是委托人，作为委托人的保险购买者属于可以进行隐蔽活动的一方，因此他们就容易出现道德风险问题。因此，发生道德风险的人既可能是代理人，也可能是委托人，出现在什么人身上取决于他是否能够进行隐蔽活动。

逆向选择发生在医疗保险市场上的原因主要有以下几点：

（1）信息不对称：在医疗保险市场中，保险公司和投保人之间存在信息不对称的问题。保险公司很难完全了解投保人的健康状况，而投保人对自身的健康状况有更深入的了解。这种信息不对称使得高风险的个体（健康状况较差的人）更倾向于购买医疗保险，因为他们预期自己未来需要更多的医疗服务。

（2）风险评估困难：由于投保人的健康状况、生活方式和潜在疾病的复杂性，保险公司难以准确评估每个投保人的风险。如果保险公司试图通过收集更多信息来区分不同风险水平的投保人，那么其会遇到信息收集成本高和隐私的问题。

（3）统一定价导致低风险者退出：为简化管理，保险公司通常对所有投保人实行统一的保险费率。这导致健康状况较好的低风险投保人觉得保险费相对较高，或保费不划算，从而选择不购买保险。剩下的主要是那些健康状况不佳的高风险投保人，此时保险公司面临的理赔风险上升，进而推高了保费。

（4）逆向选择的恶性循环：当高风险投保人在保费不变的情况下占比增大时，保险公司的成本将上升，甚至可能亏损。为弥补损失，保险公司被迫提高保费。但保费的提高会进一步逼退低风险的投保人，使得剩下的投保人健康风险更高，形成恶性循环。这种情况在经济学中被称为"逆向选择"。

因此，医疗保险市场中逆向选择的存在是由信息不对称和统一定价等因素共同导致的，其使得高风险个体更可能购买保险，从而增加了保险公司的风险与成本，导致了市场非效率的状况。

6. 张三、李四和王五共享一间公寓。外面很冷，他们正在考虑将公寓里的恒温器调高 1 度、2 度、3 度或 4 度。他们知道，每提高 1 度，他们的采暖费就提高 8 元。他们每个人对公寓变得更温暖的边际收益如表 8-2 所示。

表 8-2　不同成员的边际收益

| 调高的温度 | 张三 | 李四 | 王五 |
| --- | --- | --- | --- |
| 1 度 | 5 元 | 4 元 | 3 元 |
| 2 度 | 4 元 | 3 元 | 2 元 |
| 3 度 | 3 元 | 2 元 | 1 元 |
| 4 度 | 2 元 | 1 元 | 0 元 |

请回答以下问题：

（1）找出提高 1 度、2 度、3 度、4 度的边际社会收益。

（2）计算他们会提高多少度？

答：（1）边际社会收益是每个人边际收益的加总，边际社会收益如表 8-3 所示。

表 8-3　边际社会收益

| 调高的温度 | 边际社会收益 |
| --- | --- |
| 1 度 | 12 元 |
| 2 度 | 9 元 |
| 3 度 | 6 元 |
| 4 度 | 3 元 |

（2）根据表 8-3 中的边际社会收益，每增加 1 度，边际社会收益减少 3 元，则边际社会收益曲线是线性的。

假设边际收益方程为 MR=B-3X，选择任何一点坐标［如（1，12）］代入得 B=15，则边际收益方程为 MR=15-3X。

根据 MR=MC，得：

15-3X=8

解得：X=2.333 4。

从表 8-3 也可以看出，当增加 2 度时，边际社会收益是 9，边际成本是 8，但增加 3 度时，边际社会收益是 6，而边际成本是 8，边际收益小于边际成本。

因此只能提高 2 度，付费原则是张三付费 $8 \times \frac{4}{9} = 3.56$（元），李四付费 $8 \times \frac{3}{9} = 2.67$（元），王五付费 $8 \times \frac{2}{9} = 1.77$（元）。每个人的福利都有改善。

7. 假设一个公共牧场的成本是 $c(x) = 5x^2 + 500$，其中，$x$ 是牧场上养羊的数量。每只羊的价格（$p$）为 600 元。求：

（1）牧场净收益最大时羊的数量。

（2）若该牧场有 10 户牧民，牧场成本由他们平均分担，这时牧场将会有多少只羊？会引起什么问题？

答：（1）根据 $c(x) = 5x^2 + 500$，可得 $MC = 10x$。牧场利润最大化条件为 $MC = p$，即：

$10x = p$，$p = 600$

求得 $x = 60$。

（2）10 户牧民平摊成本时，每户的成本为 $C_i = \frac{1}{2}x^2 + 100$，则有 $MC_i = x$。已知 $p = 600$，每户追求最大化利润时，每户利润最大化条件为 $MC_i = p$，求得 $x = 600$。

每户都按照自我的最佳利益去行动，最后的结果是各自的收益曲线严重超过了牧场最佳的承载量，这种状态一旦持续，就会导致"公地悲剧"。

8. 当一个企业开发一种新药时，专利法使该企业垄断了那种药品的销售。但当该企业的专利过期后，任何企业都可以生产并销售这种药品，竞争者生产的这种药品的化学成分与先前垄断者的产品相同，但其价格大大低于垄断者的价格。试用经济学理论分析该过程均衡的变化及社会福利的变化。

答：在企业开发新药并且处于专利保护期间，该企业对这种药品拥有垄断权，因此具备市场定价权。这个阶段的均衡是垄断均衡：由于没有竞争者，垄断企业会将药品价格设定在其边际成本之上，以最大化自身利润。这通常会导致药品价格高于边际成本，且产量低于完全竞争市场的产量。消费者剩余减少，生产者剩余由于垄断利润的存在而增加，而且垄断导致了无谓损失（deadweight loss），即部分潜在的社会福利没有实现。

当专利到期后，市场发生重大变化，新的企业可以自由进入市场生产和销售相同化学成分的药品。这个阶段的均衡是完全竞争均衡：专利到期后进入市场的企业会导致价格竞争，这会使药品价格下降至接近其边际成本的水平。这时候的均衡情况是：

（1）价格下降：药品价格大幅降低，接近其边际成本。

（2）产量增加：由于价格下降，需求增加，市场总供给量提高。

（3）消费者剩余增加：价格的下降直接增加了消费者剩余，因为他们可以以更低的价格购买药品。

（4）生产者剩余下降：原先垄断企业的超额利润被竞争削减，而新进入的企业在市场竞争均衡下只能获得正常利润。

（5）无谓损失减少：由于价格降低和产量增加，减少了市场无谓损失，因而提高了社会福利。

综上所述，专利过期导致市场从垄断均衡转向完全竞争均衡，结果是市场价格降低，产量增加，消费者剩余明显增加，社会总福利提升。虽然原垄断者的生产者剩余减少，但整体社会福利因无谓损失减少而增加，这符合经济学中竞争市场条件下社会福利最大化的原理。

9. 垄断、外部性、公共物品和公共资源、信息不完全和不对称等因素能导致市场失灵，简述这些因素导致市场失灵之外的其他观点。

答：就垄断而言，它改变了市场运作的条件。西方经济学所谈论的市场的帕累托最优效率，是以完全竞争市场为条件的，而在现实的经济生活中，完全竞争市场是根本不存在的。英国经济学家琼·罗宾逊和美国经济学家张伯伦在论述市场类型时都指出，市场既不可能是完全竞争的也不可能是完全垄断的，是垄断和竞争的结合，并由此提出了不完全竞争理论或垄断竞争理论。垄断在西方经济学家看来是造成低效率的根源，垄断会造成过高的价格、错误的资源配置和生产的无效率。但似乎还应该看到，垄断也有有利于采用先进的生产技术、节约生产成本、取得规模经济效益的一面。关于垄断的效率，英国经济学家马歇尔有不同于一般西方经济学家的看法。马歇尔进一步指出：如果垄断者对资本拥有无限的支配权，那么自由竞争条件下的均衡数量将比在垄断条件下需求价格等于供给价格时的数量更少。当今资本主义市场经济中的垄断程度大大高于亚当·斯密时代，然而其经济效率却是亚当·斯密时代所不可比拟的。

关于外部性，西方经济学把市场机制的作用置于外部性的影响之下，也是对市场机制附加了一种条件。市场机制的作用由于外部性的存在而改变其运作的结果。具体地说，在存在正外部性的情况下，由于一个经济活动者的活动可以使其他经济活动者无须花费成本便可以从中受益，所以市场机制所决定的最优化数量，不再以某个个别经济活动者的最优化收益为标准，而是以社会最优化收益为标准；而在存在负外部性的情况下，市场机制所决定的最优化数量，不再以某个个别经济活动者最小化的成本为标准，而是以社会最小化成本为标准。因此，在这里，外部性仍然是作为市场机制运作的约束条件而发挥作用的。

公共物品不具有排他性也不具有竞争性，由市场机制提供容易导致"搭便车"；公共资源是具有竞争性但不具有排他性，在市场机制中容易导致过度使用。实际上公共物品是市场机制良好运作的一个条件。任何社会经济都存在公共物品和提供公共物品的部门，即使在亚当·斯密的时代也存在。在斯密看来，政府维护经济秩序和保证经济安全，就是它所提供的公共物品。萨缪尔森谈到政府在市场经济中的作用时也说："当人们发现每人都该管的事是没人管的事的时候，政府就出头露面了。显著的例子是国防、维持国内法律和秩序以及处理诉讼和契约事务"。萨缪尔森也把政府提供公共物品看作市场经济得以维持的基本条件。公共物品不同于私人物品之处在于它不是通过市场提供的，不以市场机制调节为转移。公共物品是市场机制得以正常运作的条件，并不是对市场机制的冲击，不能看成是造成市场失灵的因素。

信息的不完全和不对称导致市场失灵，其实市场机制本身可以解决一部分因信息不完全和不对称导致的市场失灵问题。首先通过"价格"解决。例如，生产者为了利润最大化，必须根据消费者的偏好生产。生产者不可能完全知道每个消费者的偏好，但消费者的偏好通过价格表现出来，只要知道了价格，就可以计算生产该商品的边际收益并确定利润最大化产量。偏好的信息不完全问题，市场价格机制自动解决了。其次通过"信誉"解决。市场机制本身能够生产信誉，信誉能够解决信息不完全和不对称的部分问题，因为信誉能够区分市场。信誉好的商品意味着质量好，信誉差的商品意味着质量低，信誉使得优质高价成为可能，因此市场机制生产的信誉解决了产品质量的信息不完全和不对称问题。此外在市场机制中置入激励机制也能解决一些信息不对称问题。

10. 分析西方微观经济政策对社会主义市场经济的借鉴意义。

答：我国的社会主义市场经济，在性质上完全不同于西方国家的市场经济，但作为市场经济，两种不同性质的市场经济又具有某种共性，西方国家的市场调节或市场机制，也适用于社会主义市场经济。单纯从作为经济调节手段的市场来看，西方国家市场经济中由于市场失灵和市场调节弊端所造成的问题，在我国社会主义市场经济中也不同程度地存在着。因此，西方国家旨在解决微观经济问题所规定的一些微观经济政策，也为完善我国社会主义市场经济制度提供了借鉴。诸如经济监管政策、收入再分配政策、价格政策（支持价格和限制价格）、治理环境污染和可持续发展的政策等，对于发展和完善社会主义市场经济都具有借鉴意义。

必须指出，社会主义市场经济所实行的微观经济政策要服从发展生产以满足人民日益增长的物质和文化生活需要的基本要求。为此，既要实现社会主义市场经济的高效率，同时，又要避免贫富两极分化，使人民共同富裕，共同享有经济发展的利益和成果。社会主义市场经济所实行的微观经济政策，是建立在社会主义基本制度前提下的，这些政策不但要代表人民的眼前利益，造福于当代，也要代表人民的长远利益，造福于子孙后代，体现可持续发展的基本要求。

## 四、本章课后练习题

### （一）名词解释

市场失灵　寻租　外部性　科斯定理　私人物品　公共物品　公共资源
俱乐部物品　公地悲剧　信息不完全　信息不对称　基尼系数

### （二）单项选择题

1. 垄断市场中存在的主要低效率问题是（　　）。
　　A. 动态效率　　　　B. 配置效率　　　　C. 生产效率　　　　D. 消费效率

2. 寻租行为是指企业或个人通过（　　）方式获取额外利润。
　　A. 提高生产效率　　　　　　　　B. 改善产品质量
　　C. 获得政府补贴　　　　　　　　D. 利用政治和权力寻求特殊利益

3. 反垄断法的主要目的是（　　）。
　　A. 保护企业利益　　　　　　　　B. 促进市场竞争
　　C. 增加政府收入　　　　　　　　D. 减少商品价格

4. 关于负外部性，下列（　　）是正确的。
　　A. 提供额外的社会福利　　　　　B. 导致市场过度生产
　　C. 通常政府无需干预　　　　　　D. 使社会成本低于私人成本

5. 正外部性的典型例子是（　　）。
　　A. 空气污染　　　　B. 噪声污染　　　　C. 教育　　　　D. 通货膨胀

6. 负外部性的典型例子是（　　）。
　　A. 义务教育　　　　B. 污染　　　　C. 疫苗接种　　　　D. 科技创新

7. 科斯定理表示在（　　）条件下，当事双方可以通过谈判解决外部性问题。

    A. 当政府制定详细规则时　　　　　B. 无论产权如何分配

    C. 交易成本为零或非常低　　　　　D. 高税率环境中

8. 科斯定理表明（　　）。

    A. 外部性问题一定要政府干预才能解决

    B. 在没有交易成本的情况下，外部性问题可以通过私下协商解决

    C. 外部成本由消费者承担

    D. 外部利益由生产者享有

9. 私人物品与公共物品的主要区别在于（　　）。

    A. 前者是私人部门提供的，后者是政府提供的

    B. 前者是政府提供的，后者是私人部门提供的

    C. 前者具有竞争性和排他性，后者具有竞争性和非排他性

    D. 前者具有竞争性和排他性，后者具有非竞争性和排他性

10. 公共物品的两个主要特点是（　　）。

    A. 独占性和非竞争性　　　　　　　B. 排他性和竞争性

    C. 非排他性和竞争性　　　　　　　D. 非排他性和非竞争性

11. 公地悲剧是由于资源的（　　）特点引起的。

    A. 非竞争性　　　B. 非排他性　　　C. 高价格　　　D. 可再生性

12. 免费搭车问题通常与（　　）有关。

    A. 私人物品　　　B. 公共物品　　　C. 俱乐部物品　　　D. 公共资源

13. 信息不完全的问题会导致（　　）。

    A. 完全市场　　　　　　　　　　　B. 交易成本增加

    C. 无效率的市场结果　　　　　　　D. 供需平衡

14. 信息不对称会导致（　　）。

    A. 市场均衡　　　B. 产品质量提高　　　C. 不良逆选择　　　D. 完全竞争

15. 洛伦兹曲线用于表示（　　）。

    A. 消费者需求　　　　　　　　　　B. 生产成本

    C. 收入分配不均等　　　　　　　　D. 市场供需平衡

16. 洛伦兹曲线越接近45度线，表示（　　）。

    A. 收入分配越平等　　　　　　　　B. 收入分配越不平等

    C. 生产成本越高　　　　　　　　　D. 市场竞争激烈

17. 基尼系数为0表示（　　）。

    A. 完全不平等　　　　　　　　　　B. 绝对平等

    C. 完全市场失灵　　　　　　　　　D. 中等收入分配

18. 基尼系数越大，表示（　　）。

    A. 收入分配越均等　　　　　　　　B. 收入分配越不均等

    C. 生产效率越高　　　　　　　　　D. 消费水平越高

19. 微观意义上的市场失灵现象有（　　）。

    A. 失业　　　　　　　　　　　　　B. 通货膨胀

C. 国际收支不平衡　　　　　　　　　D. 垄断

20. （　　）不属于解决信息不完全和不对称的方法。

A. 价格机制　　　　B. 信誉机制　　　　C. 激励机制　　　　D. 预算机制

（三）判断题

1. 垄断市场的均衡产量总是小于完全竞争市场的均衡产量，因此垄断导致社会福利损失。（　　）

2. 寻租行为是指企业或个人花费资源进行游说以获得垄断地位或其他市场优势，这种行为不会增加社会总福利。（　　）

3. 正外部性指的是某个个体或企业的经济行为对他人产生了有害影响且未能得到补偿。（　　）

4. 根据科斯定理，只要财产权明确且交易成本为零，当事人可以通过协商解决外部性问题从而达到帕累托最优。（　　）

5. 公共物品具备非排他性和非竞争性，因此市场机制无法有效提供这种物品。（　　）

6. 在有信息不对称的市场中，卖方通常会比买方占有更多的信息优势。（　　）

7. 基尼系数越高，表示一个国家的收入分配越不均等。（　　）

8. 在俱乐部物品中，人们面临的问题主要是"搭便车"问题。（　　）

9. 洛伦兹曲线越接近对角线，表明收入分配越均等。（　　）

10. 公地悲剧是指公共资源由于没有明确的财产权界定，导致资源过度使用和消耗。（　　）

（四）简答题

1. 比较私人物品和公共物品的区别，并举例说明。

2. 举例说明道德风险和逆向选择对市场活动的影响。

3. 分析说明为什么公共物品只能由政府来提供。

4. 什么是市场失灵？市场失灵的原因有哪些？

5. 简要解释洛伦兹曲线和基尼系数，并说明它们的用处。

（五）计算题

1. 若垄断企业面临的市场需求曲线为 $Q = 1\,000 - 10P$，其成本函数为 $TC = 40Q$，求：

（1）该企业的最优产量、产品价格和利润。

（2）达到帕累托最优时的产量与产品价格。

（3）垄断造成的社会福利损失。

2. 假定某社会只有甲、乙、丙三位公民，他们对公共物品的需求分别为：$P_1 = 100 - X$，$P_2 = 100 - 2X$，$P_3 = 100 - 3X$，其中 X 是公共物品数量，公共物品的供给函数为 $P = 4X$。求：

（1）社会对公共物品的需求函数。

（2）该社会公共物品的最优数量是多少？

（3）每个公民的价格是多少？

3. 一家垄断企业的成本函数为 $C(Q) = Q^2 + 60Q + 100$，该企业面临的需求曲线为 $P = 200 - Q$，企业每生产一吨产品就产生 0.1 单位的污染物 Z，即 $Z = 0.1Q$。清理污染的成本函数为 $K = 100 + 400Z$，其中 Z 为污染物数量。

（1）如果企业可以自由排放污染，其产品价格（单位：元）和产出水平是多少？

（2）假定生产企业必须内部化其外部性，即它必须支付污染成本，则其产品价格和产出水平是多少？

（3）上述计划能否消除污染，请分别计算出（1）、（2）两种情况下的污染物数量。

（4）假定政府希望通过税收来减少企业的污染排放，如果政府希望企业减少的污染物排放量与（2）相同，则应怎样设计税收？

4. 一个养蜂场位于苹果园附近，他们都是竞争性的企业。令 $Q_A$ 表示苹果的生产量（千克），$Q_H$ 表示蜂蜜的生产量（升）。两个企业的成本函数分别为 $C_A = \dfrac{Q_A^2}{1\ 000} - 2Q_H$，$C_H = \dfrac{Q_H^2}{1\ 000}$。苹果的价格是 3 元/千克，蜂蜜的价格 2 元/升。

（1）如果两个企业独立运营，那么蜂蜜的产量是多少升？苹果的产量是多少千克？

（2）社会最优的蜂蜜产量和苹果产量分别是多少千克？

（3）有什么方法让两个企业生产量达到社会最优的产量？（写出一种并分析即可）

### （六）论述题

1. 画图分析如何决定私人物品和公共物品的最优数量。

2. 试论市场失灵的主要表现及其矫正措施。

3. 论述为什么西方经济学的收入分配政策不能从根本上解决西方国家的贫富两极分化问题。

4. 环境问题已经成为制约世界经济可持续发展的重大问题，试利用相关经济学原理分析：

（1）为何环境污染的解决不能依靠市场，通常需要政府加以管理。

（2）试分析和比较下列解决环境污染的方法：第一种，关闭造成污染的工厂；第二种，制定排污标准并对超标企业实施惩罚；第三种，按照污染排放量收费。

## 五、本章课后练习题答案及解析

### （一）名词解释

市场失灵是指市场机制在不少场合下会导致资源不适当配置，即导致无效率的一种状况。

寻租是指试图获得一种可以赚取经济利润的垄断的活动。

外部性是指人们的经济活动对他人造成的影响，而这些影响又未被计入市场交易的成本或价格之中。外部性又称外在效应或邻居效应。

科斯定理是指交易费用为零或较低条件下的谈判以及交易费用较高条件下的产权界定。

私人物品是指具有高度排他性和高度竞争性的物品。

公共物品是指在消费中既无排他性又无竞争性的物品，即一个人在使用该种物品时不能阻止其他人同时使用，而且，一个人使用一种公共物品并不能减少其他人使用的数量。

公共资源是指具有竞争性但没有排他性的物品。

俱乐部物品是指在消费上具有高度排他性但不具有竞争性的物品。

公地悲剧是公共资源的过度使用，即公共资源具有竞争性但没有排他性，因此公共资源使用中具有较大的外部性，造成过度使用问题。

信息不完全不仅是指绝对意义上的不完全，即由于认知能力的限制，人们不可能知道在任何时候、任何地方所发生的或将要发生的任何情况，而且指相对意义上的不完全，即市场经济本身不能够生产出足够的信息并有效地配置它们。信息不完全会引起市场失灵。

信息不对称是指交易双方的不同经济主体对交易对象掌握的信息多少不一样。信息不对称问题会导致市场无效率。

基尼系数是根据洛伦兹曲线推导出来的表示社会中收入分配不平等程度的系数。

## （二）单项选择题

1．B。资源配置不当是垄断低效率的主要原因。

2．D。寻租行为是通过非生产性活动获取经济租金。

3．B。反垄断法旨在保护消费者和竞争。

4．B。负外部性导致市场过度生产，使社会成本高于私人成本。

5．C。教育是正外部性。

6．B。污染是负外部性。

7．C。科斯定理表示在交易成本为零或非常低的条件下，当事双方可以通过谈判解决外部性问题。

8．B。在没有交易成本（或交易成本为零）的情况下，外部性问题可以通过私下协商解决。

9．A。私人物品由私人部门提供，具有竞争性和排他性；公共物品由政府提供，具有非竞争性和非排他性。

10．D。公共物品具有非排他性和非竞争性。

11．B。公共悲剧是由于公共资源非排他性导致的过度使用问题。

12．B。因为公共物品的非排他性和非竞争性使公共物品存在"搭便车"问题。

13．C。信息不完全会导致无效率的市场结果。

14．C。信息不对称会导致逆向选择，即"劣币驱逐良币"现象。

15．C。洛伦兹曲线用于表示收入分配不均等。

16. A。洛伦兹曲线越接近 45 度线，表示收入分配越平等。

17. B。基尼系数为 0 表示绝对平等。

18. B。基尼系数越大，表示收入分配越不均等。

19. D。垄断是市场失灵的主要现象之一。

20. D。价格、信誉、激励是解决信息不完全和不对称的方法。

## （三）判断题

1. 正确。垄断减少产量以提高价格，导致社会福利损失。

2. 正确。寻租行为消耗资源却不创造价值，降低整体社会福利。

3. 错误。正外部性是指某个个体或企业的经济行为对他人产生了正面的、有利的影响而未得到补偿。相反，负外部性则指产生了有害影响。

4. 正确。科斯定理指出在交易成本为零且财产权清晰的情况下，涉事各方可以通过自愿协商解决外部性问题，从而实现资源的最优配置。

5. 正确。由于公共物品的非排他性和非竞争性，私人部门缺乏提供公共物品的动力，因为无法通过市场交易完全获得成本回收，从而导致市场失灵。

6. 正确。信息不对称是交易中一方比另一方拥有更多信息，导致潜在市场低效。

7. 正确。基尼系数是衡量收入分配不均等程度的一个指标，其值介于 0 和 1 之间，基尼系数越高，说明收入分配越不均等，反之则越均等。

8. 错误。俱乐部物品既具有排他性又具有非竞争性，因此不容易出现"搭便车"问题。搭便车问题通常出现在公共物品中。

9. 正确。洛伦兹曲线是一种用于表示收入分配的曲线，越接近 45 度对角线，表示收入分配越均等。对角线代表完全均等分配。

10. 正确。公地悲剧是指在资源的使用上没有明确的排他性权利，导致个体过度利用资源以至于资源枯竭的现象。

## （四）简答题

1. 比较私人物品和公共物品的区别，并举例说明。

答题要点：私人物品是由私人部门提供的商品或服务。如食品、衣服、靴鞋、帽子、电视机、洗衣机、电冰箱、轿车以及火车上的铺位、飞机上的座位等，无一不是私人物品。私人物品有两个显著的特征：一是竞争性，增加私人物品的供给便包含增加生产的物品的边际成本；二是排他性，消费者一旦在市场上购买了私人物品，他便获得了独享该物品的权力，他不会和其他人共享这种物品。

公共物品是许多消费者可以共同消费或享用的物品。一旦把这种公共物品提供给消费者，便难以防止其他人消费或享用。公共物品具有两个显著的特征：一是非排他性，二是非竞争性。非排他性意指可以多人共享，一旦提供了某种公共物品，许多消费者便可以共同享用该种物品；非竞争性意指不增加提供公共物品的成本，一旦提供了某种公共物品，其他企业便没有必要也不会再增加成本生产和提供该种公共物品。诸如国防、道路、公共图书馆、电视广播、公园等都是公共物品。任何人增加对这些物品的消费，都不会减少其他人所可能达到的消费水平。新增加的人口享受国防提供的安全服务，不会影响原有人口享受的安全服务水平。

2. 举例说明道德风险和逆向选择对市场活动的影响。

答题要点：当那些处于市场信息灵通方面的人以一种损害处于市场信息迟钝方面的人的方式进行自我选择时，这便是一种逆向选择。

例如，在二手汽车市场中，二手汽车的销售者对于其所出售的汽车有多方面的了解，包括损坏的记录、发生过的事故、每公里耗油量、车速等。而一个可能的购买者只能基于汽车的外表对这些做出猜测，或者进行驾驶体验。购买者不经过几个月时间的驾驶，便不能真正了解这辆汽车是好是坏。所以，二手车的购买者要比销售者的信息少得多。一般而论，当销售者比购买者对于产品质量具有更多信息的时候，劣质产品便趋向于支配市场。

逆向选择也给保险市场造成了问题。例如，从一个保险公司的观点上看，理想的健康保险候选者是那些健康长寿、最后在睡眠中安稳辞世的人。但由于隐蔽的性质（如不良的遗传）或隐蔽的活动（如过度吸烟和饮酒），许多健康状况差的人申请了保险。在保险市场，是购买者而不是销售者对于隐蔽的性质和隐蔽的活动具有更多的信息，并能预见未来他们可能对保险的需要。

一般地说，当那些处于交易一方的人因另一方无法注意其行为而怀有一种推卸责任动机的时候，便会造成道德风险。"道德风险"在保险市场上有较为典型的表现。

保险市场的道德风险问题是由于这样的情形而发生的，即一旦人们购买了保险，他们的行为就可能改变，就是说，他们会有新的不同的要求。一些进行了健康保险的人可能比没有进行健康保险的人更不注意自己的健康。这个同样的行为问题也影响到其他类型的保险，例如火灾、汽车事故、盗窃等的保险。例如，在购买了盗窃保险之后，人们可能就不太注意对其财产的保护。这种动机问题被归结于道德风险。当一个人的行为改变使发生不利后果的可能性增加的时候，便产生道德风险。

3. 分析说明为什么公共物品只能由政府来提供。

答题要点：公共物品是指既不具有排他性也不具有竞争性的物品。市场本身提供的公共物品通常将低于最优数量，即市场机制分配给公共物品生产的资源常常会不足。

由于公共物品不具备消费的竞争性，所以任何一个消费者消费一单位公共物品的机会成本都为零。这意味着，没有任何消费者要为他所消费的公共物品去与其他人竞争。因此，市场不再是竞争的。如果消费者认识到他自己消费的机会成本为零，他就会尽量少支付给生产者费用以换取消费公共物品的权利。如果所有消费者均这样行事，则消费者们支付的数量将不足以弥补公共物品的生产成本。结果便是生产者提供低于最优数量的产出，甚至是零产出。

从社会整体角度而言，公共物品由私人来提供，会造成社会整体帕累托低效率，不利于整个社会资源的配置。公共物品的生产和消费问题不能由市场上的个人决策来解决。因此，必须由政府来承担提供公共物品的任务。

4. 什么是市场失灵？市场失灵的原因有哪些？

答题要点：市场失灵是指自由市场未能有效配置资源，导致社会整体效益未能最大化的情况。

市场失灵的原因有：

（1）垄断：当一个公司控制市场的大部分份额时，它们可以设置比竞争市场更高的价格，导致消费者剩余减少和无谓损失。

（2）外部性：一个人或公司的行为影响到其他人并且没有得到相应的补偿，会导致商品或服务的过度生产或不足生产。

（3）公共物品：公共物品具有非排他性和非竞争性，会导致搭便车现象和供给不足。

（4）信息不对称：交易的一方比另一方拥有更多的信息，会导致逆向选择和道德风险问题。

（5）收入不平等：收入分配差距较大，会导致社会福利减少和经济不稳定。

5. 简要解释洛伦兹曲线和基尼系数，并说明它们的用处。

答题要点：洛伦兹曲线是一个用来表示一个国家收入分配情况的图形。它将收入的累积分布百分比绘制在人口的累积分布百分比上。基尼系数是一个衡量收入不平等程度的数值。它是洛伦兹曲线与完全平等线之间的面积，除以完全平等线下的总面积得到的结果。

它们的用处在于衡量和可视化社会中的收入不平等情况。较高的基尼系数或洛伦兹曲线与完全平等线之间的面积较大，表明收入不平等程度较高。

## （五）计算题

1. 若垄断企业面临的市场需求曲线为 $Q = 1\,000 - 10P$，其成本函数为 $TC = 40Q$，求：

（1）该企业的最优产量、产品价格和利润。

（2）达到帕累托最优时的产量与产品价格。

（3）垄断造成的社会福利损失。

解：（1）由需求函数得到价格函数，即 $P = 100 - 0.1Q$。已知总收益为价格与需求之乘积：

$$TR = P \times Q$$
$$= (100 - 0.1Q) \times Q$$
$$= 100Q - 0.1Q^2$$

计算边际收益 MR，得到 $MR = 100 - 0.2Q$。

由 $TC = 40Q$，得到边际成本 $MC = 40$，

根据利润最大化条件 $MR = MC$，可得 $Q = 300$。

则 $P = 100 - 0.1Q = 70$，代入计算利润 $\pi = TR - TC = 9\,000$。

（2）根据帕累托最优条件 $P = MC$，即 $100 - 0.1Q = 40$，可得 $Q = 600$

则 $P = 100 - 0.1Q = 40$

（3）福利损失 $= \dfrac{1}{2} \times (600 - 300) \times (70 - 40) = 4\,500$

2. 假定某社会只有甲、乙、丙三位公民，他们对公共物品的需求分别为：$P_1 = 100 - X$，$P_2 = 100 - 2X$，$P_3 = 100 - 3X$，其中 X 是公共物品数量，公共物品的供给函数为 $P = 4X$。求：

（1）社会对公共物品的需求函数。

（2）该社会公共物品的最优数量是多少？

（3）每个公民的价格是多少？

解：（1）社会对公共物品的总需求函数为 $P = P_1 + P_2 + P_3 = 300 - 6X$

（2）最优时：$300 - 6X = 4X$，可得 $X = 30$

（3）每个消费者的消费量均为 30，其消费价格分别为：

$P_1 = 100 - X = 70$，$P_2 = 100 - 2X = 40$，$P_3 = 100 - 3X = 10$

则公共物品总价格为 $P = P_1 + P_2 + P_3 = 120$。

3. 一家垄断企业的成本函数为 $C(Q) = Q^2 + 60Q + 100$，该企业面临的需求曲线为 $P = 200 - Q$，企业每生产一吨产品就产生 0.1 单位的污染物 Z，即 $Z = 0.1Q$。清理污染的成本函数为 $K = 100 + 400Z$，其中 Z 为污染物数量。

（1）如果企业可以自由排放污染，其产品价格（单位：元）和产出水平是多少？

（2）假定生产企业必须内部化其外部性，即它必须支付污染成本，则其产品价格和产出水平是多少？

（3）上述计划能否消除污染，请分别计算出（1）、（2）两种情况下的污染物数量。

（4）假定政府希望通过税收来减少企业的污染排放，如果政府希望企业减少的污染物排放量与（2）相同，则应怎样设计税收？

解：（1）若企业可以自由排放，则利润函数为：

$$\pi = P \times Q - C(Q)$$
$$= (200 - Q) \times Q - [Q^2 + 60Q + 100]$$
$$= 200Q - 2Q^2 - 60Q - 100$$
$$= -2Q^2 + 140Q - 100$$

最大化利润函数，即求解方程得到：

$$\max \pi \Rightarrow \frac{\mathrm{d}\pi}{\mathrm{d}Q} = -4Q + 140 = 0$$

$P = 165$，$Q = 35$

所以，若企业可以自由排放，则价格水平为 165（单位：元），产出水平为 35（单位）。

（2）若企业必须承担清理污染的成本，则根据企业利润函数得到 $\pi = TR - C$，代入方程即：

$$\pi = P \times Q - C(Q) - K$$
$$= (200 - Q) \times Q - [Q^2 + 60Q + 100] - (100 + 400Z)$$
$$= 200Q - 2Q^2 - 60Q - 100 - 100 - 400 \times 0.1Q$$
$$= -2Q^2 + 100Q - 200$$

最大化利润函数，即解方程得到：

$$\max \pi \Rightarrow \frac{\mathrm{d}\pi}{\mathrm{d}Q} = -4Q + 100 = 0$$

$P = 175$，$Q = 25$

所以生产企业须支付 1 100，其产品价格为 175（单位：元），产出水平为 25（单位）。

（3）由于：在（1）情况下，$Q = 35$，$Z = 0.1Q = 3.5$（单位）

在（2）情况下，$Q = 25$，$Z = 0.1Q = 2.5$（单位）

所以，内部化只是减轻了污染，而不能消除污染。

（4）应对每单位产量征收从量税，以增加生产的边际成本。假定对每单位产量征收 T 元的从量税，则税后的利润函数为：

$$\pi = P \times Q - C(Q) - T \times Q$$
$$= - 2Q^2 + (140 - T)Q - 100$$

最大化利润函数，即解方程得到：

$$\max\pi \Rightarrow \frac{d\pi}{dQ} = - 4Q + 140 - T = 0$$

$$T = 140 - 4Q$$

要使污染排放量 Z 与（2）一样为 2.5，即 Q = 25（单位），则 T = 40（单位：元）。

4. 一个养蜂场位于苹果园附近，他们都是竞争性的企业。令 $Q_A$ 表示苹果的生产量（千克），$Q_H$ 表示蜂蜜的生产量（升）。两个企业的成本函数分别为 $C_A = \frac{Q_A^2}{1\,000} - 2Q_H$，

$C_H = \frac{Q_H^2}{1\,000}$。苹果的价格是 3 元/千克，蜂蜜的价格 2 元/升。

（1）如果两个企业独立运营，那么蜂蜜的产量是多少升？苹果的产量是多少千克？

（2）社会最优的蜂蜜产量和苹果产量分别是多少千克？

（3）有什么方法让两个企业生产量达到社会最优的产量？（写出一种并分析即可）

解：（1）生产苹果的边际成本为 $MC_A = \frac{Q_A}{500}$，生产蜂蜜的边际成本为 $MC_H = \frac{Q_H}{500}$。

根据利润最大化条件：$P = MC$，得 $MC_A = \frac{Q_A}{500} = P_A = 3$，$MC_H = \frac{Q_H}{500} = P_H = 2$。

解得：$Q_A = 1\,500$，$Q_H = 1\,000$。

即苹果的产量是 1 500 千克，蜂蜜的产量是 1 000 升。

（2）整个社会的利润函数为：$\pi = 3Q_A + 2Q_H - \frac{Q_A^2}{1\,000} + 2Q_H - \frac{Q_H^2}{1\,000}$。

求解利润最大化，即：

$$\max\pi \Rightarrow \begin{cases} \dfrac{d\pi}{dQ_A} = 3 - \dfrac{Q_A}{500} = 0 & \textcircled{1} \\[2mm] \dfrac{d\pi}{dQ_H} = 2 + 2 - \dfrac{Q_H}{500} = 0 & \textcircled{2} \end{cases}$$

联立方程①②两式，解得：$Q_A = 1\,500$，$Q_H = 2\,000$。

所以社会最优的苹果产量是 1 500 千克，蜂蜜的产量是 2 000 升。

（3）让苹果园给养蜂场补贴，要求养蜂场每生产一升蜂蜜，苹果园补贴养蜂场 2 元。此时，苹果园的成本函数为 $C_A = \frac{Q_A^2}{1\,000}$。根据利润最大化条件：$P = MC$，求得产量为 $Q_A = 1\,500$。

养蜂场的成本函数为 $C_H = \dfrac{Q_H^2}{1\,000} - 2Q_H$。根据利润最大化条件：$P = \mathrm{MC}$，求得产量为 $Q_H = 2\,000$。

所以补贴的方法跟（2）一致，社会达到最优产量，苹果产量是 1 500 千克，蜂蜜的产量是 2 000 升。

### （六）论述题

1. 画图分析如何决定私人物品和公共物品的最优数量。

答题要点：

（1）私人物品的最优数量决定的问题。为使问题简化，假定社会上只有甲和乙两个消费者。如图 8-6（a）所示，其各自对某种商品的需求曲线分别为 $D_A$ 和 $D_B$。将消费者甲和乙的需求曲线 $D_A$ 和 $D_B$ 水平相加，便得到市场需求曲线 $D$。市场需求曲线 $D$ 与供给曲线 $S$ 相交于 $H$ 点，决定该私人物品供求数量为 $Q_0$，均衡价格为 $P_0$。在这个产量水平上，消费者甲和乙的边际利益恰好与生产该物品的边际成本相等，如图 8-6（a）所示，生产 $Q_0$ 时的边际成本为 $Q_0H$，消费者甲和乙的需求量分别为 $C$ 和 $F$，根据其各自的需求曲线 $D_A$ 和 $D_B$，相应的边际利益分别是 $CE$ 和 $FG$。这表明 $CE = FG = Q_0H$，所以，均衡数量 $Q_0$ 是该私人产品的最优数量。

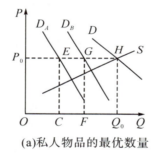
(a)私人物品的最优数量

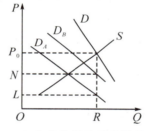
(b)公共物品的最优数量

图 8-6　私人物品和公共物品的最优数量

（2）公共物品的最优数量。参考图 8-6（b），由于假定经济中仍然有两个消费者甲和乙，图中的 $D_A$ 和 $D_B$ 仍分别为两个消费者的需求曲线，公共物品的供给曲线为 $S$。和私人物品市场不同的是，在公共物品市场上为从个人需求曲线求得市场需求曲线，不是将个人需求曲线水平相加，而是将它们垂直相加，因为对公共物品的消费具有非竞争性和非排他性的特点，因此，每个消费者都消费一个相同总量的公共物品，而对公共物品支付的价格却是两个消费者各自支付的价格的总和。图 8-6（b）表明，公共物品供给曲线 $S$ 与由两个消费者的需求曲线垂直相加所形成的市场需求曲线 $D$ 相交，决定公共物品的最优数量和所支付的价格。

2. 试论市场失灵的主要表现及其矫正措施。

答题要点：市场失灵是指由于完全竞争市场以及其他一系列理想化假定条件在现实中并不存在，导致现实的市场机制在很多场合下不能实现资源的有效配置，不能达到帕累托最优状态的情形。垄断、外部影响、公共物品以及不完全信息都是导致市场失灵的重要原因和主要表现。

（1）垄断及其矫正措施。

实际上，只要市场不是完全竞争的（垄断、垄断竞争或寡头垄断），当价格大于边际成本时，市场就会出现低效率的资源配置状态。垄断的产生使得资源无法得到最优配置，从而导致市场失灵。由于垄断会导致资源配置缺乏效率，因此也就产生了对垄断进行公共管制的必要性。政府对垄断进行公共管制的方式或政策主要包括以下几种：

①控制市场结构，避免垄断的市场结构产生；

②对垄断企业的产品价格进行管制；

③对垄断企业进行税收调节；

④制定反垄断法或反托拉斯法；

⑤对自然垄断企业实行国有化。

（2）外部影响及其矫正措施。

外部影响是指一个经济活动的主体对他所处的经济环境的影响。外部影响会造成私人成本和社会成本之间，或私人收益和社会收益之间的不一致，因此容易造成市场失灵。外部影响的存在造成了一个严重后果：市场对资源的配置缺乏效率。换句话说，即使假定整个经济仍然是完全竞争的，由于存在着外部影响，整个经济的资源配置也不可能达到帕累托最优状态。就外部影响所造成的资源配置不当，微观经济学理论提出以下政策建议：

①使用税收和津贴；

②使用企业合并的方法；

③使用规定财产权的办法。

（3）公共物品及其矫正措施。

对于公共物品而言，市场机制作用不大或难以发挥作用。公共物品由于失去了竞用性和排他性，增加消费并不会导致成本的增加，消费者对其支付的价格往往是不完全的，甚至根本无须付费。在此情况下，市场机制对公共物品的调节作用就是有限的，甚至是无效的。

由于公共物品的消费存在免费搭便车的问题，因此政府很难通过竞争的市场机制来解决公共物品的有效生产问题。在此情况下，由政府来生产公共物品应是一种较好的选择。对于大多数有特殊意义的公共物品，由政府或政府通过组建国有企业来生产或向市场提供，是一种不错的选择。政府应提供多少公共物品才能较好地满足社会需要，使资源得到有效利用是问题的难点所在。现在更多地推荐采用非市场化的决策方式，例如投票，来表决公共物品的支出水平。显然，虽然用投票的方法决定公共物品的支出方案是调节公共物品生产的较好方法，但投票方式并不总能获得有效率的公共物品的支出水平。

（4）不完全信息及其矫正措施。

信息不完全是指经济当事人对信息不能全面地把握，不能完全利用交易有关的信息。在现实生活中，供求双方的信息通常具有不对称性或不完全性。一旦供求双方所掌握的信息不完全，就会对市场机制配置资源的有效性产生负面影响，造成市场失灵。由信息不完全导致的后果通常包括逆向选择、道德风险和委托-代理问题。

信息的不对称性和信息的不完全性会给经济运行带来很多问题，而市场机制又很难有效地解决这些问题，在此情况下，就需要政府在市场信息方面进行调控。政府解决信息不对称和委托-代理问题的方法主要有：

①针对由于信息不对称产生的逆向选择问题，政府可以通过有效的制度安排或采取适当的措施来消除信息不充分所造成的影响；

②解决委托-代理问题最有效的办法是实施一种最优合约，即委托人花费最低限度的成本而使代理人采取有效率的行动去实现委托人目标的合约。

3. 论述为什么西方经济学的收入分配政策不能从根本上解决西方国家的贫富两极分化问题。

答题要点：收入再分配政策不能从根本上解决"富裕中的贫困"的问题。尽管例如累进所得税制度在一定程度上限制了富人收入提高的比率，但是富人也有各种逃税、避税的对策，结果并没使他们的收入受到多大的影响。更重要的是，资本主义社会是资本剥削雇用劳动的经济制度，资本家是靠剥削工人的剩余价值而实现其最大化利润的目标的。而微观经济学所能提出的缓解收入分配差距的经济政策是以维持资本主义剥削制度为前提的，这就决定资本主义必然存在"富裕中的贫困"（再进一步展开论述；略）。

4. 环境问题已经成为制约世界经济可持续发展的重大问题，试利用相关经济学原理分析：

（1）为何环境污染的解决不能依靠市场，通常需要政府加以管理。

（2）试分析和比较下列解决环境污染的方法：第一种，关闭造成污染的工厂；第二种，制定排污标准并对超标企业实施惩罚；第三种，按照污染排放量收费。

答题要点：

（1）在存在外部影响的条件下，潜在的帕累托改进机会并不能得到实现，原因主要有以下几种：

①存在巨大的交易费用。以生产的外部不经济如污染问题为例，如果污染涉及面较小，即污染者只对少数其他人的福利造成影响，则此时污染者和这少数受害者可能在如何分配"重新安排生产计划"所得到的好处问题上不能达成协议；如果污染涉及面较大，即污染的受害者众多，则此时污染者和受害者以及受害者之间要达成协议就更加困难。

②很难避免"免费搭便车"的现象。

③势力的不对称性。即使污染者与受害者有可能达成协议，但由于通常是一个污染者面对众多受害者，因而污染者在改变污染水平上的行为就像一个垄断者。在这种情况下，由外部影响产生的垄断行为也会破坏资源的最优配置。

污染者将污染物排放入环境的成本不由自己承担，而对于公众来说，与污染者就排污量交易的交易成本又太高，所以出现了无法由市场交易解决的外部性问题，这就必须由政府出面加以管理。

（2）污染物的排放存在一个最优值，达到此最优值时增加污染物的工厂的边际收益与污染物的边际社会成本相等。

①关闭造成污染的工厂。这种做法虽然可以从根本上消除污染，实现零污染，但是由此造成的社会产量的损失可能远大于污染的成本，因此它实际上是一种不可取的

做法。彻底关闭污染工厂反而有可能造成失业，社会产品供给的减少，从而降低整个经济的福利水平。

②制定排污标准并对超标企业实施惩罚（限量法）。限量法是有关当局根据其评估，选择某一污染的程度为指标，限定企业的污染程度不得高于此限量，否则给予重罚。限量法也存在着一定的操作难度：信息是非对称的，企业或许完全掌握其排污的成本等信息，而政府却未必掌握这些信息。因此，政府很难准确地根据企业的污染成本等制定合理的排污标准，从而难以实现社会福利的最大化。

③按照污染排放量收费。有关当局为了控制环境污染，往往对制造环境污染的厂商收取费用，以减少这些厂商滥造污染的现象。这种做法也存在着一定的操作难度：信息是非对称的，政府很难确切地了解企业的相关信息，从而难以制定合理排污费用——既能实现最优排污量，又不会使企业大量减产。

# 参考文献

[1]《西方经济学》编写组. 西方经济学（上册）[M]. 2版. 北京：高等教育出版社，人民出版社，2019.

[2] 高鸿业. 西方经济学（微观部分）[M]. 7版. 北京：中国人民大学出版社，2018.

[3] 吴汉洪.《西方经济学（第二版)》习题与解答 [M]. 北京：高等教育出版社，2020.

[4] 孙建，王晓琪. 西方经济学（微观部分）习题集 [M]. 北京：科学出版社，2015.

[5] 张顺，等. 微观经济学习题集 [M]. 3版. 北京：中国人民大学出版社，2021.

[6] 袁正. 微观经济学习题集 [M]. 2版. 成都：西南财经大学出版社，2021.

[7] 陈琳. 西方经济学（微观部分·第七版）同步辅导及习题全解 [M]. 北京：中国水利水电出版社，2018.